日本料理のお値打ちコースと一品料理

かじゅある割烹

柴田書店編

柴田書店

はじめに

平成25年「和食」のユネスコ世界無形文化遺産登録を機に、にわかに「和食」に注目が集まっている。

「和食」は非常に懐の深いジャンルで、蕎麦やおでんなどの気軽なものから懐石料理にいたるまで、実にさまざまな業種が存在し、私たちの食生活に深く根づいている。

しかしながら、懐石料理店や割烹料理店の「和食」を果たして日本の全人口の何パーセントの人が食べた経験を持っているだろうか。

世界に「和食」を発信する以前に、私たち日本人が「自然の美しさや季節の移ろいの表現」とされている日本料理を体験し、次の若い世代にも伝えていかなければならない。

「和食を世界に」という、こうした流れのなかで、敷居が高く手が届かなかった日本料理の裾野がいま確実に広がりはじめている。「1万円でおつりがくる手軽な価格」で楽しめる日本料理店が少しずつ増えてきたのだ。

床の間で器や花を愛でながら楽しむ懐石料理とはちょっと違うが、カウンターやテーブル席でお酒を酌み交わしながら楽しむ料理は、まさしく伝統的な日本料理の流れを汲むものだ。

本書で紹介する12店は、手頃な価格のおまかせコースを軸にすえ（一部の店は一品料理も用意）、季節感のある走りや旬の食材をとり入れ、現代流にアレンジした料理を織り交ぜて人気を集めている新しいタイプの日本料理店である。

もちろん、そうした店をつくるには既存の日本料理店とはまた違った取り組みが必要だ。価格を抑えながら和食ならではの魅力を打ち出すための仕入れ努力やメニュー構成、少人数でも効率的に運営できる店づくりなど。独自の発想もあれば、伝統的な和食の知恵をベースにした工夫もあり、そのノウハウは多岐にわたる。

現在の和食人気を支えるこうした料理店のノウハウは、まさに生きた教科書といえよう。本書が「和食」を生業とする読者のみなさんの参考となり、「和食」を世界にさらに広める一助となれば幸いである。

２０１５年８月

目次

いふう 70

くおん 98

10月のコース

一品料理

コラム

凡例

・本書は２０１４年８月より２０１５年４月の料理を収録した。料理内容、価格については取材当日のものである。また店舗概要などのデータは２０１５年７月現在のものである。

・料理名などについては各店で使用している表記に準ずる。

・一般的な刺身醤油は材料表に省略している。

・水洗いとは、魚の下処理。ウロコを引き、エラあるいは頭を落とし、内臓を抜いて、血合いをきれいに洗うまでの基本操作をさす。本書ではおろす作業までを水洗いとした。その魚種ごとに適切におろして準備する。

・料理解説頁の材料表において、カッコ内に（アク抜き）（塩抜き）（煮きる）（せん切り）などの調理工程や切り方を示しているときは、その作業を終えた状態の材料を用意する。

撮影　天方晴子
デザイン　中村善郎（yen）
編集　佐藤順子
図面作成　㈱アド・クレール

「板前心　菊うら」

板前心 菊うら
料理長 渡邊一敏
店主 菊浦 達
東京都新宿区西新宿7-16-3 第18フジビル1階
電話０３-５３８９-５５８１
営業時間／昼11:30～13:00(L.O.)　夜17:30～21:00(L.O.)
定休日／日、祝

開店／１９９４年(１９９４年に歌舞伎町に
「うまいもの処 菊うら」を開店。'02年9月に現在地に移転)
店舗規模／28坪、客席数28席
(カウンター12席、テーブル席4席×3卓、2席×2卓)
従業員数／厨房4名、サービス2名
料理／昼・定食4種１１３０円～(税込)、コース３５００円、
５０００円(税別)、夜・コース５５００円(お通し+7品、
税・サ別)、他一品料理
客単価／８８００円
食材原価率／35～40%

薄利多売で利を得る

１９９４年、菊浦 達氏は念願の独立を果たした。十数年に及ぶ日本料理の修業を積んだ末の独立だった。東京・新宿歌舞伎町に開店した「うまいもの処菊うら」は、先輩の店を譲り受けたものだった。

現在の場所に「板前心 菊うら」を開店したのは２００２年。以来、ランチ、ディナーとも連日大盛況で、お値打ちランチはウェイティングが出るほどの人気ぶりだ。

カウンター席は奥行きを広くとっている。

現在「板前心 菊うら」の料理長を務める渡邊一敏氏は、「うまいもの処」の時代より店主菊浦氏の下で修業を積み、２００８年から料理長としてカウンターに立っている。

オープンキッチンとカウンター12席、奥にはテーブル席16席が配置されている。ディナー時の店内からは、日本料理店ならではのほどよい緊張感と、オープンキッチンのライブ感が伝わってくる。

接待利用は同じビルの2階の「達 菊うら」（２０１６年閉店）が中心で、「板前心 菊うら」は、ポケットマネーで食事を楽しむリピート客がほとんどだ。歌舞伎町に出店したときは、ちょうどバブル崩壊の直後だったこともあり、接待需要はそれほど見込めないという判断があった。

それならばポケットマネーで気軽に食事を楽しんでいただけるような店にしようと店のコンセプトを決めて「料理を５０００円で食べられて、お酒を飲んで1万円でお釣りがくる」ようにコース価格を設定した。以来、移転後も大きな値上げをせずに、ずっとこの価格を守ってきた。

繁盛すれば当然値上げしたくなるものだが、

「この価格だからこそ、長く店に足を運んでくださるんです」と菊浦氏。これほどの繁盛店で開店当初の価格をキープしつづけることは、簡単なようでなかなかできることではない。

「接待で来てくれた新規のお客さまが、ご家族で来店してくれたときなどは、この価格でやってきてよかったと、本当にうれしくなりますね」

５５００円を続けるために

変わらないのは価格だけではない。いつ行っても同じように、満足感を与えてくれる安定した調理とボリュームをキープしている。だからこそ満席が続いているのだろう。

「足を運んでくださった方には、必ず満足して帰っていただきたい」という渡邊氏の気持ちが表れている。

しかしながら5500円という価格でこのレベルをキープするには、いくつかのポイントがあるという。

①満席を続けること。
②いい食材を使うこと。
③ロスを極力減らし、削れる部分は削ること。

①が大前提となるのだが、前述した「安定した料理とお値打ちのボリューム」を続けるだけでは10年以上も満席を維持することはできないだろう。リピート客をしっかりつかまなければ、満席を「続けること」はむずかしい。このためにはキメの細かい顧客管理が必要となる。

②の食材について。当然のことだが質のよい食材は仕入れ値が高い。しかし原価をぎりぎりまで抑えなければならないという思考は「菊うら」にはない。いい食材を使わなければ、安定感のあるお値打ちの料理を提供することができないからだ。その分③で帳尻を合わせているという。

③のロスを減らすことについて。ロスを減らすことは予約客で満席になれば、それほどむずかしいことではないという。席が埋まれば仕込れ量も仕込み量も自ずと決まるために、ロスは少なくてすむ。さもないと、来るかどうかわからないお客さまの分を予測して仕込みをしなければならないから当然ロスが多く出る。いい食材を使う分、削れるところは徹底して削る。①~③のどれか1点が欠けてもうまくいかない。

ファミリーやグループ客は店内奥のテーブル席に案内する（右）。
カウンター席（中）。
店内には商売繁盛を祈念した熊手が飾られている（上）。

客席から厨房全体が見える店づくり

歌舞伎町から西新宿に移転するに際して、菊浦氏がゆずれなかった条件は、視認性の高い「1階の角地」であること。この条件に合う物件を土地鑑のある新宿周辺で1年かけて探した。のべ100軒以上は足を運んだという。

バス通りから少し入っただけだが、この場所は新宿にしては静かで、ビルのテナントではあるが、単独店のような佇まいがある。

もとは事務所でスケルトン物件だったので、一からすべて設計した。カウンター中心の店づくりを考えており、オープンキッチンにして客席から厨房の様子が見えるようにした。目で見ておいしさを感じていただけるように、厨房の活気を伝えたかったのだ。そのために厨房の床を低くして、客席から見下ろせるようにしている。

厨房内の設計図をひくときに注意したのは、カウンター内の料理人の動線だ。L字型のカウンターなので、すれ違いやすい幅をとってスムーズに作業ができるようにして、料理を出しやすくした。

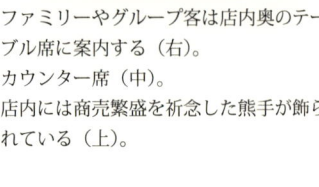

すぐれたサービス技術

さきほども軽くふれたが、「菊うら」の繁盛を支えるもう一本の大切な柱がサービスときめ細かい顧客管理だ。

こちらを受け持つのが、「菊うら」の繁盛の要

お客さまからいただくのは、なぜか猫（招き猫）ばかり（右）。
テーブルセッティング。店名が印刷された紙の折敷の上に、コースター、箸置きと箸がセットされている（上）。
料理長の渡邊一敏氏。歌舞伎町の店からずっと菊浦氏の下で修業を重ね、2008年から料理長に（左）。

ともいえる女将の菊浦美貴子氏とサービススタッフ、カウンターに立つ料理長の渡邊氏をはじめとする料理人たちだ。料理人といえども、立派にサービススタッフの一員として機能している。

5500円のコースを続けるには、ドリンクの売上げを確保することが不可欠。そのためにも、スタッフ一丸となったサービスは必要だ。

美貴子氏は、細かい顧客情報をパソコンで管理している。「あのお客さまはそばについていてほしい方、でもこちらのお客さまは放っておいたほうがいい方」「食べものの好き嫌い」「お酒の好み」「お酒の適量」「接待客か否か」「家族構成」といったお客さまに関するあらゆることを、きちんと記録している。

当日カウンター席を予約しているお客さまについては、予備知識をカウンターに立つ料理人に必ず伝えているという。「これがなければ、安心してお客さまと会話ができません」と渡邊氏。こうした女将とカウンター内の料理人との密な連携が、「菊うら」を支えている。

美貴子氏にサービスの極意をたずねると「やりすぎないことです」という。あくまでも料理人とお客さまの黒子に徹すること、自分からお客さまに話しかけるのではなく、声をかけやすい雰囲気をつくることを大切にしているという。

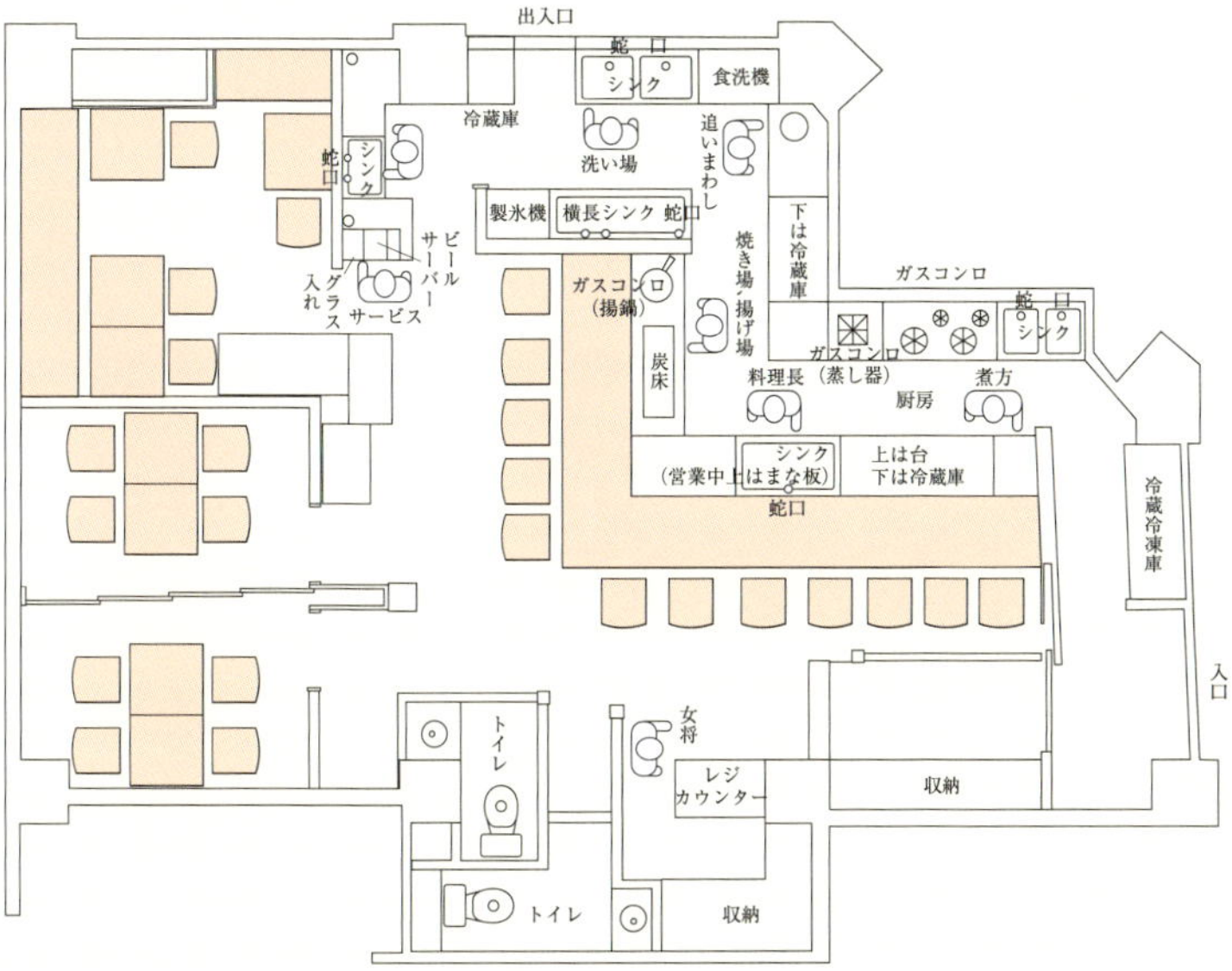

料理人とお客さまの目線が合うように、カウンター内の床は一段低くしている。お客さまからは厨房内が見渡せる高さでもある。
ガスコンロは窓側に設置したが、お客さまに背中を向けることになってしまう。しかしながら火元をカウンターに向けると、客席に熱が回ってしまうのでやむを得ず、この位置に配置した。
炭火の焼き台は、視覚的な効果も高いのでこの位置に。ただしかなり熱いので、ガラス板で仕切って、カウンター席に熱がいかないようにしている。

板前心　菊うら
3月板前心コース
5500円

コースの山場は焼物と煮物。旬の食材を使い、常連客があきないように2週間に1度献立を変えている。

食材はいいものを使うのが毎日満席の秘訣。魚と野菜は新宿に支店がある築地の仲卸から仕入れている。

仕込みは30人分（客席数28＋2）を仕込む。満席にはなるが、ほぼ1回転で終わるのでこの分量を仕込めば充分。ロスもなくなる。

原則その日に使うものはその日に仕込むが、煮炊き物や、魚の水洗いなどは2～3日分まとめて行なっている。回しもの（次の調理工程があるもの）は、早めに仕込まなければならない。

一、お通し
花山葵のお浸し　イクラ掛け
料理解説25頁

二、前菜
子持ちヤリイカ煮
白魚桜蒸し
ふき梅煮
青柳のぬた
鯛塩辛とクリームチーズ
料理解説25頁

四、造り
まぐろ　平目　あじ
うに　ボタン海老
料理解説27頁

三、椀物
相並みぞれ椀
のびる　たらの芽　芽葱
料理解説26頁

コースに合う酒
石鎚　純米吟醸（愛媛）
残草蓬莱　純米吟醸（神奈川）
酒屋八兵衛　純米（三重）
写楽　純米（福島）
小　天狗舞　純米吟醸（石川）
小　石鎚　大吟醸（愛媛）

五、焼物

桜ます幽庵焼き
揚げ筍　新じゃがいも
木の芽味噌がけ

料理解説27頁

六、煮物
飯蛸煮と旬の野菜炊き合せ
新ごぼう　つぼみ菜　わらび
料理解説27頁

七、食事
グリーンピースとベーコンの
炊き込みごはん
味噌汁　香の物
料理解説28頁

八、デザート
酒粕のムース
料理解説28頁

板前心　菊うら
11月板前心コース
5500円

一、お通し
あん肝
料理解説29頁

二、前菜
長芋とんぶりうにのせ
サーモン手まり寿司　イクラ
カキ燻製
鯛塩辛とクリームチーズ
鱈の子含ませ煮
料理解説29頁

三、椀物

鱈と白子豆腐椀
おかひじき
もみじ麩　柚子

料理解説30頁

四、造り

本まぐろ　赤いか　うに
金目鯛　さごち酢締め

料理解説31頁

五、焼物

ぶりの胡麻だれ焼きと木の子の天ぷら

丹波しめじ　舞茸　平茸　揚げ銀杏

料理解説31頁

六、煮物

合鴨の治部煮と季節野菜の炊き合せ

京人参　聖護院大根　海老芋　キヌサヤ

粉山椒

料理解説31頁

七、食事

じゃこご飯　味噌汁　香の物

料理解説32頁

八、デザート

杏仁豆腐　くこの実

料理解説32頁

コースに合う酒

乾坤一　純米吟醸（宮城）
龍神　秋澄雄町（群馬）
石鎚　二夏越え（愛媛）
壽　山廃純米（山形）
菊うら　石鎚純米吟醸（愛媛）
日高見　超辛口純米（宮城）

柿とカキのみそグラタン
料理解説24頁

新若布のしゃぶしゃぶ 蛤吸い仕立て
料理解説33頁

真鯛桜蒸し 白子がけ たらの芽 天豆 ぶぶあられ 山葵
料理解説33頁

焼き筍 叩き木の芽
料理解説34頁

前菜盛り合せ

料理解説34頁

春野菜の和風バーニャカウダ
つぼみ菜　うるい　うど
フルーツトマト
レディサラダ大根
ベビーリーフ　水菜

料理解説35頁

焼海老芋とフォアグラの
和風バルサミコ
ソースがけ

料理解説35頁

ふかひれとすっぽんの
土鍋仕立て

料理解説36頁

柿とカキのみそグラタン

柿と牡蠣がおいしくなる季節に登場する菊うらの人気メニュー。コースの焼物に組み込むこともある。使用する柿はかために熟したものを選ぶ。

柿（種なし）　1個
カキ2個、日本酒適量
グラタン味噌＊（玉子の素1：白玉味噌1：びしゃ玉1）大さじ3、シュレッドチーズ
大黒シメジ、シシトウ、揚げ油

＊材料を同量ずつよく混ぜる。

1　柿のヘタを切り落とす。座りがいいように、花つき側を平らに切って整える。

2　皮を破らないように加減しながら、セルクルを押し込み、中をくり抜き器で丸くくり抜く。

3　きれいに形を整えた柿の器。

4　大黒シメジは4等分し170〜180℃の油で揚げる。シシトウは包丁目を入れて150℃の油で揚げる。

5　鍋に日本酒を1cm程度注ぎ、火にかける。沸いたら殻をはずしたカキを入れる。

6　鍋を傾けて煮立たせ、カキに完全に火を入れる。身がぷっくりと丸くふくらんだら火からおろしてザルで漉し、冷まして水分を飛ばす。

7　くり抜いた柿とシメジを合わせ、グラタン味噌大さじ1を加えて混ぜる。ここに6のカキと残りのグラタン味噌を入れてざっと混ぜる。

8　柿釜に詰め、シュレッドチーズをたっぷりのせる。

9　オーブンペーパーを敷いた天板にのせて、250℃のオーブンで10分間焼く。様子をみて、時間を調節する。取り出して、シシトウと切り落とした柿のヘタを添える。

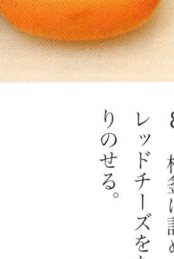

3月板前心コース

一、お通し

花山葵のお浸し　イクラ掛け

花ワサビは80℃の湯でゆでると、さわやかな辛みが残る。独特の辛みと香りは飛びやすいので、仕込んだその日に使いきる。

◎花山葵のお浸し

花ワサビ（ざく切り）、塩、浸し地（だし1・8リットル、淡口醤油・日本酒各90cc、味醂50cc、塩小さじ1）

◎イクラ醤油漬け

塩漬けイクラ、浸け地（濃口醤油3：味醂1：日本酒1）

◎花山葵のお浸し

1　花ワサビに塩をまぶす。密閉容器に入れて2時間おいたのち、80℃の湯に浸ける。しんなりしたら氷水にとって、すぐに水気を絞る。再度密閉容器に入れて2時間おく。この間に辛みが出てくるので、必ず密閉容器を使うこと。

2　花ワサビを浸し地に浸ける。浸し地はやっと浸かるくらいの分量がよい。

◎イクラ醤油漬け

1　塩漬けイクラを水に浸けて8割程度塩分を抜く。浸け地の材料を合わせて煮きる。冷めたらイクラを一晩程度浸ける。

◎仕上げ

1　花ワサビの汁気をきって器に盛り、イクラをかける。

二、前菜

子持ちヤリイカ煮　白魚桜蒸し　ふき梅煮　青柳のぬた　鯛塩辛とクリームチーズ

前菜5種盛り合せ。掻敷の桜の花と葉で季節感を表現。フキも赤く色づけて華やいだ雰囲気に。

◎子持ちヤリイカ煮

子持ちヤリイカ、煮汁（だし3：日本酒1：濃口醤油全体の1割、砂糖適量）、薄切りショウガ、水溶き片栗粉

木ノ芽

1　ヤリイカは卵を残してワタを抜く。目と口を取り、軟骨を抜く。ゲソを胴に詰めて楊枝で留める。

2　鍋に薄味に調えた煮汁、ショウガを合わせて沸かし、アルコールを飛ばして1のイカを入れる。

3　とろ火で胴に詰めたゲソに火が入るまでじっくり煮る。卵が入っている胴の先を押してみて、かたくなったら火が入った目安。鍋ごと氷水にあてて冷やす。このまま一晩おいて味をなじませる。

4　3の煮汁を熱し、水溶き片栗粉でとろみをつける。ヤリイカを切り分けて盛り、煮汁をかける。木ノ芽を添える。

◎白魚桜蒸し

シラウオ、桜葉塩漬け

1　桜葉塩漬けは水洗いしたのち、水に5分間程度浸けて適度に塩抜きをする。葉の塩分がシラウオの味つけとなる。

2　生のシラウオを10尾ほどそろえ、1の葉の間にはさんで蒸し器で5分間蒸す。

◎ふき梅煮

フキ、塩、梅だし（だし1・8リットル、梅肉すりつぶし200g、日本酒・味醂各適量）

1　フキは塩ずりする。湯を沸かし、太いほうからゆで始める。柔らかくなったら氷水にとって皮をむく。
2　梅だしのだしに梅肉を加えてよく混ぜ、日本酒と味醂で味を和らげる。浸し地程度に調える。
3　フキを3㎝長さに切りそろえ、冷たい梅だしに一晩以上浸ける。

◎青柳のぬた

アオヤギ、塩
庄内アサツキ、塩
酢味噌（玉味噌100g、練り芥子小さじ1、酢30cc、ゴマペースト大さじ1）

1　アオヤギは殻をはずし、先の部分を使う。鍋にアオヤギを入れて、浸るくらいの水、塩を1つまみ加えて中火にかける。
2　手でかき混ぜながら火を通し、70℃弱になったらザルに上げ、氷水に浸けて冷やす。
3　庄内アサツキは塩を入れた熱湯でゆで、ザルに広げて冷ます。塩を少量ふり、食べやすく切る。
4　酢味噌の材料をすり鉢ですり合わせる。
5　庄内アサツキ、アオヤギを盛り、酢味噌をかける。

◎鯛塩辛とクリームチーズ

鯛塩辛（タイの内臓、塩、日本酒）
クリームチーズ

1　タイの内臓を2割の塩で漬ける。密封容器に入れて2～3ヵ月冷蔵庫で保存。途中で何度か混ぜる。
2　1の鯛塩辛を煮きった日本酒でのばす。
3　クリームチーズを器に盛り、塩辛をかける。

三、椀物

相並みぞれ椀　のびる　たらの芽　芽葱

春先に脂がのって食べ頃となるアイナメを椀種に。油で揚げたので、大根おろしを入れただしでさっぱりとすすめる。

◎相並、のびる、たらの芽

アイナメ（切り身）1切れ（30g）
ノビル
塩、片栗粉、揚げ油
タラノメ、浸し地（だし1・8リットル、淡口醤油・日本酒各90cc、味醂50cc、塩小さじ1）

◎吸い地

だし、日本酒、淡口醤油、塩、水溶き片栗粉、大根おろし
芽ネギ

◎相並、のびる、たらの芽

1　アイナメは三枚におろして中骨を抜く。5㎜幅に骨切りをし、1切れ30gに切り落とす。
2　皮側に薄塩をふって片栗粉をまぶし、だしでふやけないように180℃の油でかりっと揚げる。
3　ノビルを掃除し、同じ油で素揚げする。タラノメは塩ゆでして浸し地に浸ける。

◎吸い地

1　だし、日本酒、淡口醤油、塩を合わせて沸かし、水溶き片栗粉で薄いとろみをつけ、軽く絞った大根おろしを加える。とろみが大根おろしが下に沈むのを防いでくれる。

◎仕上げ

1　椀にアイナメ、ノビル、タラノメを盛り、吸い地を注ぐ。切りそろえた芽ネギを添える。

四、造り

まぐろ 平目 あじ うに ボタン海老

ボタンエビを入れて、ボリューム感を出した5種の造り。マグロ、白身、青魚など魚種をバランスよくそろえる。

マグロ、ヒラメ、アジ、ウニ、ボタンエビ
大根、キュウリ、大葉、海苔ゼリー、山葵

1 魚介類は水洗いしてサク取りする。マグロは平造り、ヒラメはそぎ造り、アジは皮目を生かして飾り包丁を入れてそぎ造りにする。

2 大葉を敷き、大根とキュウリを薄くむいて小高く盛り、造りを盛る。海苔ゼリー、山葵を添える。

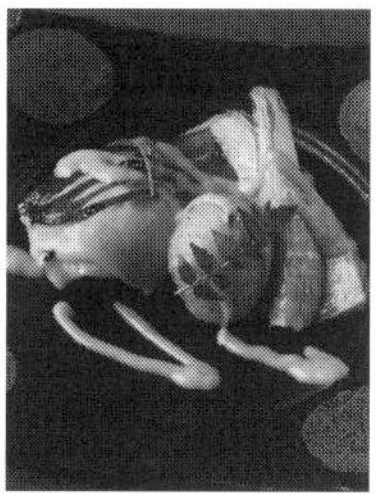

五、焼物

桜ます幽庵焼き 揚げ筍 新じゃがいも 木の芽味噌がけ

桜の季節に出回るサクラマスの幽庵焼き。上にかけた木の芽味噌と揚げ筍が合うように木の芽味噌はタケノコのだしでのばしてみた。

◎桜ます幽庵焼き
サクラマス(切り身) 1切れ(60g)
幽庵地(日本酒1：淡口醤油1：味醂1)

◎新じゃがいも、揚げ筍
新ジャガイモ、煮汁(だし、日本酒、塩、淡口醤油、砂糖)
タケノコ(アク抜き)、煮汁(だし、日本酒、塩、淡口醤油、砂糖)、揚げ油

◎木の芽味噌
白玉味噌、木ノ芽、タケノコの煮汁

◎桜ます幽庵焼き、新じゃがいも、揚げ筍

1 サクラマスは幽庵地に20分間浸ける。提供時に串を打ち、炭火で焼く。

2 新ジャガイモは、すり鉢でころがして皮をこすり取る。やや甘めの薄味をつけた煮汁で新ジャガイモを煮る。柔らかくなったら火を止めて、そのままおいて味を含ませる。

3 タケノコは皮をむいて掃除し、適当に切ってゆでこぼしてヌカ臭さを除く。薄味の煮汁でタケノコを煮る。ジャガイモよりも甘さを控えめに。

◎木の芽味噌

1 白玉味噌と木ノ芽をすり合わせ、裏漉しする。タケノコを煮た3のだしを加えて少しのばす。

◎仕上げ

1 タケノコは蒸し器に入れて水分を飛ばし、１８０℃の油でキツネ色に素揚げする。

2 サクラマス、タケノコ、新ジャガイモを盛り合わせ、木の芽味噌を細く絞ってかける。

六、煮物

飯蛸煮と旬の野菜炊き合せ 新ごぼう つぼみ菜 わらび

イイダコの脚は弾力が残るように加熱する。ワラビやツボミナ(高菜の芽)などの春野菜とともに。

◎飯蛸煮
イイダコ、煮汁(だし3：日本酒1、濃口醤油煮汁の1割、砂糖適量)

◎わらび、新ごぼう、つぼみ菜
ワラビ(アク抜き)、ツボミナ、揚げ油
浸し地(だし1・8リットル、淡口醤油・日本酒各90cc、味醂50cc、塩小さじ1)
新ゴボウ、煮汁(だし、日本酒、塩、淡口醤油、砂糖)
木ノ芽

◎飯蛸煮

１　イイダコは頭と脚を切り離す。頭は裏返しして卵を残して内臓を取り除く。口を取って脚先を切りそろえ、塩もみしてヌメリを落とす。水にさらして塩気を抜く。

２　頭と脚を熱湯に浸ける。頭は切り口がきゅっと締まったら取り出す。脚は5秒たったら取り出す。冷水にとって、吸盤のヌメリと汚れを洗う。

３　煮汁を80℃に熱し脚を10〜20秒間浸ける。芯に生っぽいくらいの弾力を残して取り出す。

４　ここに頭を入れて、弱火で20分間炊く。このまま冷ます。冷めたら脚を戻して一晩おく。

◎わらび、新ごぼう、つぼみ菜

１　ワラビは食べやすく切って浸し地に浸ける。

２　ツボミナは１８０℃の油で素揚げして、氷水にとって冷ます。冷めたら浸し地で柔らかく煮る。

３　新ゴボウは包丁の峰で皮をこそげ、３㎝に切って米の研ぎ汁(分量外)で柔らかくゆでる。煮汁を合わせ、新ゴボウを煮含める。

◎仕上げ

１　イイダコの脚は煮汁で温め、頭と野菜は蒸し器で温める。器に盛り、イイダコの煮汁を注ぐ。木ノ芽を添える。

七、食事

グリーンピースとベーコンの炊き込みごはん
味噌汁　香の物(解説省略)

グリーンピースは炊き上がってから混ぜて色よく仕上げる。つぶれないよう、やや硬めにゆでる。

米1升、炊き地(水１９８０〜２１６０cc、塩大さじ1、日本酒３９６〜４３２cc)、昆布
グリーンピース(むき)２００ｇ、重曹、塩
浸し地(だし１・８リットル、淡口醤油・日本酒各90cc、味醂50cc、塩小さじ1)
ブロックベーコン(1㎝角)　１００ｇ

１　重曹と塩を混ぜ、グリーンピースをこすって5分間おく。湯を沸かし、沸騰したらグリーンピースを入れて少しかためにゆでる。氷水に落として色止めをし、浸し地に浸けておく。

２　米を研いで20分間水に浸けておく。水をきって釜に入れ、炊き地、昆布、ベーコンを入れて炊く。炊けたらグリーンピースを混ぜて蒸らす。

八、デザート

酒粕のムース

酒粕を使ったコクのあるムース。日本酒でつくった柚子リキュールのソースで香りを添える。

◎酒粕のムース
酒粕(板)２００ｇ、牛乳５００cc、板ゼラチン10ｇ
生クリーム４００cc、グラニュー糖20ｇ
卵2個、グラニュー糖80ｇ
◎柚子ソース
柚子酒１８０cc、グラニュー糖30ｇ、水溶き片栗粉
ユズ

◎酒粕のムース

１　牛乳にちぎった酒粕を入れて火にかける。70℃まで温めて、酒粕が柔らかくなったらミキサーにかけ、水で戻した板ゼラチンを溶かす。熱

すぎると香りが飛ぶが、低すぎるとゼラチンがうまく溶けないので70℃が適温。

2 生クリームにグラニュー糖を入れて7分立てにして氷水にあてておく。

3 卵とグラニュー糖を合わせて湯煎にかけ、泡立て器で軽くツノが立つまで泡立てる。

4 1の中に3を入れてさっくりと混ぜる。粗熱がとれたら、2の中に少しずつ混ぜる。流し缶に流し、冷蔵庫で冷やし固める。

◎柚子ソース

1 柚子酒とグラニュー糖を合わせて温め、水溶き片栗粉で薄いとろみをつけて冷やしておく。

◎仕上げ

1 酒粕のムースをスプーンで取り分けて盛り、上から柚子ソースをかけ、松葉ユズを添える。

11月板前心コース

一、お通し

あん肝

アンキモに絡みやすいように、ポン酢は葛でとろみをつけた。つけ合せの白菜は「わわ菜」というミニ野菜で、糖度が高くて柔らかく生食に向く。

アンキモ、日本酒、塩
ポン酢、吉野葛
白菜（わわ菜）
紅葉おろし、万能ネギ（小口切り）

1 アンキモの薄膜、血管をはずし、30分間水にさらして臭みを抜く。水気をきって、塩少量を加えた日本酒に30分間浸ける。

2 アルミホイルで直径3㎝の筒状に巻き、蒸し器で20分間蒸す。取り出してそのまま冷ます。

3 ポン酢を熱し、水で溶いた吉野葛でとろみをつける。

4 白菜をざく切りにして器に盛り、切り出したアンキモ（ホイルをはずす）を盛り、3のポン酢餡をかける。万能ネギ、紅葉おろしを添える。

二、前菜

長芋とんぶりうにのせ サーモン手まり寿司 イクラ カキ燻製 鯛塩辛とクリームチーズ 鱈の子含ませ煮

酒がすすむ珍味を中心に盛り合わせた前菜5種。鯛塩辛とクリームチーズは菊うらの前菜の定番。

◎長芋とんぶりうにのせ

トンブリ（生）、ナガイモ、ミョウバン水
ウニ
だし醤油（だし1：濃口醤油1）

1 トンブリを熱湯でゆでて水にとったのち、水気をきる。

2 ナガイモは皮をむいて、ミョウバン水に2〜3時間浸けてアク止めをし、包丁で叩いて粘りを出す。

3 提供時にトンブリとナガイモを合わせ、器に盛ってウニをのせる。上からだし醤油をかける。

◎サーモン手まり寿司　イクラ

サーモン(生食用・薄切り)
イクラ、浸け地(濃口醤油3：味醂1：日本酒1)
寿司飯(ご飯、寿司酢＊)
＊酢1・8リットル、砂糖1・2kg、塩300gを合わせて溶かす。

1　イクラの醤油漬けをつくる。サラダ油を少量加えたぬるま湯の中でイクラをほぐし、醤油洗いしてザルに上げる。
2　浸け地を合わせて煮きって冷ます。1のイクラを1日浸ける。
3　寿司飯をつくる。温かいご飯に、1割の寿司酢を加えて、あおぎながらシャモジできり混ぜる。
4　寿司飯を軽く握り、サーモンをのせてラップフィルムで茶巾に絞る。2のイクラをのせる。

◎カキ燻製

カキ、下味(オイスターソース3：日本酒1)
燻製用チップ

1　下味の調味料を鍋に合わせ、殻をむいたカキに火を入れる。完全に中まで火が入ったら、火からおろし、このまま冷ます。
2　冷めたらカキを串に通して風干しする。
3　カキが乾いたら、焼き台に燻製用チップを入れて火をつけ、ダンボールで囲って1時間燻す。
4　再び串を打って風干しし、燻製のクセを和らげる。密封容器に入れて、冷蔵庫で3日間おいて味をなじませる。冷蔵庫保存で1週間日持ちする。

◎鯛塩辛とクリームチーズ(→26頁)

◎鱈の子含ませ煮

生タラコ、煮汁(だし、塩、淡口醤油、砂糖、薄切りショウガ)

1　生タラコを筒切りにし、表裏を返して、たっぷりの熱湯でゆでる。花が咲いたら水にさらす。
2　水気をきり、煮汁の材料を合わせてタラコを炊く。煮くずれしないよう、踊らない程度の火加減で20分間煮てそのまま冷ます。

三、椀物

鱈と白子豆腐椀
おかひじき　もみじ麩　柚子

タラの身をコクのある白子豆腐と合わせて、季節感を出した。淡白なので、吸い地を薄味に調える。

◎鱈
マダラ(切り身)1切れ(30g)、塩

◎白子豆腐
マダラの白子500g、卵20個、だし360cc、味醂・淡口醤油各適量

◎おかひじき、もみじ麩
オカヒジキ、塩、浸け地(だし13：淡口醤油1：味醂1)
もみじ麩、煮汁(だし900cc、淡口醤油5cc、塩小さじ1、砂糖大さじ1)

◎吸い地
だし、日本酒、淡口醤油、塩
ユズ

◎鱈
1　マダラは薄塩をあて、蒸し器で10分間蒸す。

◎白子豆腐
1　白子を裏漉しする。卵とだしを合わせて漉し、白子を混ぜる。味醂、淡口醤油で下味をつける。
2　1を流し缶に流し、弱火の蒸し器で30分間蒸す。強火にするとスが入ってしまう。

◎おかひじき、もみじ麩
1　オカヒジキは塩ゆでし、氷水にとって色止めし、冷たい浸け地に浸けておく。
2　もみじ麩はゆでこぼして水にさらし、煮汁を合わせて炊く。

◎仕上げ
1　白子豆腐を切り出し、マダラ、オカヒジキ、もみじ麩とともに蒸し器で温め、椀に盛る。
2　吸い地を熱し、椀に注ぐ。針ユズを添える。

四、造り

本まぐろ　赤いか　うに　金目鯛
さごち酢締め

造りには5種の魚介類を盛り合わせる。脂ののったサゴチは酢締めにして軽くあぶる。つねに赤身、白身、イカ、貝類などの魚種を入れている。

ホンマグロ、アカイカ、ウニ、キンメダイ
サゴチ、塩、酢
レディサラダ大根、大葉、キュウリ、ニンジン
紅タデ、山葵

1　使用する魚介類はすべて水洗いし、サク取りしておく。ホンマグロは平造りにする。
2　アカイカは包丁目（表は縦に、裏は斜めに入れると甘みが増す）を入れて切り落とす。
3　キンメダイは皮を引かずに湯引きして平造りにする。
4　サゴチは塩をあてて2時間おき、塩を洗って酢に30分間浸ける。酢をふいて平造りにする。
5　レディサラダ大根の薄切り、大葉を敷いて、1〜3の造りを盛り、輪違いキュウリ、よりニンジンを添える。薬味は紅タデと山葵。

五、焼物

ぶりの胡麻だれ焼きと木の子の天ぷら
丹波しめじ　舞茸　平茸　揚げ銀杏

旬のブリに長ネギを混ぜ込んだゴマダレをかけて焼き上げた。秋のキノコの天ぷらを盛り合わせてボリューム感を出した。

◎ぶりの胡麻だれ焼き
ブリ（切り身）　1切れ（約60g）
ゴマダレ（煎りゴマ・みじん切りの長ネギ各適量、A／淡口醤油1：味醂1：日本酒1）

◎木の子の天ぷら
シメジタケ、マイタケ、ヒラタケ、銀杏
小麦粉、天ぷら衣（小麦粉、水、卵黄）、揚げ油、塩

◎ぶりの胡麻だれ焼き
1　ゴマダレの調味料Aを表記の割で合わせ、ブリを20分間浸ける。
2　煎り胡麻をすり、Aを加えてのばし、長ネギを混ぜてゴマダレをつくる。
3　ブリに串を打ち炭火で焼く。完全に火が通ったら2のゴマダレをかけて焼き、焼き色をつける。

◎木の子の天ぷら
1　各種キノコを一口大に分け、小麦粉をまぶして、薄めの天ぷら衣にくぐらせる。余分な衣をきり、１８０℃の揚げ油で揚げる。軽く塩をふる。
2　銀杏の殻をはずし、１８０℃の油に入れる。玉杓子の背でころがして薄皮をむく。色鮮やかになり、透明感が出たら取り出し、軽く塩をふる。

◎仕上げ
1　ブリと天ぷらを盛り合わせ、銀杏を添える。

六、煮物

合鴨の治部煮と季節野菜の炊き合せ
京人参　聖護院大根　海老芋　キヌサヤ

治部煮と根菜の炊き合せを盛り合わせた一品。治部煮は合鴨に火を入れすぎないよう、その都度つくる。

◎治部煮

合鴨胸肉、片栗粉、煮汁（だし6：濃口醤油1：日本酒1：味醂1：砂糖0・5）

◎炊き合せ

京ニンジン、煮汁A（だし、日本酒、淡口醤油、塩、砂糖）

聖護院大根、エビイモ、キヌサヤ、煮汁B（だし、日本酒、淡口醤油、塩）

粉サンショウ

◎治部煮（提供時につくる）

1　合鴨をスライスし、片栗粉をまぶす。

2　煮汁を合わせて火にかける。沸いたら合鴨を入れ、さっと煮たら取り出す。

◎炊き合せ

1　聖護院大根とエビイモは食べやすく切り、面取りをして米の研ぎ汁（分量外）で静かにゆでる。竹串がすっと通ったら水にさらす。

2　煮汁Bを吸い地よりも濃いめの味に調えて、1の聖護院大根とエビイモをそれぞれ別に炊く。

3　京ニンジンは水からゆで、火が通ったら、甘めに味を調えた煮汁Aで炊く。

4　キヌサヤはゆでて、煮汁Bで味を含ませる。

◎仕上げ

1　炊き合せを蒸し器で温めて、治部煮とともに盛り合わせ、煮汁を注ぐ。粉サンショウをふる。

七、食事

じゃこご飯

味噌汁　香の物（解説省略）

自家製のちりめん山椒の混ぜご飯。ちりめん山椒は、まとめて仕込めば1ヵ月間日持ちする。

◎ちりめん山椒

ちりめんジャコ

実サンショウ醤油煮1：濃口醤油1：日本酒1

ご飯、大葉（せん切り）

◎ちりめん山椒

1　ちりめんジャコに実サンショウ醤油煮、濃口醤油、日本酒を加えてよく混ぜる。ジャコが調味料を充分吸ったら、ザルに広げて適度に乾燥させる。これを鍋でこがさないようにさっと煎る。

◎仕上げ

1　炊き立てのご飯にちりめん山椒適量を混ぜる。茶碗に盛り、大葉を散らす。味噌汁と香の物を添える。

八、デザート

杏仁豆腐　くこの実

やっと固まる程度の寒天で寄せて仕上げる、とろけるような口溶けの杏仁豆腐。しつこさがなくコクのあるエバミルクで甘みをつける。

（50人前）

A（杏仁霜40g、生クリーム400cc、エバミルク900cc）

B（粉寒天8g、水3リットル、砂糖320g）

シロップ（水180cc、砂糖50g）

クコの実

1　Aを合わせて弱火で練り、クリームに杏仁の香りを移す。40℃を保つ。

2　別にBを合わせて50℃まで沸かす。寒天と砂糖が溶けたら火からおろして粗熱をとる。

3　2に1を合わせてさらに練る。1と2の温度を同じにしておかないと分離してしまう。

4　器に流して冷やし固める。

5　シロップをつくって、水洗いしたクコの実を浸けておく。杏仁豆腐の上にシロップを流し、クコの実を添える。

新若布のしゃぶしゃぶ
蛤吸い仕立て

新ワカメが出回る短い期間だけメニューに載る一品。熱いだしにくぐらせると、黒っぽいワカメが鮮やかな緑色に変わる。

新ワカメ、タケノコ（アク抜き）、ワラビ（アク抜き）
ハマグリ、A（昆布だし3：日本酒1）、塩少量
木ノ芽

1　ハマグリを鍋に入れて冷たいAを注ぎ、火にかける。殻が開いたら塩を加え、吸い地くらいの味加減に調える。殻をはずしておく。
2　ワカメは水洗いして食べやすく切りそろえる。タケノコは薄く切る。器にワカメ、タケノコ、ワラビを盛り合わせ、木ノ芽を添える。
3　1のだしを小鍋に注ぎ、ハマグリのむき身を入れる。鍋をコンロにかけて、2の盛り皿とともに客席に運ぶ。

真鯛桜蒸し　白子がけ
たらの芽　天豆　ぶぶあられ　山葵

道明寺をタイで包んで蒸し上げた桃色の桜蒸し。銀餡と、白子でつくった白い餡をかけた。桃色と白色の対比が美しい。

◎真鯛桜蒸し
タイ（切り身）　1切れ（30g）
道明寺粉180cc、吸い地*180cc、食紅、桜葉塩漬け（軽く塩抜き）

◎銀餡、白子餡
銀餡（だし180cc、淡口醤油5cc、味醂15cc、日本酒15cc、塩1つまみ、水溶き片栗粉）
白子餡（タイの白子、日本酒、塩）
タラノメ、ソラマメ、浸し地（だし1・8リットル、淡口醤油・日本酒各90cc、味醂50cc、塩小さじ1）
ぶぶあられ、山葵

*だしに日本酒、淡口醤油、塩を加えて吸い物の味に調えたもの。

◎真鯛桜蒸し
1　道明寺粉に食紅を加えた吸い地を合わせて火にかける。沸いたらボウルに移してラップフィルムをかけ、しばらくおいて道明寺粉を柔らかく戻す。
2　タイの切り身を薄く切り開き、1を包む。桜葉塩漬けをのせてラップフィルムで茶巾に絞る。蒸し器に入れて10〜15分間蒸す。

◎銀餡、白子餡
1　銀餡をつくる。だしに淡口醤油、味醂、日本酒、塩を加え、火にかけて水溶き片栗粉を加えてとろみをつける。
2　白子餡をつくる。白子をバットにのせて日本酒と塩をふり、蒸し器で10分間蒸して裏漉しする。バットに残った日本酒を加えて白子のかたさを調整する。

◎仕上げ
1　桜蒸しを器に盛って銀餡をかけ、さらに白子餡をかける。タラノメとソラマメ（ゆでて浸し地に浸けたもの）をあしらい、ぶぶあられを散らし、山葵を添える。

焼き筍
叩き木の芽

旬のタケノコを大きく切って炭火でつけ焼きにした野趣あふれる一品。あらかじめ蒸しておくと、焼き上げ時間が短縮できる。

タケノコ（アク抜き）
焼きダレ（日本酒３６０cc、味醂９００cc、濃口醤油２３４cc、たまり醤油４６８cc、砂糖２００g）
木ノ芽

1　焼きダレの材料を合わせて火にかけ、３割ほど煮詰めておく。
2　タケノコは穂先のほうを大きくざっくりと切る。蒸し器で温め、串を打って塩をふる。
3　炭火で焼き、焼き目がついたら焼きダレを２回ほどかけながら焼き上げる。
4　器に盛り、叩き木ノ芽を散らす。

前菜盛り合せ

アラカルトの前菜盛り合せ。その日に仕込んだ前菜や酒肴などの料理を彩りよく6種盛り合わせた。

◎蛸の柔らか煮

タコ、煮汁（だし10：日本酒２：濃口醤油１：砂糖０.５）
ユズ

1　タコは塩もみしてヌメリを取り、霜降りする。
2　煮汁を合わせて面器に注ぎ、タコを入れて強火の蒸し器で90分間蒸して取り出す。
3　そのまま冷まし、一口大に切って、針ユズを天に盛る。

◎衣かつぎ

エビイモ（小）、立塩

1　エビイモ（シルキーという商品名）の根側を少し切って、立塩に1晩浸ける。
2　取り出して、蒸し器で12～13分間蒸す。

◎鯛塩辛とクリームチーズ（↓26頁）

◎鱈白子　ちり酢

マダラの白子、だし、塩
紅葉おろし、ポン酢
芽ネギ

1　マダラの白子を一口大に切り分ける。沸かした湯に入れてゆでる。火が通ったら取り出して、塩で味をつけた冷たいだしに一晩浸ける。
2　だしから白子を取り出して猪口に盛り、ポン酢をかける。紅葉おろしと芽ネギを添える。

◎本ししゃもの南蛮漬

シシャモ、フリッター衣（小麦粉、片栗粉少量、水）、揚げ油
南蛮酢（だし6：酢1：淡口醤油1：味醂1）
玉ネギ（薄切り）、トマト（角切り）

1　南蛮酢の材料を合わせ、一旦沸かして冷ます。
2　シシャモはフリッター衣にくぐらせて、１６０～１７０℃の油で揚げる。
3　熱いうちにシシャモをバットに並べ、玉ネギ、トマトを散らして、南蛮酢をかぶるくらいたっぷり注ぐ。上まで味が回るようにリードペーパーを上にかぶせて一晩おく。
4　シシャモを盛り、上に玉ネギとトマトを添える。

◎**蕪と菊花の酢のもの**

カブ、塩

菊花（黄菊、もって菊）、酢、八方だし

1　カブは4等分のくし形に切って、薄切りにする。薄塩をふって塩もみする。

2　菊花は酢を入れた湯でゆでて、水にさらして絞ったのち、冷たい八方だしに浸けておく。

3　カブと2種の菊花を合わせて器に盛り、上から八方だしをかける。

春野菜の和風バーニャカウダ

アンチョビーのかわりにカツオ酒盗を使った和風のバーニャカウダソースをかけた春野菜サラダ。

◎**野菜**

ツボミナ、ウド、揚げ油

フルーツトマト、レディサラダ大根、ウルイ、ベビーリーフ、ミズナ

◎**和風バーニャカウダソース**

ニンニク1：酒盗1：オリーブ油1

◎**野菜**

1　ツボミナとウドは食べやすく切って、180℃の油で素揚げする。そのほかの野菜は、生のまま食べやすく切って、器に盛る。

◎**和風バーニャカウダソース**

1　ニンニクの皮をむき、日本酒（分量外）で1時間ほど蒸してクセを和らげる。

2　酒を捨て、酒盗、オリーブ油を入れて30分間蒸す。粗熱をとってミキサーにかけてペースト状にする。冷蔵庫で1週間日持ちする。

3　2のバーニャカウダソースを温め、野菜の上からかける。

焼海老芋とフォアグラの和風バルサミコソースがけ

冬に旬を迎えるエビイモをほっくり炊いて、香ばしい焼き目をつけ、コクのあるフォアグラとともに盛りつけた。

◎**焼海老芋**

エビイモ、エビイモだし（だし1・8リットル、塩小さじ1、日本酒180cc、淡口醤油15cc、味醂90cc）

◎**フォアグラ**

フォアグラ100g（1皿分）、塩、コショウ、小麦粉、オリーブ油

◎**ソース**

銀餡（だし1・8リットル、日本酒180cc、味醂90cc、淡口醤油180cc、水溶き片栗粉適量）、バルサミコ酢

芽ネギ

◎**焼海老芋**

1　エビイモは大きめに切って面取りする。米の研ぎ汁（分量外）でゆでて水にさらす。

2　エビイモだしでエビイモを煮てそのまま冷ま

す。提供時にエビイモを蒸し器で温めて地をきり、バーナーで焼き目をつける。

◎フォアグラ

1　フォアグラは常温に戻す。２㎝厚さに切り、塩、コショウをふって、小麦粉をまぶす。熱したオリーブ油でフォアグラを焼いてレアに仕上げる。

2　焼いたエビイモの上にフォアグラをのせる。

◎ソース、仕上げ

1　銀餡１８０ccに、濃度がつくまで煮詰めたバルサミコ酢15ccを合わせて火にかけ、味を調える。

2　フォアグラの上にソースをかけ、切りそろえた芽ネギを添える。

ふかひれとすっぽんの土鍋仕立て

フカヒレとスッポンのご馳走鍋。土鍋は熱くなるまでオーブンでしっかり焼いて盛りつける。

◎フカヒレ

フカヒレ（戻したもの）、ゆで汁（水３：日本酒１、長ネギの青い部分適量、薄切りのショウガ適量）

フカヒレだし（だし９００cc、日本酒３６０cc、味醂・淡口醤油各90cc、塩小さじ１）

◎スッポン

スッポン（ほどいたもの）、煮汁（水３：日本酒１、昆布適量）、淡口醤油、味醂

ショウガ汁、長ネギ（寸切り）、ミニ青梗菜

◎フカヒレ

1　フカヒレは合わせたゆで汁で90分間煮る。鍋のまま一晩おいて冷ます。翌日、水に1時間ほどさらし、きれいに掃除してヌメリなどを取り除く。

2　フカヒレだしを合わせる（塩は強め）。面器に1のフカヒレを入れて、だしをかぶるくらい注ぎ、蒸し器で1時間蒸す。

◎スッポン

1　煮汁を合わせて、ほどいたスッポンを煮る。アクを取り、昆布を抜いて、4時間ほど中火で煮る。淡口醤油と味醂で味をつけ、このまま冷ます。

2　煮汁とスッポンの身をネル漉しして分ける。煮汁は冷やし固めてゼラチン状にする。身はほぐして流し缶に入れて冷やし固める。

◎仕上げ

1　土鍋を熱したオーブンに1時間以上入れて温める。焼いた鍋にゼラチン状のスッポンの煮汁を入れて熱し、ショウガ汁を落とす。スッポンの身を1個20ｇの角切りにして土鍋に入れる。

2　別に蒸し器で温めておいたフカヒレを入れる。炭火で焼いた長ネギとミニ青梗菜をのせて、ふきこぼれる直前で火からおろし、提供する。

ターゲットの客層と利用動機に合わせる——立地

「飲食店は立地がすべて」とよく言われる。これはつまり、店にとってもお客さまにとっても、立地がきわめて重要ということだ。

店側からすれば、どういう立地に店を出すかによって固定費が決まる。固定費というのは、売上げがどう変動しようが常に一定にかかるコストのことで、すなわち家賃のことである。いい立地に店を出せば当然、家賃は高くなるわけで、それに見合う売上げが上がっていればいいが、売上げが下がればたちまち経営を圧迫する。

一般的に、家賃は売上げの10％以下に収めることが健全経営の目安とされている。店の広さが10坪で月商２００万円なら家賃は月額20万円。坪当たり家賃は２万円までが適正ということになる。

つまり店を開くにあたっては、目標とする売上げを設定し、その10％以内に収まる家賃水準の物件を選ぶことが大事だ。また、売上げ目標も“高望み”せず、あくまで現実的な線で設定することだ。

ところで先に「いい立地は家賃が高い」と言ったが、ここでいういい立地とは駅から近かったり、店の前を通る人の通行量が多い場所のこと。それだけ不動産としての価値が高いから家賃が高いのは当然なのだが、それらは必ずしも飲食店にとっていい立地とは限らないことに注意する必要がある。これは「どういうお客さまをターゲットとするか」に密接にかかわってくるからだ。

わざわざその店の料理を求めてくるお客さまが対象で、実際にそれだけのクオリティを提供している店であれば、駅から遠い不便な場所でもかまわない。家賃が安いぶんを原価にしっかりかけて、さらに店の人気を高めていくことも可能だ。

では、その地域に居住する人をターゲットにするのであればどうか。この場合は、必ずしも駅に近い必要はないが、お客さまが訪れやすい場所であることが大事だ。駅前と住宅地をつなぐ、地域住民がよく利用する道路沿いなどが好例で、これを「地域のケモノ道」などと表現する（ケモノ道とは、山野に棲む野生動物が餌探しなどで日常的に通るルートのこと）。そうした、地域住民にとってのポイントを押さえる必要がある。

つまり立地はお客さまの利用動機、さらにいえば来店のしやすさと密接にかかわる要素なのである。これが、お客さまにとっても重要という意味だ。

立地では「土地鑑」という言葉をよく使う。土地鑑があるとは、その場所のことをよく知っているという意味で、これも立地を決めるうえで重要な要素だ。

はじめて店を持つという場合、まったく見知らぬ場所で開業するのは不安なもの。そうではなく自宅から近いとか、かつて勤めていた店の近くなら、そこがどういう場所なのかがわかる。どんな人が住んでいて、所得水準はどうか、あるいはどんな人が訪れる場所なのか。こうした情報をふまえて店のコンセプトを決めていけば、成功の確率は高まる。

「和食 きんとき」

テーブル席。店内はアイボリーの落ち着いた色調。２卓の間には、縦に木を組んだ衝立をおいて、圧迫感がない程度に目隠しをしている。

和食 きんとき
関口 隆

東京都武蔵野市中町1-23-13
電話０４２２-５４-５５８０
営業時間／昼12：00～14：00
（2時間制・要予約）、
夜18：00～23：00（21：00L.O.）
定休日／火、不定休
＊カード不可・店内禁煙

開店／１９９４年11月（07年に現在地に移転）
店舗規模／12坪、席数16席（カウンター2席、テーブル2席×1卓、4席×3卓）
従業員数／厨房1名、サービス1名
料理／昼・コース３７００円（7品）、
夜・コース３６００円（4品）、
５２００円（8品）、６２００円（8品）、
８２００円～（9品・要予約）他一品料理
仕出し弁当／２０００円、２５００円、３０００円
客単価／８０００円
食材原価率／40％

念願の移転、そのメリット

三鷹駅北口から徒歩5分。北口は数年前までは畑なども点在していた静かな地域だが、近年大規模な再開発で、官公庁やオフィス、商業施設、医療施設などが入った新しいビルや高層マンション、飲食店などが増えてきた。

「きんとき」は開発地域の少しはずれに２００７年に移転してきた。静かな通りに面した1階の角地だ。目立った看板はないが、木の引き戸に洗いざらしの真っ白い暖簾がかかった清潔感のある佇まいだ。

ご主人の関口隆氏は隣駅の吉祥寺で「きんとき庵」という和食店を13年間営んでいた。コース料理もやっていたが主体は一品料理。客席数は16席で現在と変わらないが、面積は今よりも狭かったため、少々きゅうくつだったという。

カウンター席とテーブル席。変形の間取りのため、奥にテーブル席をとると、カウンターに４名座れないのでカウンターは２席まで。

かねがねもっとゆったりとした間取りの店に移りたいと考えてはいたのだが、常連のお客さまたちが高齢になってきて、２階まで上ってくるのがつらいといわれ、いよいよ移転を決意した。

開店当時の吉祥寺は中央線沿線では家賃が高い地域で、ビルの２階だったが現在の家賃の１・５倍以上で、保証金もかなり高額だった。

「移転で固定費を抑えることができたので、その分お客さまに還元しようと考えました」と関口氏。

吉祥寺時代から現在まで従業員を雇わず、奥さまの里美さんと２人で堅実に店を営んでいる。

仕出し弁当で軌道にのる

移転後、知名度が低い中で店を軌道に乗せるために役立ったのが仕出し弁当。お客さまのすすめで移転直後から始めたが、得意先の企業を１社紹介していただいたのを皮切りに、２社、３社と順調に販路が広がっていった。一番多かった年は２０００個以上を売り上げたという。

「この頃は本当に大変でした。夜、店を開けられませんでしたから（笑）。24時間お店にいたこともありました」と里美さん。

お弁当は前日の夜までに８割程度仕込んでおき、当日は焼く、揚げるといった仕上げ作業のみ。しかし料理を詰める作業は場所が必要で、客席まで使わなければ間に合わない。昼食用が中心だが、夜の注文もある。仕上げた料理を折に詰め、冷めるまで１時間そのままおいてから折りに詰めなければならないので、場所と時間がかかってしまう。

百貨店からおせちを依頼されたのもこのころ。「とにかく２人でやっているので、おせちは大変です。12月20日で店を閉めなければ間に合わないのです。中は明かりがついている

木の引き戸に白い暖簾がかかって、すっきりした清潔感のあるファサード。

店で出すものは、ほとんどすべて店で仕込む。

のに店が閉まっている、とお客さまからご心配の電話をいただくこともありました」と関口氏は笑う。

現在は、お弁当の注文は月に60～80個ほどに落ち着き、安定して夜の営業ができるようになったという。現在のお弁当は季節替わりで２０００円、２５００円、３０００円の3種類。4個以上、３日前までの予約で注文を受けているという。配達はせずに引き取りに来てもらう。

お弁当の注文を受けるときは、必ずどんな場所でどんな目的で利用するのか聞くようにしている。最近は高齢の方が集まる席での注文が多いという。高齢になると外食ができなくなってくるので、お祝いなどで使うのだ。こんなときは、柔らかいものを選んだり、小さく切ったり、食べやすいように包丁を入れておく。こうした細やかな心遣いは、「きんとき」ならでは。

夏場に企業内でランチの注文を受ける場合は、食中毒などが心配なので、自宅に持ち帰らずに必ずその場で食べていただくようお願いしている。味つけはお店の料理とさほど変えないが、汁気の多いものや、オクラのような粘り気のあるもの、変色しやすいものは避けているという。

昼のランチとお弁当の予約調整

昼のコースは３７００円で7品ほど（先付、温、造り、盛り合わせ、お食事、炊き合わせ、甘味）。近隣の女性客や家族連れのお客さまがほとんどだ。

お弁当の仕事と並行しているため、ランチはお弁当の注文と同様に3日前までに4名以上の完全予約制をとっている。お弁当で手一杯のときは、ランチをお断りすることもあるという。

お弁当の配達はせず、ランチの予約人数やお弁当の個数の下限を決めて、無理はしない。これは2人でやっていく上でとても大切だという。

そのかわりに提供する料理の質は落とさない。２０００円のお弁当にもおかずは10種類以上。無理はしないが自分たちのできることで価値をつけていく。こうしたやりかたも少人数で店を営んでいく上で必要なのだろう。

食べておいしいものをお出しする

そのことは、3種類の夜のコースでも同じだ。2人でできることは限られているけれど、できることは手を抜かず、ていねいな仕事をするというのが「きんとき」のやり方。主役はもちろん、主役を引き立てる脇役の黒豆蜜煮や柑橘類の皮の蜜煮などまで、すべて店で仕込んでいる。関口氏はこう言う。

「料理屋っぽい着飾った料理ではなくて、普段使いしていただくために、全部残さずに食べられるようなやさしい料理をつくりたい。2万円のコースに求められるものと、６０００円のコースに求められるものは、違うと思うのです」

造りや焼物につきものの、大根けんやツマ、生姜甘酢漬けなどのかわりに、季節野菜の和え物などを数種類添えるようにしている。

「ていねいにつくっても大根けんやツマ類などは食べ残しが出ます。同じように手間をかけるなら、和え物にすれば食べていただけるのでは」と考えた。和え物をあしらいとして料理の口直しに添えると飽きもこないし、さっぱりとするので好評だ。

客席が見えない厨房

堅実な営業を続ける「きんとき」だが、課題もある。それは店づくりだ。

現在の店は寿司店だった物件の居抜き。同じ和食でも割烹と寿司店では微妙に厨房のつくりが違うことに、営業をはじめてから気づいたという。

寿司は鮮魚を扱うカウンター仕事が中心。仕込みで火は使うものの、営業中はほとんど必要がないため、コンロや天火は厨房の奥のほうに設置されている。したがって関口氏はこの場所に張りつかざるを得ないが、この位置からはお客さまの食事の進捗状況がまったく見えないので、仕事を進めづらいのが欠点だという。しかもカウンター側の蛇口からは水しか出ないので、下がってきた食器を洗うのも奥での作業になる。

困った点はもう一つ。仕出し弁当の販売のため大きな冷蔵庫や冷凍庫のスペースは確保しなければならず、そのしわ寄せが厨房にきた。厨房の中央に小さな冷蔵庫と作業台、作業台の上に電子レンジを置いているが、電子レンジが邪魔になってカウンター前でドリンクの用意や、料理の仕上げの作業をする里美さんの姿が見えないのだ。今何をしているかわからないし、里美さんが食器を下げてくるときにぶつかることもあるという。

「改装をして厨房の形を変え、私からお客さまの様子が見えるようにしたい」と関口氏は言う。

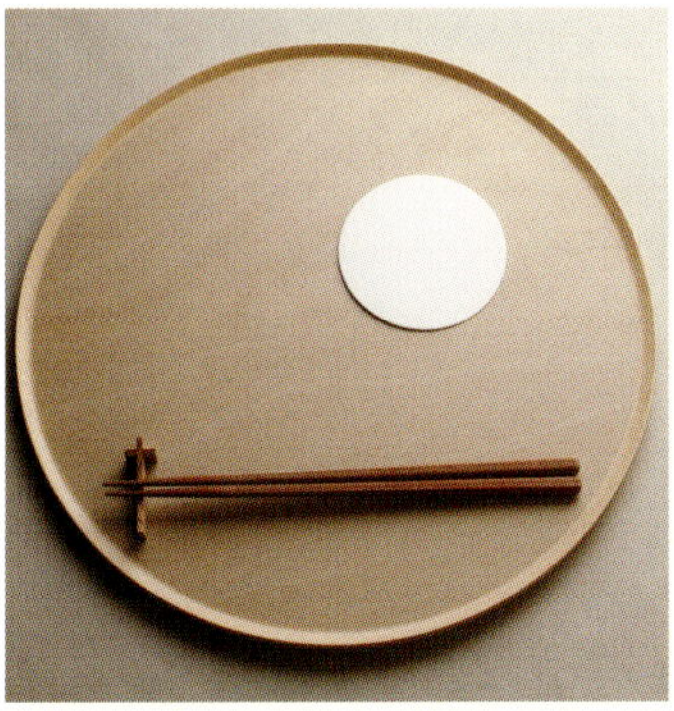

テーブルセッティング。丸い白木の折敷、箸置き、箸、コースターのセット（上）。ご主人の関口 隆氏（右）とサービスを担当する奥さまの関口里美氏（左）。

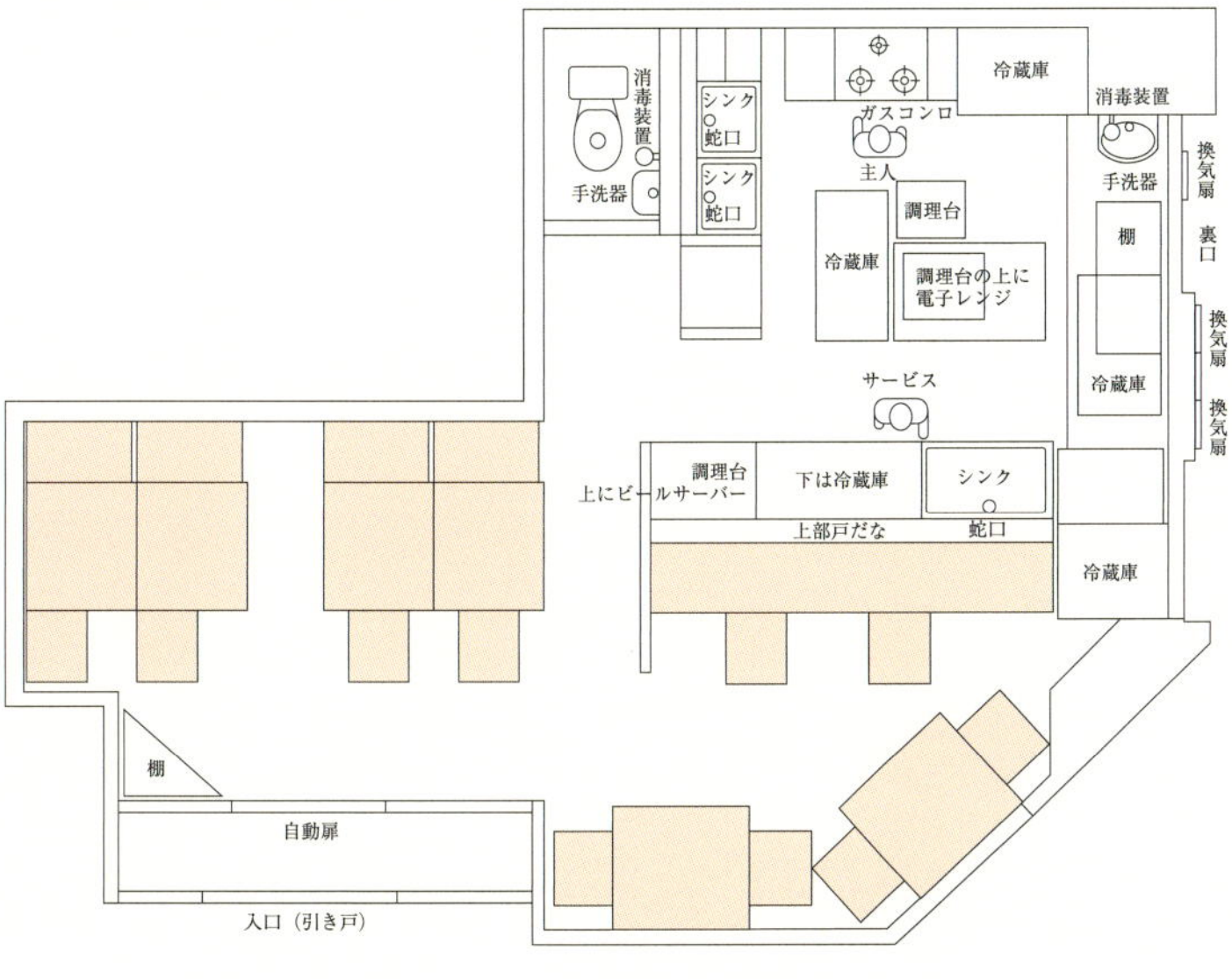

調理場はご主人と里美さんの2名が入る。里美さんはカウンターに向き合うような位置にスタンバイし、料理の仕上げとドリンク類の用意、サービスを担当する。ガスコンロと天火は厨房奥なので、カウンター前にご主人が立つことができない。居抜きのため動線が悪く動きづらいので、将来的に改装したいと考えている。カウンター席は4席あるのだが、あまり使っておらず、座っていただいても2名まで。向かって左側のテーブル席は4席×2卓だが、1卓のテーブルは離せるようになっている。テーブルをつければ9名まで利用可。

和食きんとき
1月「ろ」のコース
6200円

一、先付

畑菜　焼き原木椎茸　もやし芥子和え

海老芋唐揚げ　くわいせんべい

料理解説54頁

二、温

ひげ鱈　すぐき蕪蒸し

料理解説54頁

「きんとき」の夜のコースは3種類。「い」のコースは5200円、「ろ」は6200円、食事などがつかない酒肴コースの「は」は3600円。

中でも人気があるのは「ろ」のコースだ。「い」と「ろ」の品数は同じだが、造りや焼物などに盛り込まれる魚介の数が増えるので、お値打ち感はより高くなる。

また焼物や揚物などはお客さまが食べやすいように一口大につくるというのも「きんとき」ならではの心遣い。

造りや揚物などは人数分盛り込んだ大皿で提供して、各自取り分けて召し上がっていただく。接待客には向かないが、気の置けないカップルや家族客などには好評だ。

このときに大切なのは、1人分の分量がわかりやすいように盛りつけること。取りづらい盛りつけも避けたい。料理をまとめると華やかな盛りつけになって、コースの山場がつくりやすくなる。

三、造り
平目薄造り　めじ鮪　太刀魚
寒鯖あぶり
ほうれん草の胡麻和え
（2人前）
料理解説55頁

四、焼
鯧味噌漬け　鰤幽庵焼き
安納芋リコッタチーズ
庄内ねぎ　琥珀玉子
料理解説55頁

五、揚

鱚の芝海老真丈　帆立真丈の湯葉包み

百合根芝海老　根付田芹天ぷら（2人前）

料理解説56頁

六、炊き合せ

合鴨治部煮　丸大根

一夜豆腐　揚げ豆腐

菊菜　牛蒡

料理解説57頁

七、食事

焼きおにぎり茶漬け

伊勢芋の磯辺揚げ　三つ葉

料理解説57頁

八、甘味

あんみつ

紅茶寒天　リンゴ寒

あずき　蓬麩　栗渋皮煮

リンゴチップ

料理解説58頁

コースに合う酒

奥　旬　夢山水十割（愛知）

辻善兵衛　純米吟醸（栃木）

黒牛　純米酒（和歌山）

一、先付

蕗と釜上げ桜エビのお浸し

小鯵　胡瓜　椎茸の卯の花和え

料理解説59頁

和食きんとき

4月「ろ」のコース

6200円

二、温

春子鯛セロリ巻き

春キャベツ　蕨　独活

料理解説60頁

三、造り
さくら鯛
酢〆かます焼霜造り
赤貝
子持飯蛸
うるい胡麻酢和え
（2人前）
料理解説60頁

四、焼
吉次香辣油焼き
たいらぎ味噌漬け
菜の花芥子和え

料理解説61頁

五、揚
甲いかと蚕豆のつまみ揚とおかき揚
ゲソ真丈
たらの芽とコゴミの天ぷら（2人前）

料理解説62頁

六、炊き合せ

若筍煮　木くらげ信田巻き
スナップえんどう　木の芽

料理解説62頁

七、食事

太刀魚蒲焼き飯
しどけと卵の汁

料理解説63頁

八、甘味

紅八朔のゼリー寄せ
皮蜜煮　黒豆ラム酒風味　イチゴ

料理解説64頁

お弁当

1月のお弁当
四角折詰弁当
2500円

長型のお弁当より品数が数品多く、焼物の魚種を変えている。

料理解説64頁

１月のお弁当
長型朱塗弁当紙製
２０００円
料理解説64頁

３～４月のお弁当
ちらし寿司３５００円
２折りから注文を受けている。
料理解説66頁

一品料理

蛸のやわらか煮
料理解説67頁

いかの塩辛
料理解説68頁

だし巻き玉子
料理解説68頁

豆腐の味噌漬け
料理解説68頁

1月「ろ」のコース

六、炊き合せ

◎一夜豆腐

豆腐を水きりをして一度凍らせたものを一夜豆腐と呼んでいる。炊き合せには薄味で煮含めた一夜豆腐と揚げ豆腐を使った。

木綿豆腐　2丁
煮汁（二番だし20：淡口醤油1：赤酒1）

1　木綿豆腐1丁を4等分に切る。鍋に水を注ぎ、豆腐を入れて火にかける。沸く直前（写真程度）で火を止める。

2　流し缶を裏返しペーパータオルを敷き、斜めに傾けて1の豆腐を並べる。

3　ペーパータオルをかぶせる。

4　抜き板かトレーの上に重し（5kg相当）をのせて6時間おく。夏季ならばトレーの下を氷で冷やす。

5　水きりを終えた木綿豆腐。

6　5の豆腐を冷凍庫に移し、6時間以上冷凍する。一夜豆腐が完成（写真）。使用時は自然解凍する。アルミ製トレーにのせると早く解凍できる。

7　解凍したら、煮汁を合わせて火にかける。沸いたら火を弱めて30～40分間煮て、鍋のまま冷まして味を含ませる。

◎揚げ豆腐

木綿豆腐、揚げ油
煮汁（だし18：日本酒2：赤酒1：淡口醤油1、塩少量）

1　油を190℃に熱し（衣をたらすと完全に下に沈まず、途中からスッと上がるくらいの高温）、水きりをして3等分に切った木綿豆腐を揚げる。低温だと最終的な煮上がりがふやけてしまう。

2　いっせいに勢いよく気泡が立つ。

3　だんだん気泡が少なくなってきたら、豆腐から水分が抜けて火が通った目安。豆腐を上げて油をきる。揚げ豆腐の完成。

4　湯を沸かし、3の揚げ豆腐を入れて油抜きをする。

5　鍋にだし、日本酒、赤酒、淡口醤油、塩少量を入れて沸かし、4の豆腐を入れて中火でじっくり40分間煮る。鍋のまま冷まして味を含ませる。

一、先付

畑菜　焼き原木椎茸　もやし芥子和え

くせがなくゆでるととろりと柔らかくなるハタケナ。京都の伝統野菜で１〜２月が最盛期。

ハタケナ、塩、浸し地（だし２００cc、淡口醤油35cc）
シイタケ、モヤシ、塩、太白胡麻油
和え衣（一番だし、淡口醤油、溶き芥子）

１　ハタケナは塩を入れた熱湯で柔らかくゆでて水にとり、水気をきって浸し地に浸ける。
２　シイタケは石突を切り落とし、薄塩をふって天火で焼く。食べやすく薄く切る。
３　モヤシはヒゲを取り、長いものは半分に折る。太白胡麻油をたらした熱湯でさっとゆでで、ザルに広げて軽く塩をふってウチワで冷ます。
４　ハタケナ、シイタケ、モヤシを合わせ、一番だし、淡口醤油、溶き芥子で和える。

海老芋唐揚げ　くわいせんべい

冬においしくなるエビイモとクワイ。一方は唐揚げに、もう一方は素揚げにした。

エビイモ、煮汁（だし４００cc、赤酒30cc、淡口醤油20cc、日本酒30cc、塩1つまみ）
クワイ
葛粉（粉末状）、揚げ油、塩

１　エビイモは皮をむき、米の研ぎ汁（分量外）で下ゆでする。煮汁を合わせ、エビイモを煮含めて、そのまま冷ます。
２　クワイは芽を切り、皮をむいて薄切りに。水が澄むまでさらしてアクを抜き、水気をふく。ザルに並べて適度に乾かしておく。
３　クワイとクワイの芽（縦に包丁を入れて松葉にする）は１６０〜１７０℃の揚げ油で素揚げにして塩をふっておく。エビイモはだしをふいて葛粉をまぶし、１８０℃の油で唐揚げにする。
４　クワイとエビイモを盛り合わせる。

二、温

ひげ鱈　すぐき蕪蒸し

淡白なヒゲダラ（ヨロイタチウオ）は、すぐき菜を混ぜた道明寺粉で包んで蒸し上げて椀種に。ヒゲダラは造りや昆布〆などにも合う。

◎椀種（5人前）
ヒゲダラ　2切れ（25g）×5人前
生地（おろした聖護院カブラ大1／2個、卵白1個分、道明寺粉大さじ3、上新粉少量、刻んだすぐき漬け30g）

◎だし
一番だし８００cc、日本酒30cc、塩小さじ1／3、淡口醤油小さじ1・5、葛粉適量

◎小松菜　金時人参
コマツナ、浸け地（一番だし２００cc、塩1つまみ）
金時ニンジン、吸い地（一番だし２００cc、淡口醤油少量）

ユズ　山葵

◎椀種
１　ヒゲダラは三枚におろして薄塩をあてて切り身にし、霜降りをする。

2 生地の材料を混ぜ合わせる。上新粉はつなぎ程度でよい。

3 さっと蒸したヒゲダラを生地で包み、蒸し器で蒸す。味はすぐき漬けの塩分で。

◎だし

1 めじ節でとった一番だしを熱し、日本酒、塩、淡口醤油で味を調え、水で溶いた葛粉で薄くとろみをつける。

◎小松菜、金時人参

1 コマツナは熱湯でゆでて冷水にとって冷まし、浸け地に浸ける。

2 金時ニンジンは桂むきにして吸い地で直炊きする。丸く巻いておく。

◎仕上げ

1 蒸し上がった椀種を椀に盛り、コマツナ、金時ニンジンを添え、熱いだしを注ぐ。山葵とユズを添える。

三、造り

平目薄造り めじ鮪 太刀魚 寒鯖あぶり ほうれん草の胡麻和え

その日の朝に水揚げされた相模湾産の鮮魚の造り。造りには必ず和え物を添えている。箸休めにもなるし旬の野菜を使えば季節感も出せる。

ヒラメ、メジマグロ、タチウオ、サバ（活〆）
胡麻和え＊（ホウレンソウ、白ゴマ適量、だし200cc、淡口醤油15cc）
スダチ、山葵
土佐醤油、ポン酢、万能ネギ、紅葉おろし

＊ホウレンソウを熱湯でゆでて水気を絞り、ざく切りにする。白ゴマをすり、だしと淡口醤油で味をつけた和え衣でホウレンソウを和える。

---

1 魚は水洗いしてサク取りしておく。ヒラメは薄造りにして扇面状に器に盛る。水気をしっかりときったホウレンソウの胡麻和えを添える。

2 メジマグロは平造り、タチウオは銀皮を生かして皮目に細かく切り目を入れて一口大に切る。サバは皮目をあぶって角造りにする。これらの造りを2人分に盛り分ける。

3 スダチと山葵を添える。別に土佐醤油とポン酢、万能ネギと紅葉おろしを添えてすすめる。

四、焼

鯧味噌漬け 鰤幽庵焼き 安納芋リコッタチーズ 庄内ねぎ 琥珀玉子

焼物は食べ飽きないように、2種類を盛り合わせている。本日は味噌漬けにしたマナガツオとブリの幽庵焼き。

◎鯧味噌漬け

マナガツオ（切り身） 1切れ（30g）
味噌床（粗味噌600g、煮きり酒30cc、煮きり赤酒45cc、麹30cc）

◎鰤幽庵焼き

ブリ（切り身） 1切れ（30g）
幽庵地（煮きり酒6：赤酒4：濃口醤油3・5、輪切りのユズ）

◎安納芋リコッタチーズ

安納イモ（サツマイモ）
リコッタチーズ 安納イモの1／4量

◎庄内ねぎ、琥珀玉子

ウズラ卵、味噌床（粗味噌10：煮きり赤酒1）
庄内ネギ、塩、浸し地（だし2：淡口醤油1：酢1）

◎**鯧味噌漬け**

1　マナガツオに薄塩(分量外)をあて、ガーゼではさんで味噌床(材料をすべて混ぜ合わせる)に2~3日間漬ける。

2　串を打って焼く。仕上げに赤酒を一刷毛ぬる。

◎**鰤幽庵焼き**

1　幽庵地を合わせ、ブリを1日浸ける。取り出して水気をふき、串を打って焼く。仕上げに幽庵地を数回ぬる。

◎**安納芋リコッタチーズ**

1　安納イモの皮を厚くむいて水にさらし、薄塩をふって穴あき面器に並べて蒸す。熱いうちにつぶして冷ます。

2　リコッタチーズを混ぜ、塩、好みでコショウを加えて味を調える。イメージはポテトサラダ。

◎**庄内ねぎ、琥珀玉子**

1　ウズラ卵は常温に戻し、65℃を保った湯に40分間浸けて温度玉子をつくる。殻を割って白身を取り除き、黄身をガーゼではさんで味噌床に2~3日間漬ける。

2　庄内ネギを熱湯でさっとゆで、ザルにとって、薄塩をふり、浸し地にくぐらせて水気を絞る。

◎**仕上げ**

1　ブリとマナガツオを盛り、庄内ネギ、安納芋リコッタチーズを添え、ウズラ玉子の味噌漬けをあしらう。

五、揚

鱚の芝海老真丈　帆立真丈の湯葉包み　百合根芝海老　根付田芹天ぷら

3種の揚物と、春の七草の頃に届く根付きの田ゼリの天ぷらの盛り合せ。香りのある田ゼリは、きんぴらやお浸し、酢味噌、味噌汁にも合う。

◎**鱚の芝海老真丈、百合根芝海老真丈**

キス、ユリネ

真丈(芝エビ400g、日本酒30cc、淡口醤油10cc、赤酒5cc、卵黄1個分、ヤマトイモ25g)

◎**帆立真丈の湯葉包み**

真丈(ホタテ貝柱400g、みじん切りのさらし玉ネギ30g、卵白1個分、塩2g、淡口醤油10cc、ヤマトイモ25g)

引上げ湯葉

◎**根付田芹天ぷら**

セリ、小麦粉、天ぷら薄衣(小麦粉、卵黄、水)、揚げ油

旨だし(だし5:淡口醤油0・5:濃口醤油0・5:日本酒1:赤酒0・8)、藻塩

◎**鱚の芝海老真丈、百合根芝海老**

1　キスは背開きにして骨を抜き、身を開く。ユリネは鱗片をばらして掃除する。セリはきれいに洗う。

2　真丈をつくる。芝エビの頭と殻をむき、塩水(分量外)で洗ってかたく絞り、包丁で叩いたのちすり鉢でする。その他の材料をすり混ぜる。

3　キスに小麦粉をまぶして、2の芝エビ真丈を巻く。ユリネにも小麦粉をまぶして真丈を詰める。

◎**帆立真丈の湯葉包み**

1　真丈をつくる。ホタテ貝柱を包丁で叩いたのちすり鉢でする。卵白、塩、淡口醤油、ヤマトイモを加えてすり混ぜ、最後に葛粉(分量外)をまぶした玉ネギを混ぜて冷蔵庫で3時間ほどおく。

2　湯葉で真丈を巻き、串で止めて一口大に切る。

◎**仕上げ**

1　キス、ユリネ、湯葉包み、セリに小麦粉をまぶし、天ぷらの薄衣をくぐらせて、170~180℃の油で揚げる。

2　器に盛り合わせて、旨だし(材料を合わせて一煮立ちさせたもの)、藻塩を別に添える。

六、炊き合せ

合鴨治部煮　丸大根　一夜豆腐　揚げ豆腐　菊菜　牛蒡

合鴨の治部煮を柔らかく煮た丸大根とともに盛り合わせた。合鴨の脂身やスジでとっただしで煮た大根と治部煮はよく合う。

◎合鴨治部煮
合鴨、濃口醤油、葛粉
煮汁（だし6：濃口醤油1：赤酒1：日本酒1）

◎丸大根
丸大根、米の研ぎ汁
煮汁（二番だし18〜19：日本酒1：淡口醤油1：赤酒0・8、干した大根の皮、昆布適量、合鴨の脂身やスジ）、追いガツオ

◎一夜豆腐、揚げ豆腐
一夜豆腐（↓53頁No.7）、揚げ豆腐（↓53頁No.5）

◎菊菜、牛蒡
ゴボウ（笹がき）、煮汁（二番だし16：日本酒1：淡口醤油1：赤酒1）
キクナ

◎合鴨治部煮
1　合鴨は形を整え、余分な脂身やスジを切り取る（脂身やスジは霜降りしておく）。皮目に格子状に細かく包丁を入れて薄く切り、濃口醤油で洗って、葛粉をまぶす。
2　煮汁を沸かし、合鴨を中火で2分程度煮る。

◎丸大根
1　丸大根の皮を厚めにむき、大きなくし形に切り、米の研ぎ汁でゆでる。ぬるま湯で洗い、さっと蒸して水分を飛ばす。皮はザルに広げて1日以上干す（常温保存し、だし昆布のように使う）。
2　煮汁の材料を合わせて1の大根を煮含める。味をみて追いガツオで仕上げる。

◎一夜豆腐、揚げ豆腐
1　丸大根2の煮汁を取り分け、揚げ豆腐、一夜豆腐を入れて煮含める。

◎菊菜、牛蒡
1　ゴボウを合わせた煮汁でさっと炊く。ここにゆでたキクナの水気を絞って加え、煮浸しにする。

◎仕上げ
1　それぞれを蒸し器で温め、盛り合わせる。

七、食事

焼きおにぎり茶漬け　伊勢芋の磯辺揚げ　三つ葉

こうばしい焼きおにぎりに、だしで抽出したほうじ茶をかけ、さっぱり食べていただく。

◎焼きおにぎり
ご飯、焼きダレ（濃口醤油5：赤酒1）

◎磯辺揚げ
イセイモ、叩き梅干、海苔、ぶぶあられ
揚げ油

◎茶漬けだし
一番だし400cc、濃口醤油30cc、ほうじ茶茶葉4g

軸三ツ葉、黒コショウ、山葵

◎**焼きおにぎり**

1　炊きたてのご飯で太鼓形のおにぎりを握り、網で焼く。焼きダレを2度ほどぬって焼き上げる。

◎**磯辺揚げ**

1　イセイモをすり鉢ですって適量を取り、叩いた梅干を中に少量入れて海苔で巻き、両端にぶぶあられをつける。１８０℃の油で揚げて油をきる。

◎**茶漬けだし**

1　一番だしにほうじ茶茶葉を入れて弱火で2分間ほど沸かし、濃口醤油を加えて吸い物よりも濃いめの味と香りをつけて漉す。

◎**仕上げ**

1　椀に焼きおにぎりを盛り、磯辺揚げをのせる。細かく刻んだ軸三ツ葉を添える。好みで黒コショウ、山葵などを添える。

2　茶漬けだしを急須に入れて、椀とともに提供。

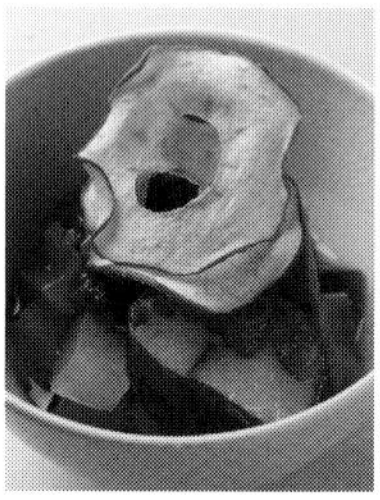

八、甘味

あんみつ
紅茶寒天　リンゴ寒
小豆　蓬麩　栗渋皮煮
リンゴチップ

◎**紅茶寒天**

角寒天1本、水８００cc、紅茶茶葉5g、砂糖30g

◎**リンゴ寒**

粉寒天6g、水１５０cc、リンゴジュース６００cc

◎**小豆**

小豆５００g、砂糖蜜(水５００cc、砂糖75g)、水あめ40g、塩1つまみ

◎**蓬麩**

蓬麩、砂糖蜜(水10：砂糖1)

◎**栗渋皮煮**

クリ1kg、水1リットル、グラニュー糖５００g、ブランデー50cc、塩少量

黒蜜*、リンゴチップ(解説省略)

---

*黒糖６００g、グラニュー糖４００g、水あめ80g、水1リットル、黒酢30cc、ブランデー50ccを合わせて火にかけ、2割程度煮詰めて黒蜜をつくる。

◎**紅茶寒天**

1　角寒天をちぎって2晩水に浸けて戻す。

2　水に紅茶茶葉を入れて煮出し、1の角寒天と砂糖を煮溶かし、流し缶に流して冷やし固める。

◎**リンゴ寒**

1　粉寒天と水を鍋に入れて火にかけ、粉寒天が溶けたら火を止める。

2　1にリンゴジュースを加えて流し缶に流して冷やし固める。

◎**小豆**

1　小豆を水に8時間ほど浸けて戻す。たっぷりの水を注いで火にかけ、沸いたらさし水をしてゆでこぼす。これを2回繰り返して渋抜きをする。

2　浸るよりも多めの水を注ぎ、とろ火で柔らかくなるまで煮戻し、鍋のまま冷ます。冷めたらアズキをザルに上げて水気をきって鍋に戻す。

3　2に分量の水、グラニュー糖を加えて火にかけ、蜜煮にして一晩おく。翌日ザルにあけ、砂糖蜜を鍋に戻し、水あめ、塩を加えて煮詰め、小豆を戻す。この作業を繰り返して好みに仕上げる。

◎**蓬麩**

1　水に1割の砂糖を煮溶かして薄蜜をつくり、適宜に切った蓬麩を炊く。その日に使いきること。

◎栗渋皮煮

1　クリは渋皮を傷つけないよう注意して鬼皮の一部を包丁でむいてたっぷりの水に一晩浸ける。こうするとむきやすくなる。翌日鬼皮をむく。

2　鍋にクリを入れ、かぶるくらいの水を入れて重曹（分量外）を加える（クリ1kgに対して重曹10g）。とろ火で30分間ほどゆでて、湯を捨てる。このあと湯を注いでとろ火で30分間ゆでて湯を捨て、きれいな湯にさらす工程を3～4回繰り返す。

3　最後に1個ずつクリのスジやケバを串できれいに取り、蒸して水分を飛ばす（水抜き）。

4　鍋に分量の水と3のクリを入れて火にかける。グラニュー糖を3回に分けて加えて冷ますことを繰り返し、最後に塩とブランデーを加えて仕上げる。グラニュー糖は一度に加えるとクリがかたくなってしまう。真空にして保存。

◎仕上げ

1　2種の寒天を角切りにし、小豆、蓬麩、栗渋皮煮を盛り、黒蜜をかける。リンゴチップスを2枚飾る。

4月「ろ」のコース

一、先付

蕗と釜上げ桜エビのお浸し

春と秋に駿河湾で水揚げされるサクラエビ。色よく炊いて淡い緑色のフキと合わせた煮浸し。

フキ、塩、煮汁（だし300cc、日本酒30cc、淡口醤油5cc、赤酒15cc、塩2g）
サクラエビ（釜上げ）
ショウガ、淡口醤油

1　フキの茎は半分に切り、塩で板ずりし、熱湯で5～6分間ゆでて水にとって冷ます。皮をむき、食べやすい長さの笹切りにする。

2　煮汁を合わせて強火にかけ、フキを煮る。火が通ったらザルに上げて冷ます。煮汁が冷めたらフキを戻して浸けておく。

3　提供する30分前にフキ、サクラエビ（ヒゲを取る）、針ショウガを合わせて煮汁に浸す。器に盛って、淡口醤油で煮汁に香りをつけてかける。

小鯵　胡瓜　椎茸の卯の花和え

料理名につけた「卯の花」は、オカラを指す春の言葉。冬には「雪花菜（きらず）」となる。

◎小アジ、キュウリ、干シイタケ、ツクシ
小アジ（1尾50～100g）3～5尾、塩、割酢（酢7：水3：砂糖0.5）
キュウリ1本、塩
干シイタケ、煮汁（戻し汁700cc、日本酒300cc、ザラメ糖60g、濃口醤油100cc）
ツクシ、灰汁、土佐酢（だし5：日本酒1：赤酒1：酢3.5～4）

◎卯の花
オカラ500g、砂糖大さじ1、酢23cc、塩1つまみ、卵黄小1個分

◎小アジ、キュウリ、干シイタケ、ツクシ

1　小アジは三枚におろし、塩をあてて40分間おく。割酢に30分間浸けたのち酢をきる。

2　キュウリは塩で板ずりし、縦に4等分に切って種を切り落とし、笹切りにして塩水に浸ける。

3　干シイタケは水に一晩浸けて戻し、戻し汁、日本酒、ザラメ糖で煮る。3割煮詰まったら濃口醤油を加えて水分がほぼなくなるまで煮る。

4　ツクシは掃除をして灰汁でゆで、水にさらして土佐酢に浸ける。

◎卯の花

1　オカラを中目の金ザルに入れて水の中で漉す。この水をネル布で漉して水を絞る。

2　残ったオカラをボウルに入れて砂糖、酢、塩を加えて湯煎で煎る。ダマがなくなったら卵黄を加え、さらさらになったら広げて冷ます。

◎仕上げ

1　小アジは皮をむいて薄く切る。干シイタケも薄切りに。キュウリは水気を絞る。提供30分前にこれらを土佐酢で洗い、水分をふいて卯の花で和える。ツクシを添える。

二、椀

春子鯛セロリ巻き
春キャベツ　蕨　独活

セロリをカスゴダイで巻いてみた。思いのほか香りがおだやかでだしとの相性もよい。

◎春子鯛セロリ巻き

カスゴダイ、セロリ、塩、小麦粉、卵白

◎春キャベツ、蕨、独活

春キャベツ、塩
ワラビ（アク抜き）、煮汁（だし300cc、日本酒30cc、淡口醤油20cc、赤酒15cc）
ウド（武蔵野産）、桜花塩漬け（塩抜き）、木ノ芽

◎吸い地

だし400cc、塩小さじ1/2、淡口醤油5cc

◎春キャベツ、蕨、独活

1　春キャベツは芯を取って一口大に切り、熱湯でゆでてザルに広げて薄塩をふって冷ます。

2　ワラビは水にさらして、煮汁でさっと煮て取り出す。煮汁を別に冷まし、ワラビを戻す。

3　ウドを色紙切りにして薄い酢水に浸ける。

◎春子鯛セロリ巻き

1　カスゴダイは三枚におろし、薄塩をあてて身厚の部分に包丁を入れて開く。セロリは笹切りにして薄塩をふる。

2　セロリを卵白にくぐらせて芯にし、小麦粉を薄くまぶしたカスゴダイで巻き、蒸し器で蒸す。

◎仕上げ

1　セロリ巻きを蒸し器で温めて椀に盛る。

2　吸い地で温めたキャベツ、ワラビ、セロリの葉を盛り合わせ、吸い地を注ぐ。ウドを散らし、桜花と木ノ芽を添える。

三、造り

さくら鯛　酢〆かます焼霜造り　赤貝
子持飯蛸
うるい胡麻酢和え

2人前を盛り合わせた、盛りだくさんで華やかな造り。ツマのかわりに添えた和え物が好評。

◎造り

マダイ
カマス、塩、割酢（酢7：水3）
アカガイ、塩
イイダコ、煮汁（水200cc、日本酒100cc、赤酒30cc、濃口醤油25cc）

◎うるい胡麻酢和え

ウルイ、割酢（酢1：淡口醤油1：だし0・5）、ゴマ（7分ずり）
山葵、スダチ、土佐醤油

◎造り

1　マダイはサク取りし、へぎ造りにする。

2　カマスは三枚におろし薄塩をあてて20分間おいて割酢に20分間浸す。表面をあぶって冷蔵庫で冷やす。

3　アカガイは殻をはずして掃除し、包丁目を入れ、身を打ちつけて締める。ワタは塩焼きにして冷ます。

4　イイダコの頭と脚を切り分け、内臓、目、口を取り除き、中の卵が出ないように楊枝で留める。脚は塩もみしてヌメリを取り、醤油(分量外)を入れた湯で霜降りする。煮汁を沸かし、頭と脚を入れる。脚はさっと煮てザルに上げ、頭は10分間ほど煮てそのまま冷ます。冷めたら脚を戻す。

◎うるい胡麻酢和え

1　ウルイは熱湯でさっとゆでて氷水で冷やす。

◎仕上げ

1　マダイ、カマス、アカガイとワタ、イイダコを盛り合わせる。

2　直前に割酢にすりゴマを加えて、水気を絞ったウルイを和えて、あしらう。

3　山葵、スダチを添え、土佐醤油ですすめる。

四、焼

吉次香辣油焼き　たいらぎ味噌漬け　菜の花芥子和え

焼物は飽きないように2種の魚介を盛り合わせ、造り同様に和え物を添えた。

◎吉次香辣油焼き

キンキ、塩水(水５００cc、塩15g、日本酒80cc、魚醤10cc)

香辣油(白絞油４００cc、小口切りの赤唐辛子大さじ1、花椒大さじ1・5、ショウガ少量)

◎たいらぎ味噌漬け

タイラガイ、味噌床(西京粗味噌２００g、煮きり赤酒40cc、日本酒20cc)

◎菜の花芥子和え

菜ノ花、和え衣(だし２４０cc、淡口醤油30cc、溶き芥子適量)

◎吉次香辣油焼き

1　キンキを三枚におろし、小骨を抜く。皮目に針打ちして塩水に30〜40分間浸け、風にあてて乾かす。

◎たいらぎ味噌漬け

1　タイラガイは殻をはずし、横半分に切って薄塩をあて、ガーゼに包んで味噌床に1日半漬ける。

◎菜の花芥子和え

1　菜ノ花を熱湯でゆで、氷水で冷やして絞る。

◎仕上げ

1　キンキに串を打って焼く。最後に香辣油をぬる。タイラガイは味噌床から取り出し、さっとあぶる。提供直前に菜ノ花を和え衣で和える。

2　キンキ、タイラガイを盛り、菜ノ花を添える。

五、揚

甲いかと蚕豆のつまみ揚とおかき揚
ゲソ真丈
たらの芽とコゴミの天ぷら

コウイカでつくる3種の揚物と、旬の山菜の天ぷらを盛り合わせた。写真は2人前。

◎甲いかと蚕豆のつまみ揚とおかき揚
コウイカ、ソラマメ
天ぷら衣（小麦粉、卵水）
小麦粉、卵白、かき餅（粉砕）

◎ゲソ真丈
真丈地（コウイカのゲソ3杯分、ヤマトイモ15g、ハモすり身15g、日本酒10cc、卵白1／2個分、片栗粉大さじ1）、青海苔粉

◎たらの芽とコゴミの天ぷら
タラノメ、コゴミ
小麦粉、天ぷら衣（小麦粉、卵水）

揚げ油、天つゆ、塩

◎甲いかと蚕豆のつまみ揚とおかき揚げ

1　コウイカは皮をむき、鹿の子に包丁目を入れてそぎ切りにする。ソラマメは皮をむく。

◎ゲソ真丈

1　ゲソは塩でもみ洗いしてヌメリを除いて皮をむく。水気をふいてフードプロセッサーにかける。

2　すり鉢に、ハモすり身、ヤマトイモ、卵白、片栗粉を入れてすり、1を少しずつ加えてする。

◎仕上げ

1　つまみ揚は1のコウイカとソラマメに小麦粉をまぶし、天ぷら衣にくぐらせて、180℃の油で揚げる。おかき揚はコウイカに小麦粉をまぶし、卵白にくぐらせて砕いたかき餅をつけて、130～140℃の油で揚げる。

2　ゲソ真丈は、揚げる直前に青海苔粉を加えて、150℃の油で揚げる。タラノメとコゴミは小麦粉をまぶし、天ぷら衣をつけて180℃の油で揚げる。

3　1～2の油をきって盛る。

六、炊き合せ

若筍煮　木くらげ信田巻き
スナップえんどう　木の芽

タケノコ、ワカメ、木ノ芽は定番の組み合せ。タケノコの季節は3月下旬から5月まで。この間に産地は北上し、真竹、破竹、笹の子なども出始める。

◎筍煮
タケノコ（アク抜き）
煮汁（だし2400cc、日本酒200cc、淡口醤油150cc、赤酒75cc、砂糖15g、塩少量）

◎信田巻き
油揚げ　6枚
種（木綿豆腐2・5丁、キクラゲ＊6枚、ハモすり身25g、ヤマトイモ20g、日本酒10cc、赤酒10cc、塩少量）
煮汁（だし900cc、日本酒100cc、淡口醤油55cc、赤酒50cc、砂糖10g）

◎新わかめ、スナップえんどう
新ワカメ、スナップエンドウ、塩

木ノ芽

＊生キクラゲを細かく刻んで、だし200cc、淡口醤油10cc、日本酒20ccで炊いておか上げする。

◎筍煮

1　タケノコはヌカ臭さをとるために熱湯でゆでる。淡口醤油以外の煮汁の材料を合わせて、タケノコを炊く。最後に淡口醤油で風味をつけ、味を含ませる。

◎信田巻き

1　油揚げを1枚に開き、熱湯をかけて油抜きをする。水きりした豆腐を裏漉しする。

2　すり鉢ですり身とヤマトイモをすり合わせ、1の豆腐を混ぜて、日本酒、赤酒、塩で味をつける。最後に片栗粉(分量外)をまぶしたキクラゲを混ぜる。

3　巻簾にラップフィルムを敷き、油揚げの内側に小麦粉(分量外)をふって種を芯にして巻く。端を種で留める。

4　中火の蒸し器で10分間蒸し、8分間そのままおいたのち、煮汁を注ぎ弱火で炊く。強火で炊くとふくれてしまう。

◎新わかめ、スナップえんどう

1　スナップエンドウはゆでておか上げし、塩をふって冷ます。

2　新ワカメは水洗いして水に15分間浸して湯通しをする。水にとったのち、ザルに上げる。

◎仕上げ

1　タケノコの煮汁にスナップエンドウ、新ワカメを入れてタケノコとともに温める。別に温めた信田巻きと盛り合わせる。天に木ノ芽を盛る。

七、食事

太刀魚蒲焼き飯
しどけと卵の汁

ほどよく脂がのった小ぶりのタチウオが蒲焼きに向く。大型ならば尾側の身がタレがよくのる。

◎太刀魚蒲焼き飯

タチウオ　1人前80g
焼きダレ＊(赤酒6：濃口醤油4：日本酒1、タチウオの焼骨適量)
ご飯、粉サンショウ

＊調味料とよく焼いたタチウオの骨を合わせて火にかけ、2〜3割煮詰めたもの。

◎しどけと卵の汁

シドケ
汁(だし、塩、淡口醤油、葛粉、卵)

◎太刀魚蒲焼き飯

1　タチウオは三枚におろし、腹骨を取り除く。

2　串を打ち、身側に3回、皮側に1回焼きダレをぬってこうばしく焼く。皮を下にして3〜4等分に切る。

3　タチウオを間に1切れはさんで茶碗にご飯を盛る。上に残りのタチウオをのせてタレをかけ、粉サンショウをふる。

◎しどけと卵の汁

1　シドケは熱湯でゆでて水気を絞り、食べやすく切る。

2　だしを熱し、塩、淡口醤油で味をつけ、水で溶いた葛粉を溶き入れ、溶き卵でとじ、シドケを加える。吸い口はコショウ、ショウガなど。

八、甘味

紅八朔のゼリー寄せ
皮蜜煮　黒豆ラム酒風味　イチゴ

甘みがあって色の濃い紀州産の紅ハッサクをゼリー寄せに。皮も残さず蜜煮に利用。

◎紅八朔のゼリー寄せ

ハッサク　3個（内1／2個は絞る）
ゼリー液（水600cc、グラニュー糖250cc、ハッサクの果汁1／2個分、レモン汁1個分、板ゼラチン18g、ブランデー60cc）

◎皮蜜煮

ハッサクの皮　3個分
煮汁（水400cc、グラニュー糖200g、ブランデー45cc）

◎つけ合せ

黒豆ラム酒風味（↓66頁）
イチゴ（4等分のくし形切り）

◎紅八朔のゼリー寄せ

1　ハッサクの表面を細目のおろし金でおろして落とす。皮をむき（皮蜜煮用）、果肉のみを流し缶に並べる。

2　ゼリー液をつくる。鍋に水とグラニュー糖を入れて沸かし、ブランデーを加えて、水で戻した板ゼラチンを溶かす。最後にハッサクとレモンの絞り汁を加えて流し缶に静かに漉し入れ、氷水にあてて粗熱をとり、冷蔵庫で冷やし固める。

◎皮蜜煮

1　ハッサクの皮の内側の白いワタを取り除き、3〜4回ゆでこぼす。これを水とグラニュー糖で炊く。沸いたらブランデーを加えて3割煮詰める。

◎仕上げ

1　ゼリー寄せをすくって器に盛り、皮蜜煮、黒豆、イチゴを添えて、砕いたゼリーをのせる。

お弁当

1月のお弁当

お弁当は3日以上前の予約制で、4個以上から注文を受ける。原則として配達はせずに店頭でお渡ししている。

◎一口揚げ豆腐（↓53頁）

木綿豆腐、揚げ油
煮汁（だし18：淡口醤油1：赤酒1：砂糖少量）

1　しっかりと水きりした木綿豆腐（↓53頁一夜豆腐№5）をさいのめに切り、190〜200℃の油で色よくかりっと揚げる。

2　熱湯で油抜きをし、だし、淡口醤油、赤酒、少量の砂糖で炊く。

◎蒟蒻土佐和え

コンニャク1丁、日本酒１００cc、赤唐辛子
煮汁（だし７：濃口醤油１：赤酒１）

1　コンニャクに鹿の子の包丁目を入れて一口大の角切りにし、ゆでてザルにとる。
2　鍋に入れて空煎りして水分を飛ばす。コンニャクが１／３浸る程度の日本酒、種を抜いた赤唐辛子を入れて鍋をあおりながら炊く。
3　ここにだし、濃口醤油、赤酒を浸るくらい加えて、２割ほど煮詰めて味を含める。

◎年輪大根

大根、油揚げ、カンピョウ
煮汁（だし18：淡口醤油１：赤酒０・８：日本酒１）

1　大根を油揚げの大きさに合わせて切り、厚めの桂むきにする。巻き戻して下ゆでする。
2　油揚げを1枚に開き、熱湯で油抜きする。
3　広げた大根の上に油揚げを重ねて巻き、戻したカンピョウを細く切って両端を結ぶ。
4　浸るくらいの煮汁で3を煮含める。
5　１cm厚さに切る。

◎金時人参

金時ニンジン
煮汁（だし8合、日本酒1合、赤酒1合、淡口醤油０・５合、砂糖20g、塩1つまみ）

1　金時ニンジンは乱切りにして、下ゆでする。
2　煮汁を合わせて1のニンジンをじっくり煮る。柔らかくなったら火からおろしてそのまま冷ます。

◎鶏味噌松風

鶏挽き肉　６００g
煮汁（赤酒４：日本酒１：濃口醤油２）
A（すり身少量、味噌１００g、赤酒12cc、日本酒25cc、砂糖25g、卵2個、パン粉30g、粉サンショウ、ショウガの絞り汁）
サラダ油、ケシの実

1　鶏挽き肉の半量を鍋に入れ、煮汁を加えて炒り煮にする。
2　1をすり鉢に移してなめらかにすり、残りの生の挽き肉を入れてさらにする。Aを加えてよくすり混ぜる。
3　アルミホイルを2枚重ねて面器に敷き、サラダ油をひいて2を流す。平らにならし、ケシの実をふって、２００℃のオーブンで焼く。上に赤酒をぬって仕上げる。冷めたら食べやすく切り分ける。

◎鰆幽庵焼き

サワラ（切り身）
幽庵地（煮きり酒６：赤酒４：濃口醤油３・５、輪切りのユズ）

1　サワラは皮目に包丁を入れ、幽庵地に1日以上浸ける。
2　サワラを取り出し、串を打って焼く。焼き上がりに地をぬる。

◎ひと塩太刀魚

タチウオ、塩
スダチ

1　タチウオは三枚におろし、薄塩をふる。あるいは立塩に40分間浸ける。
2　身側だけにピチットシートをあて（皮側にシートをあてると銀皮がはがれてしまう）、一晩おいて焼く。仕上がりにスダチを絞る。

◎鰤西京漬け

ブリ（切り身）、味噌床（西京粗味噌６００g、煮きり酒30cc、赤酒45cc、糀30cc）

1　ブリの皮目に包丁を入れて、薄塩をあて、ガーゼで包んで味噌床に２〜３日間漬ける。
2　取り出して串を打って焼き、仕上がりに赤酒を一ぬりする。

◎粟麩鍬焼き

粟麩、小麦粉（または片栗粉）、サラダ油
タレ（日本酒30cc、赤酒60cc、濃口醤油30cc）

1　粟麩に小麦粉をつけてよくはたき、サラダ油をひいたフライパンで両面を焼く。フライパンの油をしっかりふき取ったのち、タレをからめる。

◎九条葱小巻き玉子

卵2個、だし70cc、淡口醤油適量、葛粉少量、九条ネギ適量、サラダ油

1　68頁のだし巻き玉子よりもだしを控えめにし、刻んだ九条ネギを加えて、だし巻き玉子の要領で小巻に焼く。
2　切り出して盛りつける。

◎海老味噌漬け

エビ
甘酢（酢200cc、水320cc、砂糖120g、塩少量）
味噌床（白粗味噌10：煮きり赤酒1）

1　エビは頭と殻をつけたまま塩湯でボイルする。
2　ザルに上げて水気をきり、殻をむいて甘酢で酢洗いして、水分をふく。
3　味噌床を合わせ、2のエビをガーゼにはさんで2〜3日間漬ける。

◎牛肉牛蒡時雨煮

牛肉（薄切り）、ゴボウ（笹がき）
煮汁（日本酒3：赤酒2：濃口醤油1）、ショウガ（みじん切り）
粉サンショウ

1　煮汁に刻んだショウガを加える。
2　ゴボウと牛肉に1を加えて強火でさっと煮る（時雨煮）。
3　仕上がりに粉サンショウをふる。

◎干瓢巻き

カンピョウ、煮汁（日本酒250cc、ザラメ糖300g、濃口醤油375cc）
米1升、寿司酢＊（米1升に250cc）
海苔

＊酢360cc、塩90cc、砂糖100g、昆布1枚を合わせて湯煎で加熱し、砂糖と塩を溶かす。

1　カンピョウは塩もみしてゆでて戻す。煮汁で甘辛く炊く。
2　ご飯を炊き、寿司酢を切り混ぜ、寿司飯をつくる。巻簾に海苔をおいて寿司飯を広げる。1のカンピョウを芯にして巻いて、海苔巻きにする。
3　食べやすく切り出して盛る。

◎畑菜　お揚げ　焼椎茸　お浸し（→54頁先付）

◎黒豆ラム酒風味

黒豆蜜煮、ラム酒

1　黒豆蜜煮を熱し、ラム酒を加えて1割程度煮詰める。

◎百合根ご飯

米600cc、炊き地（水600cc、日本酒30cc、梅干1個、塩適量）、ユリネ
ゴマ塩

1　米を研いでザルに上げてしばらくおき、炊き地を合わせて炊く。
2　炊き上がったら1枚ずつにばらしたユリネを一面に広げて蒸らす。
3　弁当箱に盛りつけてゴマ塩をふる。

3〜4月のお弁当
ちらし寿司

錦糸玉子と色とりどりの具材を散らした華やかな春のお弁当。3日前の予約で2個から注文を受けている。

◎寿司飯

米1・75合、寿司酢（↓66頁干瓢巻き）

カンピョウ（↓66頁干瓢巻き）、干シイタケ（↓59頁卵の花和え）、タケノコ姫皮（↓62頁若筍煮）、酢取りショウガ*、切り白ゴマ

◎具材

錦糸玉子（卵7個、淡口醤油8cc、日本酒5cc）

玉子カステラ（卵6個、卵黄1個分、ヤマトイモ10g、砂糖大さじ3、淡口醤油10cc、芝エビまたはホタテ貝柱のすり身130g）

エンドウマメ、煮汁（だし9、日本酒1、赤酒0・8、塩1つまみ）

カスゴダイ、レンコン、塩、甘酢（酢200cc、砂糖60cc、塩少量、昆布適量）

クルマエビ、煎り地（日本酒2：水1：赤酒1、塩1つまみ）

ワラビ（↓60頁春子鯛セロリ巻き）、カンピョウ、酢取りショウガ、干シイタケ、タケノコ、ツクシ（↓59頁卵の花和え）

海苔、木ノ芽

*ショウガを薄切りにして水にさらしたのち、ゆでてザルに広げて塩をふる。甘酢に浸ける。

◎寿司飯

1 米をかために炊き、寿司酢を切り混ぜる。米1升につき寿司酢250ccが目安。刻んだカンピョウ、酢取りショウガ、干シイタケ、タケノコ姫皮、切りゴマを混ぜて広げて冷ます。

◎具材

1 錦糸玉子をつくる。卵液を混ぜて、玉子焼き鍋で薄く焼く。粗熱がとれたら細切りにする。

2 玉子カステラをつくる。材料をすべてすり鉢ですり混ぜ、玉子焼き鍋に流して焼き上げる。

3 エンドウマメはサヤをはずし、水洗いしたのち、少量の重曹と塩（分量外）をまぶして20分間おく。このまま弱火で5分間ゆで、蓋をして30分間おく。水洗いして煮汁を注ぎ、弱火で煮る。

4 カスゴダイを三枚におろし、薄塩をあてて40分間おいたのち、串を打って焼く。甘酢で洗う。

5 レンコンはいちょう切りにし、酢水でゆでて、広げて冷ます。薄塩をふって甘酢に浸ける。

6 クルマエビは殻をむき、半分に開く。沸かした煎り地でさっと煎りつけて冷ます。

◎仕上げ

1 寿司飯を折りに盛り、上にちぎった海苔と錦糸玉子を敷いて、適宜に切った具材を散らす。

一品料理

蛸のやわらか煮

春から初夏に入荷するタコは加熱すると柔らかくなるが、冬場は大きさや産地などによって個体差があるので、味つけ前に必ず確認する。

タコ、煮汁（日本酒4：水6：炭酸水2、昆布1枚）、濃口醤油、砂糖

溶き芥子

1 タコは水洗いしたのち、よくもんでヌメリを取り除く。大根などで叩いて繊維をほぐし、霜降りをして吸盤などについた汚れを落とす。

2 煮汁を合わせて1のタコをゆでる。アクをとりながら静かな火加減でゆでる。

3 タコが柔らかくなったら、煮汁7に対して濃口醤油1、砂糖0・8で甘辛く味をつけて煮含める。かたさが残るようならば、味をつける前に面器に移して密封し、蒸し器で蒸し煮にする。柔らかすぎず、口に入れたときにサクッと噛み切れる食感を残す。

4 食べやすく切り、溶き芥子を添える。

いかの塩辛

10月半ばから1月いっぱいにかけて出回る、ワタがたっぷり詰まったスルメイカを使って、この時期だけ提供している酒肴。

スルメイカのワタ3杯分、塩
スルメイカの身、濃口醤油
日本酒、糀、濃口醤油、塩、陳皮、ユズ皮（すりおろし）、一味唐辛子

1 イカを水洗いし、ワタと身、エンペラ、ゲソに分ける。ワタは塩を多めにあて、水がきれるようにして冷蔵庫で2日間おき、塩を洗って裏漉しする。塩は白くなるほど加える必要はないが、ワタを塩がおおっている状態を保つ。
2 身、エンペラ、ゲソは濃口醤油で洗って半乾きに干し、適当な長さの細切りにする。
3 2を別々に1のワタで和え、日本酒でワタの濃度を調整し、塩分をみて糀を加える。風味づけの濃口醤油、塩で味を調え、密封容器に入れる。毎日それぞれかき混ぜる。2日目に陳皮、ユズ皮、一味唐辛子のいずれかを少量加える。
4 身、ゲソ、エンペラを適宜混ぜて盛る。

だし巻き玉子

通常は卵3個からつくるが、営業中は2個から焼いている。ここでは山葵を添えたが、大根おろしを添えたり、餡をかけてもよい。

卵液（卵3個、だし135cc、淡口醤油適量、葛粉少量）、サラダ油
山葵

1 卵を溶き、だしで割る。淡口醤油で味をつけて、葛粉を少量加えて混ぜる。葛粉を入れると焼き上げた玉子焼きからだしが流出するのを抑えることができるし、巻きやすくなる。
2 玉子焼き器に油を薄くひき、1の卵液を4回に分けて流して巻いて、焼き上げる。
3 食べやすい大きさに切り分け、山葵を添える。

豆腐の味噌漬け

3日間漬ければ味はのるが、時間がたつとさらに水分が抜けてねっとりとチーズのような味になる。残ったら裏漉しして和え物などに使える。

木綿豆腐
味噌床（西京粗味噌10：田舎味噌1、赤酒適量）

1 木綿豆腐をしっかりと水きりする（→53頁一夜豆腐No.5）。
2 味噌床をつくる。西京味噌に好みの味噌を1割加え、味をみながら適量の赤酒を加えて混ぜる。
3 分量の木綿豆腐がきっちり収まる密封容器を用意し、ガーゼではさんだ1の豆腐を2の味噌床で3日以上漬ける。長期間漬ける場合は、豆腐を一旦取り出し、味噌床の味を調えて漬け直す。

準備すべきお金の内訳――投資

当り前のことだが、借りたお金は返さないといけない。店を開業する場合、投資額のすべてを自己資金でまかなえるというケースはまれで、たいていは金融機関などから借り入れることになる。

メガバンクをはじめとした銀行は、はじめて店を持つ個人に事業資金を貸すことはまずない。多くの場合借入先は、かつて国民金融公庫と呼ばれた日本政策金融公庫や、地域に根づいた営業をしている信用金庫などだ。

借入れをする際の第一のポイントは、自己資金と借入金のバランスだ。投資の全額を借入れでまかなうのは返済負担が大きすぎて危険。そもそも、まったく自己資金を用意していない人は金融機関からの信用を得られない。投資額の３割から半分を自己資金、残りを借入れでまかなうようにしたい。

これも当然のことながら、返済するためのお金(返済原資)は利益から捻出する。売上げ―経費(原価+人件費+家賃+水道光熱費など)=営業利益であり、ここから借入れにともなう金利の支払いを除いたものが経常利益。つまり、返済原資をまかなえるだけの経常利益を確保できていないと、返済が滞って資金繰りが立ち行かなくなるわけだ。

お金を借りる際には、何年かけて返済していくかの計画を立てる。借入額８００万円で返済期間が5年なら、返済額は年間１６０万円、月々にならせば13万３０００円強になる。これを毎月の経常利益から返済していくわけで、それが可能な売上げと利益の計画を立てる必要がある。

しかも、店を開いてすぐに計画通りの売上げと利益があがるとは限らない。むしろ逆で、早々に経営が軌道に乗るというケースはまれ。たいていは開業からしばらくの間は、思うように席が埋まらず売上げも利益も安定しないものだ。

しかし、その間も営業にともなう支払いはしなければならない。家賃と同様に返済資金も、売上げがどうであろうが固定的に支払わなければならないお金である。

そこで重要になるのが運転資金だ。あらかじめ手元に確保しておくお金のことで、返済原資をまかなうだけの利益を確保できない間は、ここから支払うことになる。

最初のうちはお客さまがまったく来ず、仕入れた食材のほとんどがムダになってしまったりするが、そうした仕入れ代金を支払うのも運転資金から。「できれば半年間、少なくとも3ヵ月間は売上げゼロでもやっていけるだけの運転資金が必要」と言われるのは、そのためだ。

「いふう」

いふう
亀田雅彦

東京都目黒区上目黒2-7-11
電話03-3715-8662
営業時間／17：30～24：00（23：00L.O.）　定休日／日、祝

開店／2004年4月（'07年に現在地に移転）
店舗規模／39坪、客席数最大56席（1階カウンター16席、2階テーブル席4席×6卓、3階半個室6席×2卓、4席×1卓、6席×2卓を連結すれば12人まで可能）
従業員数／12名（1階厨房3名、1階サービス3名、2階3名、3階2名、経理1名）
料理／コース5000円（7品）、6000円（9品）、他一品料理
客単価／8000円
食材原価率／27％

看板商品で日本料理の敷居を低く

2007年8月、亀田雅彦氏は東京・中目黒に気軽に本格的な日本料理を楽しめる店「いふう」を移転オープンした。「焼鳥（串焼き）」と「炊き込み御飯」が同店の名物だ。

2012年には「いふう」のすぐ近くに「といろ」という釜炊きご飯と汁が売りの定食屋を開店した。定食屋としては高めの価格設定だが、目の前で湯気を上げる釜と真っ白い炊きたてのご飯が、人気を集めている（といろは2016年現在休業中）。

現在「いふう」の社員は9名（経理含む）。この中にはかつての修業先であった西麻布の「つくし」時代に亀田氏とともに腕をふるっていた職人も何人かいる。「いふう」の料理長菊地慎太郎氏もその一人だ。亀田氏は1階で全体の流れを見つつ焼き場を担

1階のカウンターは変形コの字型。奥は普通のカウンター席だが、手前は大きなテーブルを置いて、周りに席を配した。テーブル中央に両側の席を仕切るために背の低い花を飾っている。

当、焼物以外の料理はすべて菊地氏が担当している。

さらに最近デザート要員としてパティシエも1人採用した。このほかに洗い場のアルバイト2名が加わって従業員は総勢12名となった。「いふう」はほぼ毎日2回転する。月商は平均1300万円。多い月は1600万円を超えるという。

「いふう」にはピンポイントでお客さまの心をつかむ看板商品が二つある。それは冒頭で紹介した「焼鳥」と「炊き込み御飯」だ。万人に好まれる焼鳥を取り入れて、かた苦しいと思われがちな日本料理の敷居を下げれば、もっと多くの人に本格的な日本料理を味わってもらえるのではないかと考えた。

「ピンポイント」で満足感を与える

亀田氏は「つくし」（現在閉店）の三角 秀氏に日本料理の基本を厳しくたたき込まれた。亀田氏はこの修業時代に「ピンポイントでお客さまを満足させることの大切さ」を学んだという。

つまり看板商品をつくるということだ。ちなみに当時の「つくし」の看板商品は炊き込みご飯で、これを楽しみに来店するお客さまが多かった。

1995年、三角氏は「つくし」の1階に名物のご飯を売りにした、めしと汁の店「たぬき」を出店。当時二番を務めるまでになった亀田氏は、新店の立ち上げから開店後の実際の営業までの一切を任された。いわゆる定食屋であるが、今思えばこのときの貴重な経験が「いふう」の店づくりに生かされていたのだとふりかえる。

「つくし」の主人であった三角氏が急逝し、亀田氏は独立して自分の店を持つことを考え始めた。そしてかた苦しいと思われがちな日本料理をもっと身近なものとして楽しんでもらうには、どうしたらいいのだろうかと考え始めたのだ。

自分で店を出すならば、価値のあるいいものを出したい。しかし日本料理のコースすべてにこだわって食材を選ぶと、最低2万円というべらぼうな値づけになる。これでは自身が目指す気軽な日本料理店のスタイルからかけはなれたものになってしまう。いいものを出しつつ、価格を下げるためにはどうすればいいか。

考えた末、焼物に焼鳥を取り入れたらいいのではないか？　そうすればもっと気軽に店に来てくれるのではないか？　と考えついた。

これによって原価を抑えることもできるし、焼鳥というメニューを入れれば、カジュアルな感覚で若年層にも使ってもらえる店になるだろう。

亀田氏はこうして三角氏の教えにならい、ピンポイントを「焼鳥」と「炊き込み御飯」の2本立てで行こうと決めた。

このような経緯を経て、亀田氏は29歳の年に焼鳥の修業を始めることとなった。

炭火が使える物件を求めて

亀田氏は中目黒生まれの中目黒育ち。この土地で生まれ育ったので、どんな街であるかは肌でわかっている。

流行に敏感な人々が集まる街である一方、メインストリートから一歩入ると住宅街が広がる生活に密着した地域でもある。また外資系の会社が多いため外国人が多いのもこの街の特徴だ。自分が店を持つならば、中目黒と決めていた。

焼鳥店での修業を経て、なんとか焼けるようになった２００４年、中目黒駅のガード下に小さな和食店「いふう」を開店した。当時の客単価は３５００円だった。

焼鳥の技術を習得すると「もし新しく店を出せるようになったら、なにがなんでも炭火を入れたい」と、望みは膨らんでいった。

「いふう」開店から2年ほどでこの一帯が都市開発によって一斉に立ち退きになり、いよいよ新しい店を出すことになった。その頃中目黒の飲食店の不動産価格は、この一斉立ち退きで高騰し、ちょっとしたバブル期のようになったという。

最初はテナントとして入居するつもりだったが、念願の炭火は排気などの問題があり周囲から苦情が出るため、いくつか目星をつけた物件はなかなか許可が下りなかった。

そんなとき商店街から一本入った路地の一軒家が売りに出た。この物件はもともと割烹店であったが、店主が高齢でリタイアするので売却することにしたのだという。この主人が亀田氏にならば建物をゆずってもいいと言ってくれ、とんとん拍子に契約が成立。こうしてやっと念願の炭火焼きを導入できるようになったのだ。

購入した建物は3階建てで、２００７年開店当初は1階を小人数向けのカウンター席（16席）、2階をグループ客やファミリー向けのテーブル席とし（24席）、3階は亀田氏の住居にしていた。

しかし思いのほか3階の生活音が下に響くために、商売が軌道にのったところで、住居を移して3階を個室対応のフロアに改装した（16席）。少人数のサービススタッフでも目がいきとどくように、仕切りで隔てた半個室とした。

この建物には昇降機がついていないので、2階席には階段を使って料理を運ぶ。3階には簡単な厨房を設置して料理長クラスの人員を配置。仕込みは1階だが、仕上げは3階で行なっている。

2階のテーブル席。グループ客やファミリー客に対応。料理は階下から、ドリンク類は2階奥のドリンクカウンターで用意する（右）。
「いふう」料理長の菊地慎太郎氏。主人の亀田氏の片腕として焼物以外の料理を担当している（上）。

3階の個室。室内に目がいきとどくように、外から中の様子が見えるようにしている（上）。
主人の亀田雅彦氏。店の入口にて（左）。

毎日の仕入れと仕込み

「いふう」は大型の食品用冷凍ストッカーを置いていない。そのために毎日築地に通って魚介類を仕入れて、その日のうちにすべて使い切る。残さないのだそうだ。

　旬の鮮魚をお値打ち価格で入手する、いわゆる「拾い買い」と言われている買い方だが、毎日通うと顔見知りの仲買人もできて、かなりいい魚を割安で仕入れることができるようになるという。仕入れを担当するのは副社長の中村 郁氏。

「いふう」の隠れた名物に先付で出す定番の「ごま豆腐」がある。

　ここにも亀田氏の隠れたこだわりがある。ごま豆腐は「つくし」時代に仕込まれた方法で、ゴマを水に浸してすり、毎日練って仕込む。これは新人の仕事と決まっている。

　1月はごま豆腐に黒豆を添え、2月は旬のロマネスコや梅人参を添える。水無月（6月）には小豆を、秋にはクリを添える。4月にはごま豆腐を淡い桜色に色づけて、桜花塩漬けを添えるといった、アレンジをほどこす。

　カジュアルな店であっても最初の一品で季節を感じていただくという、日本料理のセオリーはけしてはずしていない。

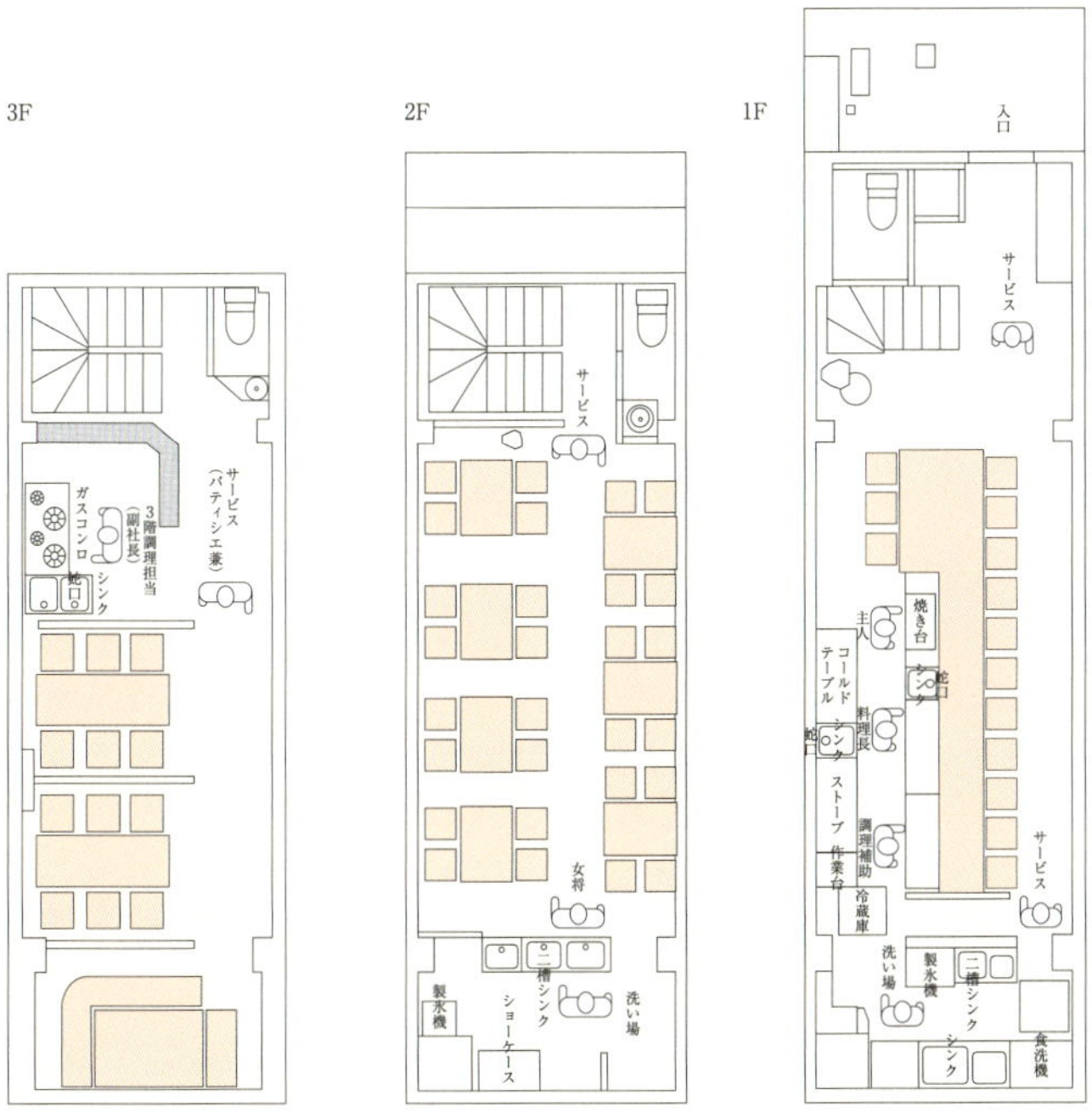

1階は厨房とカウンター席。仕込みはすべてここで行なう。炭火の焼き台のまわりは、耐熱ガラスでおおって、熱が客席に回らないようにしている。煙は店内にもれないように、天井まで仕切りをつけて直接排気している。
2階はテーブル席。グループの人数によって、テーブルと椅子を移動する。奥にドリンクカウンターを配置。料理は階下から運ぶが、飲み物はこのカウンターで用意する。
3階は個室。手前に厨房を配置して、料理の仕上げはここで行なう。人数によって間の仕切りをはずしてテーブルをつなげると12人のグループまで対応できる。

一、先付
ごま豆腐　ロマネスコのお浸し
梅人参
料理解説84頁

二、椀物
丸吸　焼餅　かもじ葱
料理解説85頁

いふう　2月のコース　6000円

現在おまかせコースは5000円と6000円。予約があれば6000円以上のコースも用意する。人気の6000円のコースは9品構成で、名物のウニの炊き込み御飯がつく（希望で他の御飯に変更可）。このウニ御飯のウニの量は土鍋をおおいつくすほどの迫力がある。これがピンポイントで満足していただく「技」ということだ。

焼物は名物の焼鳥を中心に野菜などを入れた炭火焼きを数皿に分けて提供する。焼物は一度に出すのではなく、何皿かに分けて提供して品数の多さをアピールする。

ちなみに5000円のコースは7品構成でお造りが入らないが、前菜に刺身を少し入れたり、サラダを出したりして変化をつけている。こちらのコースは最後のご飯はウニ御飯ではなく、季節の炊き込み御飯となる。

三、造り

剣先烏賊　本鮪　平目

料理解説85頁

四、焼物

土佐はちきん地鶏の串焼き5種

つくね　レバー　せせり葱味噌

胸肉と獅子唐バター焼き　ねぎま

さつまいも炭火焼き

大根おろし

料理解説86頁

五、煮物
炊合せ
天かぶ　里芋　うまから菜
料理解説87頁

六、揚物
海老しんじょう
スティックセニョール
料理解説87頁

コースに合う酒
いふう　紅芋焼酎（鹿児島）
臥龍梅五百万石　純米吟醸無濾過原酒（静岡）

七、酢の物
もずく酢
赤キャベツ
蛇腹キュウリ
料理解説88頁

八、炊き込み御飯
うに御飯
味噌汁
料理解説88頁

九、甘味
チョコレートケーキ
土佐ジローたまごのプリン
料理解説88頁

いふう　4月のコース　6000円

一、先付

桜花豆腐　花びら百合根

料理解説89頁

二、椀物

相並の葛打ち　焼き蓬麩　菜花　花柚子

料理解説90頁

五、焼物一品目

沖鱒の塩焼き　蕗の葉佃煮　酢橘

料理解説91頁

三、造り一品目

高知須崎産鰹サラダ仕立て
おろしポン酢

料理解説90頁

四、造り二品目

桜鯛そぎ造り

料理解説91頁

六、焼物二品目

岩手産佐助豚と自家製ソーセージの炭火焼き
生姜醤油だれ

料理解説91頁

七、焼物三品目
アスパラガスと新ジャガイモ
和風バーニャカウダソース

料理解説92頁

八、煮物

炊合せ

信田巻き　蛸の柔らか煮

芹　蕗　木の芽

料理解説92頁

九、揚物

蛍烏賊と空豆の

つまみ揚げ

料理解説93頁

コースに合う酒

楯野川　春にごり純米吟醸（山形）

asatsuyu あさつゆ　白ワイン

（カリフォルニア・ナパヴァレー／ KENZO ESTATE）

yui結　ロゼワイン（カリフォルニア・ナパヴァレー／ KENZO ESTATE）

十、酢の物
山菜の酢味噌がけ　土佐酢ジュレ
料理解説94頁

十一、炊き込み御飯
筍御飯　味噌汁
料理解説94頁

十二、甘味
抹茶わらび餅と小さな桜どら焼き
料理解説95頁

一品料理

自家製ハムと根菜のサラダ

料理解説95頁

クレソンと三陸若布のわさび醤油和え

料理解説96頁

真鯛の白子ポン酢

料理解説96頁

鰤大根

料理解説96頁

2月のコース

一、先付

ごま豆腐
ロマネスコのお浸し 梅人参

いふう定番の先付。月ごとにごま豆腐にアレンジを加えて季節感を表現。2月は梅人参を添えて。

◎ごま豆腐

みがきゴマ500g、合せ地（昆布だし1750cc、日本酒300cc、塩7g）、本葛粉150g

1 容器に、みがきゴマを入れて水をたっぷり注ぎ、空気にふれないように落としラップをして常温で一晩おいてふやかす。

2 ザルに上げて水気をきる。

3 ミキサーに2のゴマを入れ、合せ地を加えてよく回す。

4 容器に木葛粉を入れ、3をサラシで漉して合わせる。

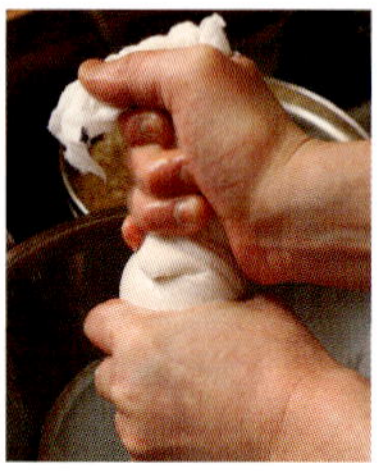

5 しっかりとサラシを絞る。

6 泡立て器でよく混ぜて葛粉を溶かす。

7 葛粉のダマが残らないように6を鍋の中に再度漉して入れる。

8 鍋を火にかける。木杓子で混ぜながら沸くまで強火で加熱し、濃度と粘りが出て鍋肌に残るようになったら（写真）中火に落とす。鍋底がこげつかないように休まず混ぜ続ける。

9 ときおり鍋を回しながら均等に火を入れる。ときおりゴムベラで鍋の内側を落とす。かなり濃度がついてきたら、気泡ができないように、小刻みに手早く混ぜ続ける。すり鉢でするような要領で。

10 水分が抜けてきたら大きく混ぜる。最後は生地を向こう側と手前にぺたぺたとあてるように練ってコシを出す。

11 流し缶に流す。鍋底にくっついた部分は入れないようにする。

12 水でぬらしたラップをぴったりと貼って（落としラップ）、氷水にすぐにあてる。このまま冷まし たのち冷蔵庫で冷やし固める。

◎かけだし

だし500cc、味醂150cc、淡口醤油100cc

1　材料を合わせて一煮立ちさせて冷ましておく。

◎ロマネスコ、梅人参

ロマネスコ、金時ニンジン
浸し地（だし、塩、淡口醤油、追いガツオ）

1　ロマネスコはゆでて浸し地に浸ける。浸し地は材料をすべて合わせて一煮立ちさせたもの。
2　金時ニンジンを梅形にむいてゆで、浸し地に浸ける。

◎仕上げ

1　ごま豆腐をスプーンで取り分けて器に盛り、かけだしを注ぎ、ロマネスコと梅人参をあしらい、山葵を添える。

二、椀物

丸吸　焼餅　かもじ葱

スッポンは煮凝りにしておけば、丸吸だけでなく、雑炊にしたり、玉子豆腐に混ぜるなど用途が広い。

スッポン　1枚
A（日本酒500cc、水2・5リットル、昆布3枚、塩10g）、淡口醤油5cc
焼餅
長ネギ（白い部分と青い部分）、ショウガ

1　スッポンはほどいて霜降りをし、薄皮をむく。
2　鍋にスッポンを入れてAを注ぎ入れ、強火にかける。沸いたらアクをていねいに取り除いて弱火にし、1／3量まで煮詰める。最後に淡口醤油を加えて香りをつけて火を止める。
3　粗熱をとって密封容器に移し、冷蔵庫で保存する。

◎仕上げ

1　スッポンと煮凝りのスープを鍋に取り分けて加熱する。
2　椀に1と焼餅を盛り、ショウガを絞る。天にせん切りの長ネギを添える。

三、造り

剣先烏賊　本鮪　平目

いふうの造りは旬の魚介3種の盛り合せが基本。イカは一皿の中で食感や味、色合いなどに変化がつけやすいので、つねに1種入れている。

ケンサキイカ、本マグロ、ヒラメ
山葵、花穂紫蘇、ニンジン
大根、大葉

1　魚介類は水洗いしてサク取りしておく。ケンサキイカは細かく切り目を入れて切り落とす。マグロは平造り、ヒラメはそぎ造りにし、エンガワを添える。
2　器に大根けん、大葉を敷いて3種の造りを盛り合わせ、山葵と花穂紫蘇を添え、よりニンジンを飾る。

四、焼物

土佐はちきん地鶏の串焼き5種
つくね　レバー　せせり葱味噌
胸肉と獅子唐バター焼き　ねぎま
さつまいも炭火焼き

焼物は炭火で焼いた、いふうの名物「焼鳥」。写真は一皿に盛り合わせたが、実際は焼き上がったら一種ずつ供する。野菜は女性客に圧倒的な人気のサツマイモ。安納芋や紅天使などのブランド芋を使用。焼鳥のほかに旬の魚を出すこともある。

◎つくね串
鶏モモ肉（粗挽き）500g、鶏首肉（粗挽き）500g、豚バラ肉（粗挽き）100g
パン粉30g、塩5g、コショウ適量、卵1個

◎レバー串
鶏レバー

◎せせり葱味噌串
鶏首肉
葱味噌＊（仙台味噌750g、煎りゴマ180g、日本酒180cc、米酢180cc、にんにくすりおろし1株分、砂糖小さじ10、一味唐辛子小さじ1）
バター、長ネギ（みじん切り）
＊材料をすべてよく混ぜてストックしておく。

◎胸肉と獅子唐バター焼き
鶏胸肉、シシトウ
バター、黒コショウ

◎さつまいも炭火焼き
サツマイモ（茨城産紅天使）、バター
塩、タレ

◎つくね串
1　ボウルに材料をすべて入れて練る。1個15gほどに丸め、串に刺してタレをかけながら焼く。ゆでずに生から焼いている。

◎レバー串
1　レバーを切り分け、串に刺してタレをかけながら焼く。

◎せせり葱味噌串
1　鶏首肉を串に刺して焼く。
2　仕上げに溶かしたバターを一ぬりし、葱味噌をぬって刻んだ長ネギを上にのせる。

◎ねぎま串
1　切り分けた鶏モモ肉とぶつ切りの長ネギを交互に串に刺して塩をふって焼く。

◎胸肉と獅子唐バター焼き
1　鶏胸肉を切り分け、シシトウと交互に串に刺して焼く。
2　溶かしたバターをぬり、黒コショウをふる。

◎さつまいも炭火焼き
1　サツマイモを輪切りにして蒸す。
2　串を打って炭火で焼く。
3　焼き上がったら切り目を浅く入れて、薄切りのバターを差し込む。

口直し
大根おろし

焼物の脂を落とすために、口直しに米酢で淡い味をつけた大根おろしをお出しする。

大根、米酢

1　大根をすりおろし、適度に水分をきる。食感を出すために、細かい目のおろし金と鬼おろしでおろした2種類の大根おろしを合わせて使う。
2　米酢を少量加えて味を調える。

五、煮物

炊合せ
天かぶ　里芋　うまから菜

その季節においしい野菜を使った炊合せ。店で使う野菜は静岡県の三島産が中心。子どもに食べさせて安心なものを店で使う基準にしている。

◎天かぶ
天王寺カブ、米の研ぎ汁、煮汁（鶏ガラスープ、塩、日本酒、味醂、昆布、追いガツオ）

◎里芋
サトイモ、揚げ油、煮汁（だし、塩、淡口醤油、味醂、昆布、追いガツオ）

◎うまから菜
ウマカラナ、浸し地（だし、塩、淡口醤油、追いガツオ）

◎銀餡
だし、塩、淡口醤油、味醂、水溶き片栗粉

ユズ

◎天かぶ

1　天王寺カブを大きめに切って面取りし、米の研ぎ汁で柔らかく下ゆでする。

2　鶏ガラスープに昆布とガーゼで包んだカツオ節で追いガツオし、1のカブを炊く。塩、日本酒、味醂で味をつけ、沸いたら火を止めてこのまま冷ます。

◎里芋

1　サトイモは丸のまま蒸して皮をむき、180℃の油で表面が色づくまで揚げる。

2　だしに昆布とガーゼで包んだカツオ節を入れて追いガツオして熱し、塩、淡口醤油、味醂で味をつけて、サトイモを炊く。やや醤油をきかせて味を強めにつける。

◎うまから菜

1　ウマカラナは熱湯でゆでて、浸け地に浸けて味を含ませる。

◎仕上げ

1　カブ、サトイモ、ウマカラナを食べやすく切り、おのおのを温めて器に盛る。

2　銀餡（味をつけただしに水溶き片栗粉でとろみをつける）をたっぷりかけ、針ユズを天に盛る。

六、揚物

海老しんじょう
スティックセニョール

海老しんじょうとスティックセニョールの揚物。野菜を加えるとボリュームアップし、味の変化もつく。

◎海老しんじょう
むきシバエビ500g、玉ネギ（みじん切り）1／2個分、玉子の素（卵黄2個分、サラダ油100cc）、片栗粉適量

◎スティックセニョール
スティックセニョール、天ぷら衣（卵黄、水、小麦粉）

揚げ油、塩、スイートチリ

◎海老しんじょう

1　エビは殻をむいて背ワタを抜き、包丁で細かく叩く。水でさらした玉ネギを絞って混ぜる。

2　玉子の素とつなぎの片栗粉5gを1によく混ぜる。1個25gに丸めておく。

◎仕上げ

1　海老しんじょうに片栗粉をまぶし、170〜180℃に熱した油で揚げる。

2　スティックセニョールは天ぷら衣をつけて、1と同じ油で揚げる。

3　塩とスイートチリを添える。

七、酢の物

もずく酢　赤キャベツ　蛇腹キュウリ

赤キャベツの甘酢漬けと蛇腹に切ったキュウリを添えて目先を変えたもずく酢。

◎もずく酢
モズク、モズク酢（煮きり味醂４００cc、米酢２００cc、淡口醤油１００cc）
◎赤キャベツ、蛇腹キュウリ
赤キャベツ、甘酢（米酢３：砂糖１）
キュウリ、立塩
おろしショウガ

◎もずく酢
1　モズクは食べやすく切って酢洗いする。モズク酢の材料を火にかけて一煮立ちさせて冷ます。
2　モズクをモズク酢に浸けておく。

◎赤キャベツ、蛇腹キュウリ
1　赤キャベツは熱湯をかけて冷まし、甘酢に浸ける。キュウリを蛇腹に切り、立塩に浸ける。

◎仕上げ
1　もずく酢を盛り、蛇腹キュウリと赤キャベツの甘酢漬けをあしらい、おろしショウガを添える。

八、炊き込み御飯

うに御飯
味噌汁（解説省略）

いふうの名物「うに御飯」。1杯目は炊きたてを、2杯目はよく蒸らし、3杯目はおこげを楽しんでいただく。

（2人前）
米（研いで水をきって冷蔵保存）１５０cc、炊き地（だし６００cc、塩2g、淡口醤油15cc、濃口醤油20cc）３００cc
ウニ　１００g
三ツ葉（ざく切り）

1　土鍋に米を１５０cc入れて、炊き地を３００cc注ぐ。ウニを上にのせる。
2　土鍋を火にかけ、強火で5分間、沸いたら弱火で10分間、さらに弱火にして5分間蒸らし、炊き上がりを確認したら三ツ葉を入れて蓋をする。最後は強火にして水分を飛ばし、おこげをつくる。
3　ご飯をよそい、味噌汁とともに供する。

九、甘味

チョコレートケーキ
土佐ジローたまごのプリン

人気のデザート2種の盛り合せ。チョコレートケーキと、濃厚な味が特徴の土佐ジローの卵でつくったプリン。

◎チョコレートケーキ（直径6・5cmの菊型5台分）
ビスキュイショコラ（カカオ分55％のチョコレート１２０g、無塩バター70g、卵黄75g、卵白１４５g、砂糖77g、薄力粉25g、アーモンドプードル10g）
チョコレートクリーム（カカオ分55％のチョコレート40g、乳脂肪分35％の生クリーム１７５g）
アンビベ用シロップ（30度ボーメシロップ20g、水20g、リキュール10g）
ココア粉

◎土佐ジローたまごのプリン（約10個分）
卵黄2個分、砂糖22・5g、牛乳１００g、乳脂肪分35％の生クリーム１００g、バニラビーンズ1本
カラメルソース（水、砂糖）

◎チョコレートケーキ

［ビスキュイショコラ］

1　チョコレートを刻んで湯煎にかけ、50～55℃に調整して溶かし、バターを入れる。バターが溶けたら卵黄を入れて混ぜる。

2　卵白と砂糖をボウルに入れて泡立て器でかたく泡立てる。1にメレンゲを1／3ほど入れて、泡立て器でよく混ぜる。混ざったら残りのメレンゲを2回に分けてさっくり加える。

3　2にふるった薄力粉とアーモンドプードルを入れ、ゴムベラで粉気がなくなるまで混ぜる。

4　天板にシートを敷き、3を薄く流す。オーブンを上下190℃に設定し、13～15分間焼成する。

5　生地が冷めたら直径6・5㎝の菊型で抜く。

［チョコレートクリーム］

1　チョコレートを刻んで湯煎にかけて溶かす。

2　生クリーム35gを沸騰させて1に加え、泡立て器で混ぜ、ガナッシュをつくる。

3　生クリーム140gを7分立てにし、一部をガナッシュとよく混ぜ、残りはさっくり加える。

［仕上げ］

1　シロップの材料を混ぜ合わせて、刷毛でビスキュイショコラにぬってしみ込ませる。

2　チョコレートクリームをビスキュイの上に絞り出し、もう1枚のビスキュイショコラではさむ。

3　食べやすいように4等分に切り、器に盛って、ココア粉をふる。

◎土佐ジローたまごのプリン

1　卵黄と砂糖を泡立て器でよくすり混ぜておく。

2　牛乳と生クリーム、バニラビーンズを火にかける。バニラビーンズはサヤから種をしごいて、サヤとともに加える。

3　沸騰した2を1に少しずつ加えて、混ぜ合わせる。これを漉し、バットに並べた器に注ぐ。

4　3を蒸し器に入れ、中火で約10分間、火を止めて約5分間蒸す。粗熱がとれたら、冷蔵庫で冷やしておく。

5　カラメルソースをつくる。鍋に砂糖を少しずつ入れて木ベラで混ぜながら溶かす。砂糖が色づいて沸いたら水をさし、再沸騰したら火を止める。

6　冷やしたプリンにカラメルソースをかけ、粉糖を漉してふり、デコレーションする。

4月のコース

一、先付

桜花豆腐　花びら百合根

ほんのり桜色に色づけたごま豆腐。加熱で色が飛びやすいので、必要ならば途中で足すとよい。

◎桜花豆腐
みがきゴマ500g、昆布だし1750cc、日本酒300cc、塩7g、葛粉150g、食紅0・5g

◎花びら百合根
ユリネ、食紅

◎かけだし（→85頁）
桜葉塩漬け（塩抜きしたもの）、山葵

◎桜花豆腐

1　84頁のごま豆腐の作り方7までは共通。ここに水で溶いた少量の食紅を加えて裏漉しする。くれぐれも食紅の入れすぎには注意する。

2　鍋に移して火にかけて練る。練り方や加減などは84頁を参照のこと。

3　練り終えたら流し缶に流して冷やし固める。水でぬらしたラップをぴったりと貼って、氷水にすぐにあてる。冷蔵庫に移して冷やし固める。

◎花びら百合根

1　ユリネを1枚ずつばらし、花びら形にむく。

2　食紅を加えた湯でゆでて、柔らかくなったらザルにとる。

◎仕上げ

1　器に桜葉を敷き、桜花豆腐をスプーンでざっくりすくって盛る。かけだしを注ぎ、花びら百合根を散らす。

二、椀物

相並の葛打ち
焼き蓬麩　菜花
花柚子

春に脂がのるアイナメを椀種に。アイナメは小骨が多いうえ骨が曲がっているので、皮1枚を残して細かく包丁を入れて骨を切る。

◎相並の葛打ち

アイナメ　50g

片栗粉、立塩

◎焼き蓬麩、菜花

蓬麩

菜ノ花（小松菜）、八方地（だし６００cc、淡口醤油20cc、塩3g、味醂30cc、日本酒10cc、追いガツオ）

◎吸い地

一番だし、塩、淡口醤油、日本酒

花ユズ

◎相並の葛打ち

1　アイナメは三枚におろし、小骨を抜く。皮1枚を残して細かく包丁を入れて骨切りをする。切り目1枚ずつに刷毛で片栗粉をまぶす。

2　立塩程度の濃度の塩水を沸かして、アイナメをさっとくぐらせる。

◎焼き蓬麩、菜花

1　蓬麩は串を打って炭火で両面を焼く。

2　菜ノ花は熱湯でさっとゆがいて八方地に浸けて味を含ませる。

◎吸い地

1　一番だしに塩、淡口醤油を加えて火にかけ、沸いたら微量の日本酒を加える。

◎仕上げ

1　椀にアイナメを盛り、蓬麩と地を絞った菜ノ花を盛り、熱い吸い地を注ぐ。花ユズを添える。

三、造り一品目

高知須崎産鰹サラダ仕立て
おろしポン酢

造りは2皿に分けて提供する。まずはカツオから。カルパッチョ風に野菜を散らした。別に添えたおろしポン酢は、カツオに直接かけてもよい。

◎鰹サラダ仕立て

カツオ

あしらい（ゆでたスナップエンドウ、ラディッシュ、ニンジン、黄ニンジン、キュウリ、ウド、芽ネギ）

◎おろしポン酢

大根おろし5g、紅葉おろし5g

ポン酢（濃口醤油２２５０cc、ダイダイ酢１８００cc、味醂４５０cc）30cc

土佐醤油（濃口醤油2リットル、日本酒１５０cc、味醂１５０cc、追いガツオ）30cc

◎鰹サラダ仕立て

1　カツオは五枚におろし、サク取りする。

◎おろしポン酢

1　ポン酢は表記の割で材料を合わせておく。土佐醤油は材料を合わせて沸かし、追いガツオをする。冷めたら漉す。使用時に大根おろし5g、紅葉おろし5g、ポン酢30cc、土佐醤油30ccを合わせる。

◎仕上げ

1 カツオは厚めのそぎ造りにして盛る。

2 あしらいの野菜をカツオの上に散らす。おろしポン酢を別に添える。

四、造り二品目

桜鯛そぎ造り

2皿目はマダイ。カツオと同様、やや厚めに切って食感とねっとりとした味を楽しんでいただく。こちらは土佐醤油を添えて。

マダイ
大根けん、大葉
花穂紫蘇、紅タデ、山葵
土佐醤油（→90頁）

1 マダイを三枚におろしてサク取りし、そぎ造りにする。

2 大根けんを盛り、大葉を敷いてタイを盛る。花穂紫蘇、紅タデ、山葵を添える。

五、焼物一品目

沖鱒の塩焼き　蕗の葉佃煮　酢橘

焼物は3皿に分けて。通常焼鳥中心だが、仕入れによって魚を提供することもある。皿数が増えると満足度も増す。

◎沖鱒の塩焼き
オキマス（切り身）1切れ55g、砂糖、塩
酒醤油（濃口醤油2：日本酒3）

◎蕗の葉佃煮
フキの葉3束分、有馬山椒20g、胡麻油適量
煮汁（だし1200cc、砂糖100g、濃口醤油150cc、日本酒50cc、たまり醤油50cc）

スダチ

◎沖鱒の塩焼き

1 オキマスは三枚におろす。砂糖と塩（2：1）をオキマスにまぶして3時間おいて脱水する。

◎蕗の葉佃煮

1 フキの葉はゆでてみじん切りにする。胡麻油で炒め、有馬山椒、煮汁を加えて、汁がなくなるまで煮詰める。

◎仕上げ

1 オキマスは水気をふいて切り身にし、串を打って塩をふり、炭火で焼く。最後に酒醤油を一刷毛ぬってこうばしさをつけて仕上げる。

2 オキマスに蕗の葉佃煮とスダチを添える。

六、焼物二品目

岩手産佐助豚と自家製ソーセージの炭火焼き　生姜醤油だれ

2皿目は肉。豚肩ロースは、旨みがのった赤身部位で比較的手軽な価格。2人前のブロック（120g）で、じっくり火を入れて焼き上げる。ソーセージは肩ロースの端や脂身などを利用。生のまま焼くと肉汁があふれ出てくる。

◎岩手産佐助豚の炭火焼き
豚肩ロース3切れ（20g×3）、塩

◎生姜醤油ダレ
玉ネギ1個、ニンニク3片、ショウガ30g、A（日本酒500cc、味醂200cc、砂糖100g）、B（濃口醤油150cc、一味唐辛子5g、バター100g）

◎自家製フランクフルトソーセージ
ミンチ（豚肩ロースの端肉と脂身1kg、粗塩5g、白コショウ少量）
羊腸、粒マスタード

◎岩手産佐助豚の炭火焼き

1 豚肩ロースはブロックで仕入れ、脂と周りの肉を切りはずし、芯の部分だけにする。なお切り落とした部分は、串焼きやソーセージなどに使う。

2 常温に戻して串を打ち、塩をふって炭火で焼く。途中やすませながら30分間以上かけてじっくり火を入れる。

3 焼き上がったら切り分け、生姜醤油ダレをかける。

◎生姜醤油ダレ

1 玉ネギ、ニンニク、ショウガをすりおろす。

2 Aを合わせて火にかけ、アルコール分を飛ばす。ここに1とBを加えて少し煮詰める。

◎自家製フランクフルトソーセージ

1 肉類を粗いミンチにし、塩、白コショウを混ぜる。羊腸に詰めて真空パックにし、冷蔵庫で保存する。

2 生のまま炭火でじっくり焼く。

七、焼物三品目

アスパラガスと新ジャガ
和風バーニャカウダソース

3皿目は野菜。旬のグリーンアスパラガスと走りのホワイトアスパラガスを炭火で焼いて甘みを閉じ込めた焼物。新ジャガを添えて。

◎アスパラガスと新ジャガ
グリーンアスパラガス、ホワイトアスパラガス
新ジャガイモ
塩、バター、黒コショウ

◎和風バーニャカウダソース
ニンニク2株、牛乳500cc、バター250g、白味噌100g、塩糀70g、アンチョビペースト60g、生クリーム200cc

◎アスパラガスと新ジャガ

1 アスパラガス（青、白）は根元のかたい皮をむいて串を打って炭火で焼く。途中で塩をふる。仕上げにバターを一ぬりし、黒コショウをふる。

2 新ジャガは、皮つきのままあらかじめ蒸しておく。提供時に輪切りにして炭火で焼いて塩をふる。

◎和風バーニャカウダソース

1 皮をむいたニンニクを牛乳で煮る。

2 柔らかくなったらザルに上げて牛乳をきり、フライパンに移してバター、塩糀、アンチョビペーストを入れて火にかける。沸いたらミキサーにかけてなめらかにする。ここに生クリーム、白味噌を加えて再度ミキサーを回す。

3 バットに移し、粗熱がとれたら冷蔵庫で保存する。

◎仕上げ

1 焼き上がったアスパラガスと新ジャガを盛り、温めた和風バーニャカウダソースを別に添える。

八、煮物

炊合せ
信田巻き　蛸の柔らか煮
芹　蕗　木の芽

ゼンマイを油揚げで巻いた信田巻きと、蛸の柔らか煮の炊合せ。タコは一旦冷凍すると繊維が壊れて柔らかくなる。

◎**信田巻き**
油揚げ、軸三ツ葉
種(木綿豆腐1丁、ヤマトイモ10g、卵1個、みじん切りのシイタケとニンジン各適量)
ゼンマイ(水煮)
煮汁(だし、淡口醤油、濃口醤油、砂糖)

◎**蛸の柔らか煮**
タコ1杯(1・5kg)、米ヌカ
煮汁(水2リットル、炭酸水500cc、砂糖150g、濃口醤油150cc、たまり醤油50cc)

◎**芹、蕗**
セリ、フキ、塩、八方地(→90頁菜花)
吸い地(だし、塩、淡口醤油、日本酒)
木ノ芽

◎**信田巻き**

1 木綿豆腐をゆでて水きりする。すり鉢ですり、ヤマトイモをすり合わせ、溶き卵を混ぜる。

2 1にシイタケ、ニンジンを混ぜ合わせる。

3 油揚げは半分に切って開き、すりこぎで平らにして内側を上に向けて巻簾の上に広げる。種をのばし、ゼンマイを数本並べ、巻簾で巻く。

4 蒸し器で15分間蒸す。冷めたら巻簾をはずして軸三ツ葉で3カ所結わく。

5 甘みをきかせた煮汁で4を煮る。沸いたらそのまま鍋の中で冷ます。

◎**蛸の柔らか煮**

1 タコは米ヌカでもんでヌメリを取って水洗いし、霜降りする。繊維を柔らかくするためにタコを冷凍する。

2 水、炭酸水、砂糖を鍋に入れて火にかけ、解凍したタコを入れる。沸いたら濃口醤油、たまり醤油を加える。アクを取り、一煮立ちしたらアルミホイルをかぶせて2時間以上弱火で煮る。地に浸けたまま冷まして味を含ませる。

◎**芹、蕗**

1 セリは塩ゆでし八方地に浸けておく。

2 フキは熱湯でかためにゆでて皮をむく。八方地で柔らかく煮る。

◎**仕上げ**

1 信田巻きは1人分に切り、蛸の柔らか煮は一口大に切って蒸し器で蒸して器に盛る。

2 フキとセリを盛り合わせる。熱した吸い地を注いで木ノ芽をあしらう。

九、揚物

蛍烏賊と空豆のつまみ揚げ

ホタルイカがソラマメを背負っているように見える一口大のつまみ揚げ。ホタルイカは油がはねやすいので揚げるさいには注意が必要。

ホタルイカ(ボイル) 4杯
ソラマメ 4粒
天ぷら衣(小麦粉、水、卵黄)、揚げ油、塩

---

1 ホタルイカは目と口と軟骨を取り除いて掃除する。ソラマメはサヤと皮をむいておく。

2 ホタルイカとソラマメを天ぷら衣にくぐらせ、一緒に150〜170℃の揚げ油で揚げる。一旦油の中で散るが、箸で寄せてまとめる。

3 油をきって、塩を少量ふる。

十、酢の物

山菜の酢味噌がけ　土佐酢ジュレ

タラノメ、ウド、コゴミを使った春の酢の物。土佐酢はからみにくいのでジュレに寄せた。コクを加えるために、酢味噌を添えて。

◎山菜
タラノメ、ウド、コゴミ
新ワカメ
八方地（↓90頁菜花）

◎酢味噌
玉味噌＊２００ｇ、米酢50〜80cc、溶き芥子20ｇ

＊白味噌２kg、日本酒１・８リットル、砂糖３５０ｇ、卵黄10個分を鍋に入れてよく混ぜ、火にかけて木ベラで練る。沸いたら弱火にし、30分間ほどかけて元の白味噌のかたさになるまで練り上げる。

◎土佐酢ジュレ
土佐酢（だし７００cc、味醂１５０cc、砂糖１００ｇ、酢２００cc、淡口醤油１００cc）、板ゼラチン20ｇ

◎山菜

1　タラノメとコゴミは、それぞれ塩と灰を入れた湯でゆで、水にさらしたのち八方地に浸ける。

2　ウドは酢を加えた水でさっとゆがく。

◎酢味噌

1　材料をすべて合わせてよくすり混ぜる。

◎土佐酢ジュレ

1　だし、味醂、砂糖、酢を合わせて火にかける。

2　沸いたら淡口醤油を加え、火を止めて戻した粉ゼラチンを溶かして容器に注ぎ、冷蔵庫で冷やし固める。

◎仕上げ

1　器に土佐酢ジュレをくずして敷き、ウド、タラノメ、コゴミを盛り、酢味噌をかける。

十一、炊き込み御飯

筍御飯　味噌汁（解説省略）

タケノコは炊合せや椀物などに使わない姫皮や根元の部分をご飯に。半量を繊切りにするとタケノコがご飯によく混ざり、一体感が出る。

米（研いで水をきって冷蔵保存）１５０cc
炊き地（だし６００cc、塩２ｇ、淡口醤油15cc、濃口醤油20cc）３００cc
タケノコ（アク抜き）１８０ｇ、煮汁（だし６００cc、日本酒30cc、味醂10cc、塩３ｇ、昆布10ｇ、カツオ節10ｇ）
油揚げ（みじん切り）１／８枚、グリーンピース＊15ｇ、木ノ芽

＊水１リットルに塩５ｇ、重曹３ｇを加えて下ゆでしたもの。温かいうちに八方地に浸ける。

1　煮汁の材料を合わせて、タケノコの穂先部分（薄切り）を炊いて味を含ませる。

2　1で使わなかった姫皮や根元の部分は半量を繊切りにして、残りはイチョウ切りにする。

3　土鍋に米１５０ccを入れて、炊き地３００ccを注ぐ。米の上に油揚げと2のタケノコを散らす。

4　土鍋を火にかけ、強火で５分間、沸いたら弱火で10分間、さらに弱火にして５分間蒸らす。1のタケノコとグリーンピースを入れて蓋をし、最後強火にして水分を飛ばし、おこげをつくる。

5　ご飯の上に木ノ芽を散らし、味噌汁とともに供する。

十二、甘味

抹茶わらび餅と小さな桜どら焼き

しっとりした生菓子と、焼き菓子の組み合せ。どら焼きの餡には、塩味のきいた桜葉塩漬けを刻んで混ぜた。

◎抹茶わらび餅
ワラビ粉40g、砂糖32g、抹茶2・5g、水225g
黒蜜（黒糖大さじ5、水50g）、キナコ

◎どら焼きの皮
A（卵120g、砂糖110g、ハチミツ20g）
重曹2g、水5cc
水70cc、粉（薄力粉80g、モチ粉60g）
サラダ油、桜花塩漬け（塩抜き）

◎餡クリーム
生クリーム（泡立てる）50g、粒餡100g、桜葉塩漬け（塩抜き）2枚分

◎抹茶わらび餅
1　材料をすべて合わせて混ぜ、漉して鍋に移す。
2　強火にかけて木ベラで練る。沸いたら火を弱めて練り上げる。鍋肌からぺたぺたとはがれるようになったら完成。
3　容器に移し、熱いうちにラップをかけて氷水に浸けて冷やす。
4　黒糖と水を鍋に入れて溶かし、弱火にかけてじっくり煮詰めて黒蜜をつくる。

◎どら焼きの皮
1　ボウルにAを入れてよく混ぜる。
2　ここに水で溶いた重曹を加える。水70ccを加え、最後に粉をさっくりと混ぜる。
3　フライパンを温め、サラダ油を薄くひく。桜花塩漬けの上に生地を丸く流す（直径7cm）。表面にぷつぷつ気泡ができて、裏が茶色く色づいてきたら裏返す。裏面はさっと焼いて取り出す。
4　網の上などに並べて冷ます。

◎餡クリーム
1　泡立てた生クリーム、粒餡、塩抜きして刻んだ桜葉塩漬けをさっくりと混ぜる。

◎仕上げ
1　どら焼きの皮で餡クリームをはさむ。
2　わらび餅を食べやすい大きさにちぎって2個ほど器に盛る。上からキナコと黒蜜をたらす。どら焼きを添える。

一品料理

自家製ハムと根菜のサラダ

冬のサラダは根菜中心で、土佐はちきん地鶏の胸肉でつくったハムを盛り合わせた。

◎根菜のサラダ
大根（紅芯大根、紅しぐれ大根、紅白ミニ大根）
ニンジン（赤、黄、紫）
レンコン、ゴボウ、甘酢（→88頁赤キャベツ）
サニーレタス

◎自家製ハム
鶏胸肉（土佐はちきん地鶏）　1kg
マリネ液（塩30g／肉の重さに対して3%、ハチミツ50g／肉の重さに対して5%、レモングラス／胸肉1枚につき1本）
スモーク材料（リンゴのスモークチップ30g、砂糖20g）

◎ドレッシング
サラダ油200cc、酢100cc、おろし玉ネギ1／2個分、粒マスタード50g
塩、コショウ、砂糖、レモン汁各適量

◎自家製ハム

1　厚さを均一にするため、鶏胸肉を観音開きにし、マリネ液に1日浸ける。取り出してラップフィルムを敷いた巻簾でしっかり巻いて端を留め、沸騰した湯で30分間ゆでる。

2　粗熱をとり、巻簾とラップをはずす。中華鍋にスモーク材料を入れて網を敷いて鶏肉をのせ、蓋をして中火にかけて5分間燻す。

◎根菜のサラダ

1　各種大根を薄切りにする。ニンジンはゆでて食べやすく切る。レンコンとゴボウも同様にゆでて甘酢に浸ける。サニーレタスはちぎる。

◎仕上げ

1　サニーレタスを敷いて根菜類とハムを盛り、ドレッシング(ミキサーにかける)をかける。

クレソンと三陸若布のわさび醤油和え

野生に近い環境で栽培された、味の濃いクレソンを新ワカメと合わせたサラダのような一品。

クレソン、新ワカメ
ドレッシング(山葵１００g、サラダ油３００cc、胡麻油１００cc、砂糖5g)、煎りゴマ

1　クレソンの葉と新ワカメを食べやすく切る。

2　ワカメを盛り、その上にクレソンをたっぷり盛る。上からドレッシングをかける。ドレッシングはすべての材料をミキサーに入れて回したもの。

3　上から刻んだ煎りゴマをふる。

真鯛の白子ポン酢

鮮度のよいタイの白子をポン酢ですすめる、春ならではの一品。生っぽさを抑えるために熱湯に短時間浸けて氷水で急冷する。

白子(マダイ)、塩水
紅葉おろし、万能ネギ(小口切り)、ポン酢(↓90頁おろしポン酢)、大根、大葉

1　白子を塩水にさらす。沸かした塩水に白子を10〜15秒間浸けて氷水にとる。水気をきって、一口大に切り分ける。

2　大根けんと大葉を敷いて白子を盛り、紅葉おろし、万能ネギを添える。別にポン酢を用意する。

鰤大根

富山県氷見産の寒ブリでつくる鰤大根。大根は分厚く切って、じっくり味をしみ込ませる。アラから出てくる旨みがだしになる。

ブリ(切り身)　4切れ(30g×4)
ブリのアラ
大根(3L)、米の研ぎ汁
煮汁A(水５００cc、日本酒２００cc、味醂１００cc、砂糖50g、ショウガ薄切り適量)
煮汁B(水1リットル、日本酒５００cc、砂糖１５０g、塩5g、淡口醤油50cc、味醂１００cc、昆布3枚)、追いガツオ１００g
ユズ

1　ブリの切り身とアラは熱湯をかけて霜降りをしておく。切り身を鍋に並べ、煮汁Aをかぶるくらい注いで煮る。

2　大根は、分厚い輪切りにして面取りし、米の研ぎ汁で柔らかくなるまで下ゆでする。

3　ブリのアラと2の大根を煮汁Bで煮る。沸いたらガーゼに包んだカツオ節を入れ、味が染込むまで弱火で約2時間炊く。

4　大根とブリの切り身を温めて盛る。天に針ユズをたっぷり盛る。

動線を考えた厨房レイアウト——店づくり①

飲食店を開くための作業を、よく「店づくり」と表現する。この店づくりという言葉はかなり広い意味に使われていて、メニュー構成やサービスのスタイルを指すこともあるが、一般的には店舗の設計・施工やデザインを意味する言葉として使われている。

では、店づくりにおいて重要なことは何か。それは、営業中を想定してすべての要素を決めることだ。お客さまが来店して、注文を受け、料理をつくってサービスする。その流れに適した店づくりになっていることが大事である。

そんなの当り前じゃないか、と思われるかもしれないが、そうなっていない店は意外と多い。設計・施工会社に工事を依頼して店ができ上がって引き渡されたときには「思い通りの店ができた」と思っていても、いざ営業してみるときわめて使い勝手が悪い、というのはよくあることだ。とくにそれは、内装デザインやインテリアに凝るなど〝格好よさ〟にこだわった店によく見られる。

店の使い勝手は「レイアウト」で決まる。これは客席の配置をどうするかという意味に使われることが多いが、それにとどまるものではない。厨房と客席の位置関係、厨房内での機器の配置、カウンターとテーブル席の配分といったあらゆる要素にまで及ぶ。これらのことをしっかり考えておかないと必ず、思い通りの営業ができなくなる。

なぜなら、これらはすべて「動線」にかかわってくるからだ。動線とは、店の中で人がどのように動くかというルートのことだ。本書で紹介しているような小規模店なら、動線はあまり気にする必要はないと思うかもしれないが、それはまったく逆。規模が小さいほど、動線が生命線になってくる。

たとえば、厨房内の機器配置はあまり移動せずに調理できること。理想は、1カ所ですべての調理ができることだ。小規模店の場合、調理は1人か、アシスタント的な人をプラス1人というケースが大半だろうから、スムーズに調理を行なうためには動線はシンプルで、かつ短いことが絶対条件。厨房内で作業をする際の動線が長かったり複雑になっていると、働いていて疲れるし、スピーディな調理ができなくなる。

横の動線に加えて、縦の動線も重要だ。調理作業中にしゃがみこんだりするケースが多いと、これまた疲れて作業効率が落ちる。狭い厨房の場合、空間を垂直方向に使って機器レイアウトをすることが厨房の有効活用という点でも重要だが、これも作業の流れを想定して無理のない配置にしなければならない。

言うまでもなく、厨房は店の心臓部。人間と同じで、心臓がしっかり働いていなければ店を続けることはできない。それには血液の流れと同様、作業の流れをスムーズにすることが不可欠なのだ。

くおん

料理長 藤巻 壮雄
株式会社ケーツーシステム 代表取締役 松島 健二
東京都渋谷区恵比寿南1‐14‐15ラ・レンヌ恵比寿4階
電話03‐3793‐1319
営業時間／平日18：00～翌1：00（24：00L.O.）
土・祝／18：00～24：00（23：00L.O.）　定休日／日

開店／2004年4月
店舗規模／26坪、席数42席（カウンター14席、小上がり6席×2卓、8席×1卓、テーブルテラス席4席×2卓）
従業員数／10名＋アルバイト2名（BeTTei 要員含む）
料理／コース 4500円（7品）、5000円（8品・鶏肉炭火焼）、5800円（9品・牛肉炭火焼）、8000円（9品・要予約）、土日限定コース4000円（8品）。ほかに一品料理
客単価／8000円　食材原価率／38％

割烹ならではのよさを追求

本書のタイトル「かじゅある割烹」というイメージにもっとも近いのが、この「くおん」かもしれない。メニューに並ぶ一品料理は50品以上で、内容は毎月変わる。一品料理からピックアップして組むコースも1人4500～8000円で4種（平日）あるが、一品料理を自由に組み合わせて楽しむお客さまのほうが多い。

一品料理は、前年の同月に人気のあったメニューを中心にして新しいメニューを加えていく。月ごとの旬の素材を使ってつねに新しい料理をとり入れるために、調理法や味つけ、つけ合せなどを見直す。マイタケを酢漬けにしたり、ドレッシングをシート状のジュレにしたり、桜花塩漬けを乾燥粉砕してつけ塩に使ったり

桜の季節にはカウンター奥の台に樽に活けた桜の大枝が。テラス席の鉢植えの桜にも花が咲く。

とアイデアも豊富。

メニューは料理長の藤巻壮雄氏を中心にスタッフ全員で考え、最終的にオーナーの松島健二氏がOKしたものがメニューに載る。しかし、たとえばメニューに幽庵焼きとしている場合でも、塩焼きにしてほしいという要望があれば変更する。とにかく柔軟なのだ。

立地が「穴場」すぎて開店半年は大苦戦

東京・恵比寿に「くおん」がオープンしたのは2004年。オーナーの松島氏はそれに先立つ1999年から同じ恵比寿にオープンした和食店「松」で店長として働いていた。以前から松島氏の知り合いだった、下北沢の「なかむら」（現在は渋谷の並木橋に移転）のオーナー中村悌二氏にプロデュースを依頼したのだが、このときに松島氏は中村氏に付いて飲食店の店づくりを学んだという。松島氏の生家はすし屋を営んでおり、松島氏自身もバーテンダーの経験や和食店での調理経験があったため、現場の料理人としての視点を持って「松」の運営にあたってきた。このことは現在の「くおん」でも貫いている。

松島氏は「松」を退社し、「くおん」オープンのため物件探しに着手。場所は以前から土地鑑のある恵比寿と決めていた。恵比寿は都内でも飲食店の数が多い地域で、食事目的で多くの人々が集まってくる。そうした立地特性を踏まえて、松島氏はターゲットを30代~40代の年齢層に絞り、食に興味があって意識の高い人が普段使いできる店をめざした。既存の居酒屋とも日本料理店とも違う、リラックスして食事を楽しむ和食店がコンセプトだ。

しかし恵比寿駅から徒歩圏内はかなり家賃が高い。100件近く内見したが条件に合うものは見つからず、物件探しは困難を極めた。そうした中でめぐり合ったのが現在の物件。駅から徒歩3分の距離にしては家賃が割安だったのだが、その理由は立地条件にあった。

ビル4階だがエレベータはなく、物件の形状も特殊。1階にあるコンビニエンスストア脇の急な石段を上りきり、そこからさらにビルの外階段を上がらないといけない。JRの線路沿いの坂道を上ってビルの外階段の前へ出るルートもあるが、当時は人通りがゼロに等しい場所だった。松島氏は集客面での不安があったものの、家賃の安さと隠れ家的な雰囲気に惹かれて契約。しかし不安は見事に的中し、オープンから半年ほどは毎日ノーゲストに近い状態だったという。

コンセプトを守りつつ内容を進化

その後、人気のウェブサイトに店が紹介されたことで認知度が高まり、客数が急速に増えていくのだが、松島氏は「店の存在さえ知ってもらえれば絶対うまくいくと信じて、じっとがまんしていたのがよかった」とふりかえる。お客さまが来ないからと浮き足立つのではなく、当初のコンセプトをしっかり守っていったということだ。

オープン当初のメニューは一品料理のみ。お酒を飲みながら好きなものを数品注文するという居酒屋的利用がメインで、当時の客単価は4000~5000円と現在の6割程度だった。カジュアルな値段ながらしっかりした和食を楽しめる店というイメージを浸透させていき、固定客をつかんでいったのである。

そのうち、店を使いなれたお客さまからさまざまな要望が出てきた。1年ほどたった頃、「なにか適当に見繕って出してほしい」という声に応えて、料理を数品組み合わせた4000円の「おまかせコース」を出すようになる。3年目くらいからは次第に接待客が増えてコース料理の要望が多くなってきたのを機に、正式にメニューにコース料理を取り入れた。名物の「棒寿司」と「豚しゃぶしゃぶ」を核にしたコースだ。

カウンター席（右）。
店内には、「おん」と読ませる含蓄のある漢字が9文字飾ってある。これで「くおん」（上）。
「BeTTei」の入口。住所表示は3階だが、ここが1階となる。「くおん」の入口は隣の外階段を上がったところ（左）。

つまり、当初のコンセプトは守りつつ、お客さまの使い方に合わせてメニュー内容や品揃えを進化させてきたのである。平日と比べて客数の落ちる土曜と祝日限定の4000円コースもその一つ。平日の4500円コースと遜色ない内容が受け、これによってファミリーユースが増えるとともに、早い時間帯から席が埋まるようになった。

一方で、一貫しているのは「まがいものではなく、本物を出す」（松島氏）ということ。

景気が急激に悪化し、「くおん」でも月商で100万円減という苦しい状況に追い込まれたリーマンショック後も、品質を落とすことは一切しなかった。店で出す日本酒を選ぶときも、蔵元に赴いて酒造りの現場を自分の目で確かめている。こうしたスタンスを守り抜いたことが、店を10年以上も続けてこられた最大の理由、と松島氏は言う。

2店で経営的なメリットを追求

「くおん」の経営が軌道に乗った2008年11月、松島氏は2店目の和食店「HASHIN」を東京・中目黒にオープンした。当初はそば懐石コースと一品料理がメニューの柱で、客単価1万円弱。客席は座敷と個室で構成し、「くおん」よりもグレードの高い店だったが、リーマンショックの影響で売上げ激減に見舞われる。そこで客席をカウンター中心に改装するとともに、一品料理をメインに据えてカジュアル路線に変更。これが功を奏して連日満席の繁盛店となった。

この店は、物件の更新時期に「くおん」と同じビルの3階に空きが出たため、こちらに移転。店名を「BeTTei」と変えて現在に至っている。客席数は26席。「HASHIN」の核となっていたメニューはそのまま残し、女性客のニーズに応えて1品500円の「和タパス」を導入した。「くおん」よりカジュアルな感覚で楽しめる創作和食の店として人気を集めている。

2店で共通しているのが野菜を多用していること。「くおん」ではサラダをコースに組み込んでいるし、焼物などのつけ合せなどにも野菜が欠かせない。「BeTTei」では野菜を使って和食以外のジャンルの料理も出している。

これらの野菜は松島氏自らがPotager du Kamakura（鎌倉市農協連即売所）に出向いて仕入れた野菜が中心。この市場は規模は小さいのだが、曜日によって多品種のカラフルな野菜がそろうので、その日に出向いて仕入れている。

なお鮮魚については、築地からまとめて仕入れて恵比寿周辺の飲食店に安く分けてくれる、恵比寿の鮮魚店から仕入れている。

「BeTTei」が移転して家賃が下がったことに加え、2店が同じビル内にあることによる経営面でのメリットは多い。仕入れも仕込みもまとめて効率的に行なえるようになったし、仕入れ量の増加やロス低減によって原価率も下がった。店と同様に、松島氏の経営も着実に進化を続けている。

くおんのスタッフ。右から料理長の藤巻壮雄氏、高橋直樹氏、店長の小林俊成氏、佐藤賢氏。

6～8人掛けのテーブル席。掘りごたつ式になっている。このほかに4人掛けのテーブル席が2卓あり、こちらも掘りごたつ式。

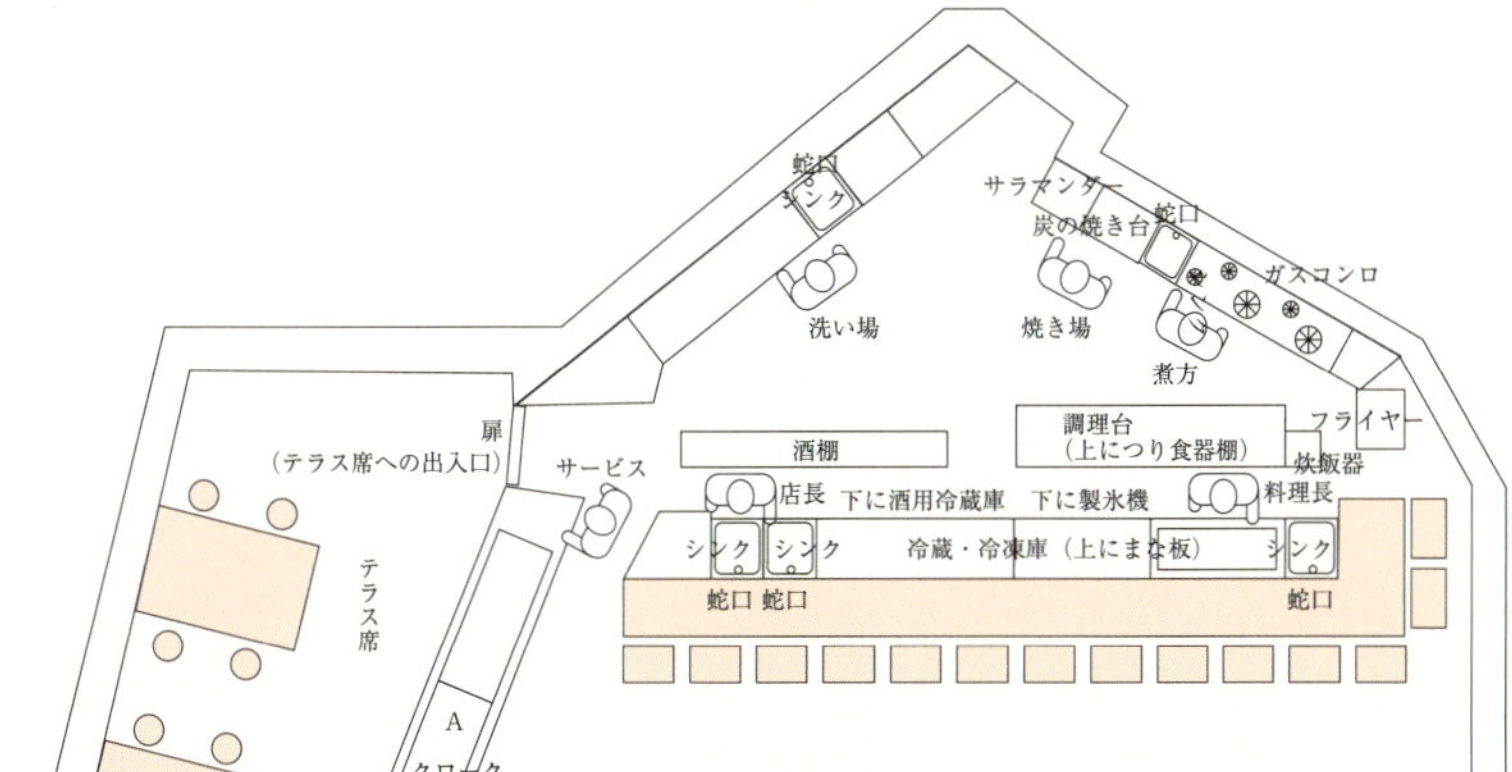

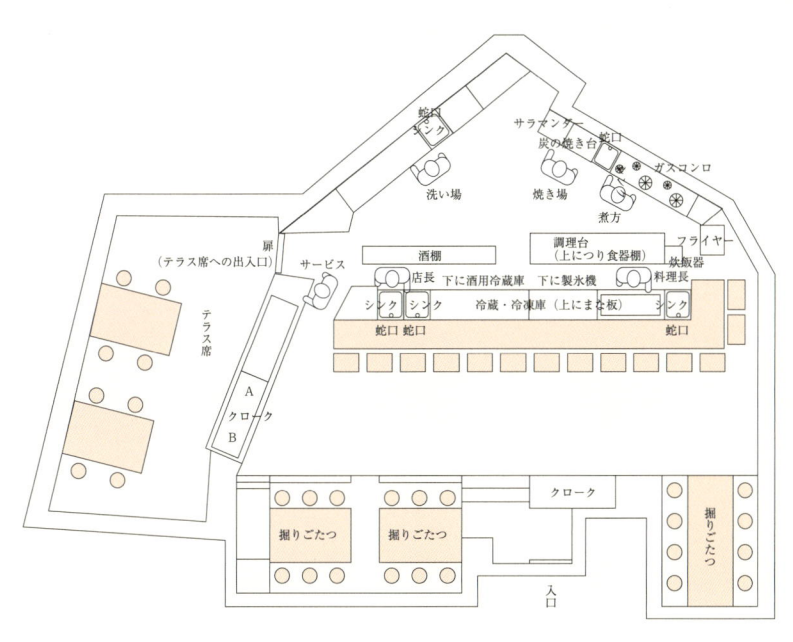

円形の建物なので厨房部分のレイアウトがしにくい。何度かレイアウト変更を繰り返して、やっと今の配置に落ち着いた。店の奥のドアからガラス張りのテラス席に出入りできる。4席×2卓で個室の雰囲気。貸切などにも対応する。

くおん
4月のコース
5800円

一、前菜
飯蛸の桜煮
二色の手まり寿司
蕪とスナップエンドウの白味噌椀
料理解説113頁

二、刺身
刺身三種盛り合せ
ばち鮪　鯒　縞海老
料理解説113頁

三、サラダ

鎌倉野菜と
二種アスパラのサラダ

料理解説114頁

四、焼物

鰆の白梅焼き　桜塩

料理解説114頁

ここで紹介するのは５８００円のコース(9品)。くおんの名物は「鯖の棒寿司」。目の前で寿司をつくる作業を眺めながら待つ。コースの最後にこの棒寿司を入れて、店の名物を印象づけている。

まず最初は3品の前菜から。汁物、おしのぎの寿司は必ず入る。

そして日本料理店では通常献立に入らないサラダ。健康志向と女性客の好みを意識したメニューだ。

つづく第一の山場である焼物や揚物の素材は、ブランド魚などを使い、つけ合せには趣向を凝らした野菜料理を添える。洋野菜も各種使うが、ぎりぎりのところで和食の線をはずさないよう上手にアレンジしている。

日本料理店としては、まだめずらしいが、食事の前に肉料理を出す。４５００円以外のコースには炭火焼きの肉や豚しゃぶしゃぶを入れており、肉の種類ごとに価格を設定している。あぶった牛肉を寿司に仕立てることもある。

五、揚物

アオリイカの
鳴門揚げ

料理解説115頁

六、小鉢

赤貝と蓴菜の酢の物

料理解説115頁

九、甘味

フルーツトマトと新生姜のコンポート

料理解説116頁

七、肉料理

和牛サーロインのローストビーフと山菜の盛り合せ

料理解説116頁

八、食事

炙り〆鯖の棒寿司

料理解説112頁

コースに合う酒

鳳凰美田　無濾過本生純米吟醸（栃木）
七本鎗　純米酒（滋賀）
クアドリ フォリオ　春純米吟醸（福岡）
杜の蔵 翠水　純米吟醸（福岡）
うきうき山本　純米吟醸（秋田）

くおん
11月のコース
5800円

一、前菜

カマスと春菊と椎茸のカボス醤油和え

鰤のづけ握り

長ネギと三つ葉のかき卵椀

料理解説117頁

二、造り

刺身三種盛り合せ

白いか　真鯛　鰹

料理解説117頁

三、サラダ

鎌倉野菜とずわい蟹のサラダ

料理解説118頁

四、焼物

寒鰤の照り焼き

料理解説118頁

五、揚物
甘鯛とアーモンドのアボカド揚げ
料理解説118頁

六、酢の物
帆立と新蓮根の林檎酢ジュレ掛け
料理解説119頁

コースに合う酒

龍勢　特別純米（広島）
神亀 小鳥のさえずり　純米吟醸（埼玉）
独楽蔵　純米（福岡）
とんぼラベル別撰仕込33号
　純米生原酒（神奈川）
大七　純米生酛（福島）

七、炭火焼き

和牛イチボの炭火焼きと長茄子の割り醤油掛け

料理解説119頁

八、食事

炙り〆鯖の棒寿司

料理解説112頁

九、甘味

練乳葛茶巾の苺ソース掛け

料理解説120頁

一品料理

かますの杉板焼き
料理解説120頁

聖護院蕪と香箱蟹の餡掛け
料理解説120頁

真鯛のとろろ蒸し
料理解説121頁

穴子の八幡揚げ
料理解説122頁

和牛サーロインの握りと冬野菜の炭火焼きの盛り合せ

料理解説122頁

桜海老真丈のお椀

料理解説123頁

桜海老とグリーンピースと筍の炊き込みご飯

料理解説123頁

八、食事

炙り〆鯖の棒寿司

季節ごとに全国から脂がのった身厚のサバを選んで使う。

マサバ、塩、酢
寿司飯（→117頁 鰤のづけ握り）、煎りゴマ、大葉（みじん切り）
おろしショウガ、万能ネギ（小口切り）
ミョウガ甘酢漬け

1　サバは三枚におろし、ベタ塩をあてて2時間おく。水洗いしたのち、水気をふいて酢に浸ける。脂がのっているときは2時間半～3時間、脂が少ないときは1時間半が目安。

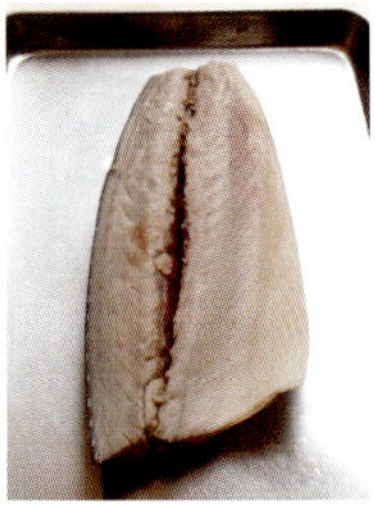

2　酢から取り出し、水気をふく。中骨を抜く。

3　頭のほうから皮をむく。端を切りそろえて6㎝長さに切る。

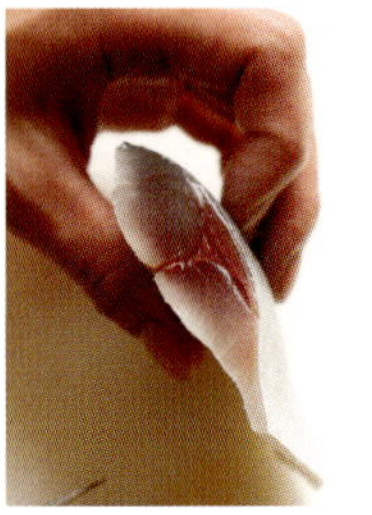

4　酢の入り加減は、この程度まで。ほどよく締める。

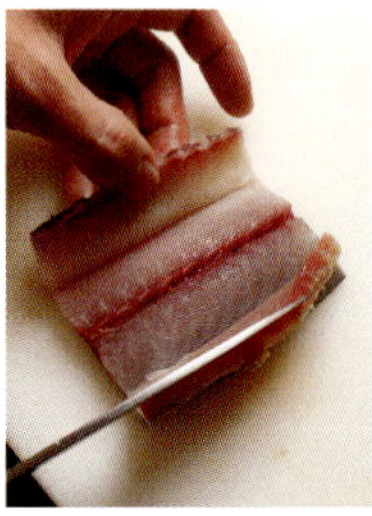

5　観音開きにして身を1枚に開く。

6　寿司飯に煎りゴマとみじん切りの大葉を合わせ、木杓子できり混ぜる。

7　寿司飯を強めに握って棒状にまとめる。

8　巻簾の上にぬらして絞ったサラシを敷き、皮目を下に向けてサバをのせ、上に7の寿司飯をのせる。

9　巻簾の手前を残して、左に寄せて巻く。

10　端を手で押さえて形を整える。

11　左右を変えて反対側の端も同様に整える。これを数回繰り返す。周りはかたく締め、中の寿司飯はふわっとさせるイメージで巻く。

12　サラシをはずし、バットにのせて、バーナーで表面をまんべんなくあぶる。端も軽くあぶる。

13　4等分に切り分ける。1人前2切れを盛り、ショウガと万能ネギをのせる。ミョウガの甘酢漬けをあしらう。

一、前菜

飯蛸の桜煮
二色の手まり寿司
蕪とスナップエンドウの白味噌椀

まだ肌寒い4月なので、汁物は温まる白味噌椀を。白い汁とピンク色の赤カブで春らしさを表現。

◎飯蛸の桜煮

イイダコ、八方地（だし10：濃口醤油1：味醂1：砂糖0・2）
タケノコ（アク抜き）、煮汁（だし、塩、淡口醤油）、追いガツオ
フキ、塩、煮汁（だし、塩、味醂、淡口醤油）

1 イイダコは胴体を裏返して卵を残し内臓のみを取り除いて元に戻し、霜降りする。
2 イイダコを八方地で煮る。沸いたら弱火にして、10～15分間煮る。火からおろしてそのまま冷まして味を含ませる。
3 タケノコは吸い地程度に調えた煮汁で煮る。沸いたら火を弱めて15分間煮る。火を止める直前に追いガツオをし、そのまま冷まして味を含ませタケノコ土佐煮とする。
4 フキは塩ずりして熱湯でゆで、スジをむく。濃いめに味つけした煮汁で煮含め、このまま冷ます。提供時、イイダコにタケノコとフキを添える。

◎二色の手まり寿司

マダイ
サヨリ、塩、日本酒、昆布
寿司飯（→117頁鰤のづけ握り）
ソラマメ、塩

1 タイはサク取りし、薄めのそぎ切りにする。
2 サヨリは三枚におろし、薄塩をあてる。日本酒でふいた昆布に2時間ほどはさんで締める。昆布をはずしてそぎ切りにする。
3 タイとサヨリに寿司飯をのせて、丸く握る。
4 ソラマメはサヤをはずしてゆで、皮をむいて塩をふり、手まり寿司に添える。

◎蕪とスナップエンドウの白味噌椀

赤カブ、スナップエンドウ、浸し地（だし10：淡口醤油0・2：味醂0・5、塩適量）
白味噌汁（だし、白味噌、淡口醤油、塩）

1 赤カブとスナップエンドウは下ゆでし、浸し地に浸けて味を含ませる。
2 提供時にだしを熱し、白味噌を溶き、淡口醤油と塩で味を補い、薄めの味に調える。

二、刺身

刺身三種盛り合せ
ばち鮪　鰤　縞海老

その日の仕入れによって毎日魚種は違うが、身質や歯応え、味わいの違う魚種を3種ほどそろえる。

バチマグロ、ハスイモ、ニンジン、大葉
コチ、浜防風、ラディッシュ
シマエビ、大根
山葵

1 魚介類は水洗いしてサク取りしておく。バチマグロは平造りにし、大葉の上に盛る。薄切りのハスイモとよりニンジンをあしらう。
2 コチはそぎ造りにし、浜防風と薄切りのラディッシュをあしらう。
3 シマエビは大根の台の上に盛る。手前に山葵を添える。

三、サラダ

鎌倉野菜と二種アスパラのサラダ

アスパラガスはドレッシングがからみにくいので、薄いシート状のジュレに固めて添えた。ウニを添えてアクセントをつけている。

◎アスパラガスのサラダ
グリーンアスパラガス、ホワイトアスパラガス
土佐酢（だし540cc、酢360cc、淡口醤油90cc、砂糖100g、追いガツオ）、板ゼラチン
ウニ、芽ネギ、花穂紫蘇

◎葉野菜のサラダ
マスタードリーフ、カラシ菜、ワサビ菜、紫大根
ドレッシング（→118頁鎌倉野菜とずわい蟹のサラダ）8：濃口醤油2

◎アスパラガスのサラダ
1　グリーンアスパラはかために塩ゆでし、ホワイトアスパラは砂糖を加えて柔らかくゆでる。
2　土佐酢の調味料を合わせて火にかけ、沸騰寸前で追いガツオをして火を止めて漉す。ここに水で戻した板ゼラチンを加えて溶かす。ゼラチンの目安は土佐酢300ccに対して5〜7g。
3　バットなどにラップフィルムを敷いて、2を薄く流して冷やし固める。

◎葉野菜のサラダ
1　葉野菜は食べやすく切る。紫大根は桂むきにして四角く切る。
2　ドレッシングに濃口醤油を混ぜておく。

◎仕上げ
1　アスパラガスを並べて盛り、上にジュレをのせる。なおジュレはラップフィルムごと切ってアスパラにのせてからラップをはずすとよい。
2　上に芽ネギと花穂紫蘇をほぐして散らし、ウニを添える。野菜をドレッシングで和えて、アスパラガスに添える。

四、焼物

鰆の白梅焼き　桜塩

仕上げに酒と醤油で割った梅肉をぬったサワラ。桜花塩漬けを乾燥させてつくった桜塩を添えて。

◎鰆の白梅焼き
サワラ（切り身）　1切れ（50g）
塩、梅肉ダレ（無着色の梅干、日本酒、淡口醤油、味醂）

◎たらの芽
タラノメ、浸し地（だし10：淡口醤油0・2：味醂0・5、塩適量）

桜塩＊

＊桜花塩漬けは少量の梅酢で酸味をつけ（すでに酸味がついているものは不要）、自然乾燥させる。花びらをすり鉢ですり、塩少量をすり混ぜる。

◎鰆の白梅焼き
1　サワラに串を打ち、薄く塩をふって焼く。
2　梅肉ダレをつくる。梅干の果肉をすり鉢ですり、日本酒でのばして少量の淡口醤油をたらして香りをつけ、味醂で味を和らげる。
3　サワラの焼き上がりぎわに2の梅肉ダレをぬって仕上げる。

◎仕上げ
1　器にサワラを盛り、ゆでて浸し地に浸けたタラノメを添える。桜塩を周りに散らす。

五、揚物

アオリイカの鳴門揚げ

イカを揚げるときは、包丁目を深く入れると巻き戻りがない。また火の入れすぎに注意。中心はレアっぽさを残す。

◎アオリイカの鳴門揚げ
アオリイカ、海苔
小麦粉、天ぷら衣（小麦粉、卵、水）、揚げ油

◎タレ
アナゴ煮ツメ（アナゴの骨3尾分、日本酒400cc、濃口醤油200cc、たまり醤油100cc、ザラメ糖100g）
照り焼きのタレ（濃口醤油1：日本酒1：味醂1：砂糖0・7）

◎あしらい
新ショウガ（繊切り）、ミョウガ（繊切り）、大葉（繊切り）

◎アオリイカの鳴門揚げ

1　アオリイカは脚と内臓を抜いて一枚に開く。裏側の皮のみをむいて、麺棒などで叩いて柔らかくし、表側に細かく包丁目を入れる。包丁目は深めに入れないと揚げたときに巻き戻ってしまう。

2　包丁目を外側にして内側に海苔をのせて巻く。

3　小麦粉をまぶし、濃いめに溶いた天ぷら衣をつけて、170℃に熱した揚げ油で揚げる。中心はレアにする。

◎タレ

1　アナゴ煮ツメの材料を合わせて、濃度が出るまで煮詰める。照り焼きのタレは材料を合わせる。

2　アナゴの煮ツメ3に対して照り焼きのタレ7を合わせる。

◎あしらい

1　新ショウガ、ミョウガ、大葉を繊切りにし、水に放ったのち、水気をきっておく。

◎仕上げ

1　アオリイカを切り分け、タレをかける。あしらいを添える。

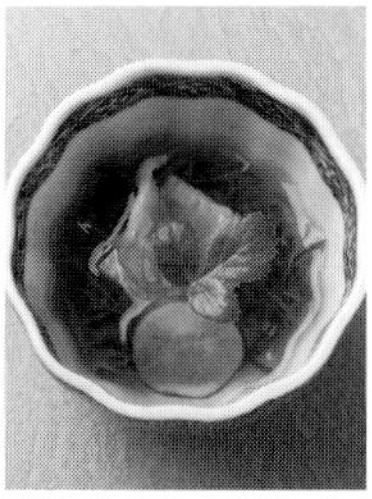

六、小鉢

赤貝と蓴菜の酢の物

春の産卵前に二枚貝は旬を迎える。ここではアカガイを使ったが、ホタテ貝柱やトリガイなどもよく合う。

アカガイ
ジュンサイ、合せ酢（だし5：酢2：淡口醤油1：味醂1：砂糖0・2、追いガツオ）
ナガイモ
浜防風、ラディッシュ

1　アカガイは殻をはずし、ヒモなどを除き、半分にそいで中のワタをはずす。

2　ジュンサイは熱湯でさっとゆで、冷たい合せ酢に1時間浸ける。合せ酢はだしと調味料を合わせて火にかけ、一煮立ちしたら追いガツオをして漉して冷ましたもの。

3　ジュンサイを新しい合せ酢に浸けかえる。

4　ナガイモは四角く切り出し、細く切って四角形に戻して器に盛る。その上にジュンサイを盛り、合せ酢をかける。醤油洗いしたアカガイを盛り、浜防風と薄切りのラディッシュをあしらう。

七、肉料理

和牛サーロインのローストビーフと山菜の盛り合せ

ブロック肉は周りの脂を落とし、直接天板に触れないよう玉ネギの上にのせてローストし、取り出して余熱でじっくり火を入れる。

◎ローストビーフ

牛サーロイン（ブロック）2kg、塩20g、サラダ油
玉ネギ（乱切り）

◎つけ合せ、ソース

タケノコ土佐煮（→113頁飯蛸の桜煮）、濃口醤油
コゴミ、菜ノ花、塩
サラダ用ウルイ、マイクロトマト
バルサミコ酢のソース（バルサミコ酢200g、濃口醤油15cc、砂糖100g）

山葵、染おろし

◎ローストビーフ

1　牛サーロインの脂を切り落とし、1％の塩をすり込む。脂がついていると均等に火が入らない。

2　肉の中心まで常温に戻す。フライパンに薄くサラダ油をひき、強火で肉の表面を焼き固める。

3　オーブンの天板に乱切りにした玉ネギを敷いて、2の牛肉をのせる。玉ネギは直接天板にサーロインが触れないようにするためのもの。

4　200℃のオーブンで20分間、裏返して20分間ローストする。オーブンから取り出して、余熱で肉の中心まで火を入れる。完全に冷めるまで切らないこと。

※冷蔵庫で保存する場合、使用時には庫内から取り出して温かいところにおいて、中心を40℃にしてから切り出す。こうすると牛の脂が口の中で溶けやすくなる。

◎つけ合せ、ソース

1　タケノコ土佐煮の汁気をふく。串を打ってあぶり、焼き上がりに濃口醤油をぬる。コゴミと菜ノ花はそれぞれ塩を加えた湯でゆでる。

2　バルサミコ酢のソースをつくる。材料をすべて合わせて火にかけ、6割ほど煮詰める。

◎仕上げ

1　ローストビーフの中心の温度を40℃にして、やや厚めに切る。1人分2切れ（50〜60g）が分量の目安。

2　器にバルサミコ酢のソースを細くたらし、ローストビーフ、つけ合せの野菜を盛る。染おろしと山葵を添える。

八、食事

炙り〆鯖の棒寿司（→112頁）

九、甘味

フルーツトマトと新生姜のコンポート

フルーツトマトは直径4cm程度の果肉がしっかりしたものを選ぶ。酸味が強いときは砂糖を多めに使う。煮汁に浸けておけば1週間日持ちする。

フルーツトマト（直径4cmのM玉）6個、新ショウガ（薄切り）200g
シロップ（煮きった白ワイン・水各360cc、砂糖120g、レモン汁適量）
セルフイユ

1　フルーツトマトは皮を湯むきする。シロップの材料を合わせて温め、沸いたらトマトを入れて5分間煮る。火を止めてそのまま冷まし、冷蔵庫で冷やす。2日目からおいしくなる。

2　新ショウガは辛みが弱くなるまでゆでて、シロップで5分間煮て冷ます。

3　冷やしたトマトと新ショウガを盛り、冷たいシロップを注ぐ。上にセルフイユを飾る。

11月のコース

一、前菜

カマスと春菊と椎茸のカボス醤油和え
鰤のづけ握り
長ネギと三つ葉のかき卵椀

まず最初の前菜は和え物、寿司、汁物の組み合せ。温かい汁物と、おしのぎの寿司で小腹を満たしていただく。

◎カマスと春菊と椎茸のカボス醤油和え

カマス、A（日本酒1：濃口醤油1）
シュンギク、シイタケ、カボス

1　カマスは三枚におろし、脱水シートに2時間はさんで水気を抜く。皮をむき、炭火で焼く。Aをかけながら焼き上げ、身をほぐす。

2　シュンギクはゆでて冷水にとり、水気を絞る。シイタケはAをぬりながらあぶる。それぞれ食べやすく切る。

3　カマスとシュンギクとシイタケを合わせ、カボスを絞る。

◎鰤のづけ握り

ブリ、浸け地（濃口醤油20cc、煮きり酒20cc、煮きり味醂35cc）
寿司飯（米6合、寿司酢160cc＊）
聖護院大根甘酢漬け＊＊
大葉、ユズ、浜防風

＊千鳥酢1升、三温糖800g、酢300gを合わせて寿司酢をつくっておく。
＊＊聖護院大根は薄切りにし、塩をして水気を軽く抜く。甘酢（酢500cc、水500cc、砂糖150cc、塩4g）に1日浸ける。

1　ブリはサク取りし、そぎ切りにする。

2　ブリを浸け地に10分間浸けたのち地をきる。

3　寿司飯をつくる。ご飯を炊き、温かいうちに寿司酢をきり混ぜる。

4　2と3でブリの握り寿司をつくる。上に、大葉と薄切りにした聖護院大根の甘酢漬け、ユズをのせる。浜防風をあしらう。

◎長ネギと三つ葉のかき卵椀

（5～6人前）
だし360cc、淡口醤油5cc、塩3g、水溶き葛粉適量、卵1個
三ツ葉、白髪ネギ

1　だしを火にかけ、淡口醤油と塩で吸い地程度に味を調える。沸いたら水溶き葛粉を入れて薄くとろみをつける。

2　ここに溶いた卵を少量ずつ流し入れ、白髪ネギと刻んだ三ツ葉を入れ、椀に盛る。

二、造り

刺身三種盛り合せ
白いか　真鯛　鰹

コースの刺身は三種盛りが基本。赤身、白身、甲殻類やイカなどを組み合わせている。

シロイカ、マダイ、カツオ
ミョウガ、山葵、ショウガ
大葉、ハスイモ、ラディッシュ、ニンジン、花穂紫蘇
刺身醤油＊

＊濃口醤油にさし昆布をして沸かして火からおろし、半日おく。

1　魚介類は水洗いをし、サク取りしておく。シロイカは皮をむき、表面に飾り包丁を入れて、引き造りにする。

2　マダイはそぎ造り、カツオは平造りにする。

3　大葉を敷いてカツオ、マダイ、シロイカを盛り、ミョウガの薄切り、山葵、ショウガを添える。ハスイモとラディッシュの薄切り、花穂紫蘇、よりニンジンを飾る。

三、サラダ

鎌倉野菜とずわい蟹のサラダ

和食コースの中に、鎌倉野菜のサラダを必ず組み込むのは「くおん」ならでは。季節によってカニをタケノコ、桜エビ、シラスなどに変えることも。

◎サラダ
鎌倉野菜各種＊
ズワイガニ（ほぐし身）

◎ドレッシング
おろし玉ネギ1個分、酢250cc、塩40g、砂糖10g、太白胡麻油750cc、黒コショウ少量

＊レインボーキャロット、黄ニンジン、コーラルリーフ2種（緑と紫。別名カラシナ）、シュンギク、ルーコラ、緑大根、アヤメカブ、ミニトマト（アイコ）。

◎サラダ
1　野菜類はすべて食べやすく切っておく。

◎ドレッシング
1　ドレッシングの材料をすべて合わせて攪拌する。

◎仕上げ
1　野菜をドレッシングで和えて盛りつける。ズワイガニを散らす。

四、焼物

寒鰤の照り焼き

この季節の定番、ブリの照り焼きにたっぷりの野菜を盛り合わせてアレンジ。焼物の目先が変わり、ボリューム感もアップする。

◎寒鰤の照り焼き
ブリ（切り身）　1切れ（80g）
照り焼きダレ（濃口醤油・たまり醤油各360cc、日本酒・味醂各540cc、砂糖50cc）

◎あしらい
レンコン（薄切り）、玉ネギ（くし形切り）、万願寺唐辛子（ぶつ切り）
菊花カブの甘酢漬け（カブ、塩、甘酢→117頁鰤のづけ握り）

◎寒鰤の照り焼き
1　照り焼きダレをつくる。材料をすべて合わせて火にかける。元の分量の4割まで煮詰める。
2　ブリに串を打って炭火で焼く。表面が乾いてきたら、照り焼きダレを3回かけて焼き上げる。

◎あしらい
1　サラダ油をひいたフライパンでレンコン、玉ネギ、万願寺唐辛子を炒め、火が通ったら水で薄めた照り焼きダレをからめる。
2　カブを菊花に切り、軽く塩をふってしんなりさせ水気をきり、甘酢に1日浸ける。

◎仕上げ
1　ブリを盛り、上に玉ネギ、万願寺唐辛子、レンコンをのせ、手前に菊花カブを添える。

五、揚物

甘鯛とアボカドのアーモンド揚げ

アマダイは水分が多いので、薄塩をあてて脱水して旨みを凝縮させてから揚げる。アーモンドがこげないように、油温に注意。

アマダイ、塩、濃口醤油
アボカド、濃口醤油
小麦粉、卵白、アーモンドスライス、揚げ油
レモン、セルフイユ

1　アマダイは三枚におろして切り身にし、薄塩をあてて脱水シートにはさんで一晩冷蔵庫においたのち、醤油洗いする。

2　アボカドは半月切りにし、醤油洗いする。

3　アマダイとアボカドに小麦粉をまぶし、溶いた卵白にくぐらせて、アーモンドスライスをつける。

4　１７０℃の揚げ油でアマダイとアボカドを揚げる。アボカドはさっと軽く火を入れる。

5　油をきって器に盛り、レモンとセルフイユを添える。

六、酢の物

帆立と新蓮根の林檎酢ジュレ掛け

酸味が苦手な方が比較的多いので、そのまま飲めるくらいにジュレの酸味を調整している。

◎帆立、新蓮根、胡瓜

ホタテ貝柱、日本酒、塩

新レンコン、煮汁（だし、塩、淡口醤油）

キュウリ

◎リンゴ酢ジュレ

土佐酢（酢１８０cc、だし２７０cc、砂糖１００g、淡口醤油45cc、追いガツオ）

リンゴ果汁　１／２個分

板ゼラチン　４g

花穂紫蘇

◎帆立、新蓮根、胡瓜

1　ホタテ貝柱は日本酒で洗い、薄塩をあてて15分間おき、表面のみをあぶる。

2　新レンコンは、いちょう切りにしてゆでこぼし、煮汁でさっと煮て、そのまま冷ます。

3　キュウリを２～３㎝に切り、桂むきする。

◎リンゴ酢ジュレ

1　土佐酢の材料を合わせて火にかける。一煮立ちさせたら追いガツオをし、火を止めて漉して冷ます。

2　1にリンゴをすりおろして絞った果汁を加え、水で戻した板ゼラチンを溶かす。溶けたら容器に移して冷やし固める。

◎仕上げ

1　ホタテ、キュウリ、新レンコンを盛り、ジュレをくずしてかける。ほぐした花穂紫蘇を散らす。

七、炭火焼き

和牛イチボの炭火焼きと長茄子の割り醤油掛け

牛肉に相性のよいナスを合わせ、サツマイモチップスで立体的に盛りつけて、ボリュームアップ。

◎和牛イチボの炭火焼き

牛イチボ肉４切れ、長ナス３枚、塩、サラダ油

◎割り醤油餡

割り醤油（煮きり酒１８０cc、煮きり味醂１８０cc、濃口醤油・水各90cc）、水溶き葛粉適量

万願寺唐辛子、サツマイモチップス＊

＊サツマイモをピーラーで繊維に沿って縦に薄くむく。これを１７０℃の油でかりっと揚げる。

◎和牛イチボの炭火焼き

1　牛イチボ肉の塊に塩をふって炭火で焼く。

2　長ナスは斜めにスライスし、熱したサラダ油にくぐらせたのち、炭火で焼く。

3　1の牛イチボ肉を切り分け、間に2のナスを折り曲げてはさんで器に盛る。

◎割り醤油餡

1　割り醤油の材料を合わせて火にかけ、沸いたら水溶き葛粉でとろみをつける。

◎仕上げ

1　イチボ肉に餡をかけ、サツマイモチップスと素揚げした万願寺唐辛子を添える。

八、食事

炙り〆鯖の棒寿司（→112頁）

九、甘味

練乳葛茶巾の苺ソース掛け

葛茶巾は、生地の中に抹茶や黒糖などを混ぜ込むとバリエーションの幅が広がる。

◎練乳葛茶巾

牛乳500cc、生クリーム200cc、練乳130cc、砂糖20g、葛粉40g

◎苺ソース

イチゴ300g、砂糖30g、レモン1／2個

◎練乳葛茶巾

1　材料をすべて鍋に入れて火にかけ、5〜6分間木杓子で練る。ぼたっと落ちるくらいに濃度がついてきたら、火からおろす。

2　ラップフィルムにとって茶巾に絞り、冷やし固める。

◎苺ソース

1　材料を鍋に入れて火にかける。砂糖が溶けてイチゴに火が通ったらミキサーにかける。

2　粗熱がとれたら、冷蔵庫で冷やす。

◎仕上げ

1　葛茶巾のラップをはずして器に盛り、苺ソースをかける。

一品料理

かますの杉板焼き

水分の多いカマスはほどよく水っぽさを抜いて旨みを引き出す。

◎かます

カマス、塩、有馬山椒

◎チーズ豆腐

クリームチーズ200g、卵10個、だし360cc、板ゼラチン5g

銀杏、揚げ油、塩

◎かます

1　カマスは三枚におろして塩をあて、脱水シートにはさんで冷蔵庫に1日おく。

2　シートをはずし、皮目に細かく斜めの包丁目を入れて3等分に切り、串を打って薄塩をふって炭火で焼く。

◎チーズ豆腐

1 クリームチーズ、卵、だしを鍋に入れて火にかけ、木杓子でよく練る。卵に火が通ったら火からおろし、水で戻した板ゼラチンを加えて混ぜる。

2 流し缶に流して冷やし固める。

◎仕上げ

1 チーズ豆腐を切り出し、表面をバーナーであぶる。銀杏の殻をむき、素揚げする。甘皮をむき、松葉串に刺して塩をふる。

2 カマスを杉板の上に盛り、有馬山椒を添える。チーズ豆腐と銀杏を添える。

聖護院蕪と香箱蟹の餡掛け

コウバコガニ（ズワイガニの雌）の身と卵をほぐして旨みをつけた餡で、カブを食べていただく。

◎聖護院蕪

聖護院カブ、煮汁（だし、淡口醤油、塩、味醂）

◎蟹餡

コウバコガニ、塩

だし180cc、塩5g、淡口醤油5cc、味醂10cc、水溶き片栗粉適量、三ツ葉

◎聖護院蕪

1 カブを大きく切って面取りし、下ゆでする。

2 鍋に移し、かぶるくらいのだしを注いで火にかける。柔らかくなったら、淡口醤油、塩、味醂で薄味をつけて煮含める。

◎蟹餡

1 コウバコガニの外子に塩をあてて、蒸し器で10分間ほど蒸し、身と内子、外子をほぐす。

2 だしを熱し、塩、淡口醤油、味醂で味をつけて1をすべて入れる。沸いたら、水溶き片栗粉でとろみをつける。最後に刻んだ三ツ葉を入れる。

◎仕上げ

1 カブを蒸し器で温めて盛り、熱い蟹餡をかける。

真鯛のとろろ蒸し

マダイがおいしくなる春と秋の一品料理。とろろはナガイモとヤマトイモを合わせているが、この分量のバランスが決め手となる。

マダイ（切り身） 1切れ（40g）

塩、日本酒

とろろ（ナガイモ25g、ヤマトイモ10g）

銀餡（だし、塩、水溶き片栗粉）

生海苔、とろろ昆布、花穂紫蘇

---

1 マダイは薄塩をあてて10時間おく。日本酒をふって強火の蒸し器で蒸し、8割程度火を入れる。

2 ナガイモとヤマトイモをすりおろしてよく混ぜ、とろろをつくる。とろりとしているが、流れ落ちないくらいの濃度に調整する。

3 マダイを器に盛り、2のとろろをかけて蒸し器で蒸す。とろろが固まったら取り出し、銀餡をかける。銀餡は熱しただしに塩で味をつけて、水溶き片栗粉でとろみをつけたもの。

4 生海苔、とろろ昆布を添え、花穂紫蘇を飾る。

穴子の八幡揚げ

甘辛く炊いたゴボウの周りにアナゴを巻き、タレ焼きせずに天ぷらにしてアナゴの味を生かした。

アナゴ1本半、塩適量
ゴボウ1／2本、煮汁（水180cc、味醂90cc、日本酒50cc、濃口醤油50cc、砂糖20g）
天ぷら衣（小麦粉、ビール、ベーキングパウダー、全卵、水）
揚げ油、粉サンショウ

1　ゴボウを煮る。ゴボウを縦4等分に切る。煮汁を合わせて鍋に入れ、ゴボウを煮る。煮汁がなくなるまで煮詰める。
2　アナゴは背開きにして塩でもみ洗いする。さらに皮側に熱湯をかけて、白く浮いてきたヌメリを落とす。
3　アナゴを半身に切る。薄塩をあて、皮を内側にしてゴボウの周りをらせんに巻き、端を楊枝で留める。
4　3を天ぷら衣にくぐらせて、170℃の油で揚げて油をきる。ゴボウは煮てあるので、アナゴに火が入ってふっくらすればよい。
5　一口大に切って粉サンショウをふる。

和牛サーロインの握りと冬野菜の炭火焼きの盛り合せ

分厚いサーロインを炭火であぶって表面に焼き色をつけて寿司ネタに。冬野菜の炭火焼きを添えて。

◎サーロインの握り
牛サーロイン
寿司飯（→117頁鰤のづけ握り）
ポン酢おろし、芽ネギ、山葵

◎つけ合せ
シイタケ、濃口醤油
万願寺唐辛子（緑・赤）、だし醤油、カツオ節
カボチャ、甘醤油（濃口醤油、味醂）
サツマイモチップス（→119頁和牛イチボの炭火焼き）

◎サーロインの握り

1　牛サーロインは厚い角切りにして、炭火で網焼きする。強火で表面のみに焼き色をつける。
2　火からおろしてそのまま冷まし、薄いそぎ切りにしてネタにし、寿司飯で握る。

◎つけ合せ

1　シイタケは軸を切り落とし、炭火であぶる。濃口醤油をぬって仕上げる。
2　万願寺唐辛子は、炭火で網焼きし、食べやすく切り、熱いだし醤油に浸たす。小皿に盛り、カツオ節をのせる。
3　カボチャは一口大の角切りにして蒸し器で蒸す。煮詰めた甘醤油をかける。

◎仕上げ

1　器にサーロインの握りを盛り、3かんにポン酢おろしと芽ネギを、残り3かんに山葵をのせる。
2　シイタケ、万願寺唐辛子、カボチャを盛り合わせる。バランスよくサツマイモチップスを飾る。

桜海老真丈のお椀

発色のよいサクラエビの真丈地に大根を巻いて蒸し、透けて見える淡い桜色を楽しむ。

◎**桜海老真丈**
真丈地（生サクラエビ50g、すり身50g、おろしたヤマトイモ5g、淡口醤油、塩）
大根、軸三ツ葉

◎**吸い地**
だし、塩、淡口醤油、日本酒

◎**あしらい**
黄ニンジン、浸し地（だし10：淡口醤油0・2：味醂0・5、塩適量）
ユリネ、塩水、食紅

◎**桜海老真丈**

1　真丈地をつくる。フードプロセッサーにサクラエビを入れて回す。すり身、ヤマトイモを順に入れて回して、最後に淡口醤油と塩で味をつける。

2　大根を桂むきにして、真丈地を芯にして巻く。蒸し器で15分間ほど蒸して火を入れる。

3　2を一口大に切り、ゆでた軸三ツ葉で結わく。

◎**あしらい**

1　黄ニンジン、大根を短冊に切って下ゆでし、浸し地に浸ける。

2　ユリネを1枚ずつばらし、花びらにむいて熱湯でさっとゆでる。塩水に食紅を少量加え、ゆでたユリネを浸ける。

◎**仕上げ**

1　桜海老真丈、ニンジン、大根を蒸し器で温める。

2　椀に真丈を盛り、ニンジン、大根をあしらい、熱い吸い地を注ぐ。花びらユリネを散らす。

桜海老とグリーンピースと筍の炊き込みご飯

駿河湾産のサクラエビはさっとゆでて使ったが、生のまま素揚げして炊き込んでも美味。

米3合、炊き地（だし、日本酒、塩、淡口醤油）480cc
生サクラエビ130g、グリーンピース80g、塩適量、タケノコ土佐煮（→113頁飯蛸の桜煮）130g
新ショウガ（繊切り）、木ノ芽

1　米3合は研いでザルに上げ、30分間おいたのち、土鍋に移して炊き地480ccを注ぎ、30分間浸す。

2　生サクラエビを塩ゆでする。エビが白くなったらすぐにザルに上げて臭みをとる。

3　グリーンピースはサヤをはずし、塩ゆでする。

4　タケノコ土佐煮は細かく刻む。

5　1の土鍋に4をのせて強火にかける。沸いたら弱火で15分間炊いたのち、強火で10秒間水分を飛ばす。火を止めて10分間蒸らす。蒸らしたら2、3をのせ、新ショウガと木ノ芽をあしらう。

6　ざっくりと混ぜて茶碗によそう。2杯目はおむすびに握ってあぶり、椀に入れて吸い地（分量外）をかけてすすめる。

「和創作 太」

人を引きつける「太」の魅力

「太」の魅力は、日本料理のきまりにとらわれず、その日に仕入れた食材をそのときの気候に合うように献立を考え、お客さまが「おいしい」と思うものを出す自由さにある。つまりは、アドリブの魅力。そして5250円のコースとは思えないほどのたっぷりしたボリュームが、コースの満足度をさらに高めてくれる。

和創作とうたっているが、初夏や夏のようにさっぱりした和食が食べたくなる季節には和食中心のコース

和創作 太
柴 太一
東京都品川区上大崎2-26-5
メグロードビルB1階
電話03-3779-0002
営業時間／18:00～翌2:00(1:00L.O.)
定休日／日

開店／2006年9月(12年に現在地に移転。
移転前の店舗は姉妹店「酔太」と名前を変えて営業中)
店舗規模／9・8坪、16席(カウンター10席、テーブル2席×3卓)
従業員数／厨房2名、サービス2名
料理／5250～5500円(税サ込み・9～10品)の
1コースのみ
客単価／7250円
食材原価率／40％

を出し、洋風の料理が体に合う季節には、パスタなどを入れることもある。フランス料理店や居酒屋、割烹などさまざまな業種で修業を積んできたご主人の柴太一氏ならではの料理構成である。

料理だけではない。柴氏の存在そのものが店の大きな魅力の一部だ。毎日カウンターに立ち、日本料理に慣れていない若い客層に気軽に声をかけ、慕われて通ってもらえるような、気持ちのよい人柄がその姿ににじみ出ている。

コース料理1本に業態変更

２００６年に目黒駅前のビルの1階に開店。２０１２年現在のビルに移転した。移転先は隣接するメグロードというレトロな雰囲気がただよう飲食店ビルの地下1階だ。

ターゲットとする客層は20代後半のＯＬから30代のサラリーマン。若い層にはハレの場として、近くのタワーマンションに住む中高年の富裕層には普段使いしてもらえる店を目指して開店した。

移転前はカウンター9席の小さな店で、日本酒の品揃えがいい銘酒居酒屋として日本酒愛好家の間ではよく知られていた。日替わりの一品料理が中心だったが、３５００円の酒肴コースの評判も上々だった。そこで試しに５０００円コースを出してみたところ、なんと３５００円の酒肴コースよりもよく売れるようになる。

このことに自信を得て、コースを主体にした新しいスタイルの店をもう1店開くことにし、隣のビルに「太」を移転して、今の場所は「酔太」と店名を変えて続けることにした。

テーブル席。外側から見えないように、和紙が張られている。卓上の小さな花はフランス料理店で修業をした柴氏らしいもてなし。

ビルの通路に面した部分は全面ガラス張りで、外側に木を縦に組んで、中の様子がわかる程度にはりめぐらせている。店の雰囲気がわかるため、入りやすく、ほどよい目隠しにもなる（右）。
焼き台、ガスコンロ、オーブンは奥に集中。作業がしやすいところに鍋やお玉などの調理用具、調味料などを準備する（左）。

今でも「酔太」は以前の「太」のスタイルを引き継いで一品料理と３５００円の酒肴コースのみ。

一方「太」は５２５０～５５００円の１コースのみで、９～10品という内容だ。使用する食材次第でコース価格や品数にある程度幅をもたせているが、トータルで同じような満足感を感じてもらえるように献立を組み立てている。

たとえば料理の最後を盛り上げる炭火焼きに豚肉を使った日は５２５０円で、牛サーロインならば５５００円にする。いままで価格に幅をつけたことで、お客さまからの苦情などが出たことはとくにないという。

店が2店となり、仕入れる食材は増えたが、「太」をコース１本に絞り込むことで、ロスはかなり抑えられた。

なお営業時間が翌2時までなので、深夜に来店するお客さまも多い。その場合、コース一式では重すぎるため、コースの中の料理をばらして一品料理として提供している。別の一品料理メニューを用意せず、コースをばらして提供することでロスが少なくなる。

2店目出店の利点

魚の仕入れは長年つきあいのある築地の仲卸に毎日配達してもらっている。この店は「太」が欲しいクラスの魚をかなりの破格値で卸してくれる。

「太」と「酔太」の2店は至近距離にあるので、食材をまとまった分量で仕入れることができるようになって、かなり割安になった。これは2店に増やした大きな利点だ。

仕込むさいには極力ロスは出さないように2店分まとめて魚を水洗いして部位を割り振っている。たとえば2kgのタイを仕入れたら、カマは「酔太」、身は「太」といったように分担すると、タイを1日で使い切ることができる。イカならば身は「太」で、ゲソは「酔太」で使う。

和牛のランプ肉を塊で仕入れると、スジの部分がついてくる。「太」ではスジをひいて炭火焼きにし、スジは煮込みにして「酔太」で出す。するとランプの塊もムダなく使い切ることができる。

こうして2店で一つの食材を使い分けると、同一コースのなかで同じ食材がダブることがなくなるし、ムダも出さずにすむ。これも2店に増やした利点といえるだろう。

したがって、両店ともかなり頻繁に献立は入れ変わることになる。献立は魚の仕入れに大きく左右されるため、３日間で変えることもよくあるという。

原価率を下げるための工夫

同じ食材でも数がまとまると割安になることはさきほど述べたが、まとめて仕入れて使い回すことも原価を下げるうえで大切だ。この使い回しについても1店増えたので、アレンジ幅が広がって、かなりラクにやりとりができるようになった。

例えばアナゴを10本まとめて仕入れたとする。その日に煮穴子として出したら、翌日ちょうど味がなじんだところで八幡巻きにする。こうすれば、

姉妹店「酔太」のファサード（上）と店内（中）。隣接するビルの1階。こちらはカウンター9席のみ。
主人の柴 太一氏。フランス料理の修業を積んで和食の道に。型にとらわれない料理が人気を呼んでいる（左）。

仕入れ量を増やしても、いい状態で使い切ることができるのだ。

　また和食では廃棄するような部分でも、洋風にアレンジすれば立派な一品に仕上げることもできる。この点では柴氏のフランス料理修業がものをいう。たとえばコウバコガニの蒸し物をつくるとすると、脚の部分は廃棄しなければならないが、この脚をつぶしてビスク風に仕立てれば、立派な一品になる。

　これらは「太」で毎日行なっているほんの一例だが、このように調理で上手にロスを減らし、まとめて仕入れることで原価を抑えることができる。すると５０００円のコースで充分値打ちを出すことができ、利益も出せるようになる。

　こうした努力をしても食材原価率は４０%を超えるが、だいたい１人２０００円程度のドリンク売上げを見込むことができる。ほぼ毎日２回転するので、これで採算はとれる計算だ。

　逆にいえば、客席を１日２回転させることが、営業面での生命線ということになる。この回転率をキープすることができれば、正社員３名（自分自身も含め「太」と「酔太」の２店合計）に満足な給料を支払うこともできるという。

「お客さまは５０００円というコストパフォーマンスの抜群によいおいしい料理をお腹一杯食べて幸せになる。そのお客さまが毎日来てくれれば従業員も幸せになれます。みんなが幸せになるように。これが商売を続けていく糧となっているのです」と柴氏はいう。

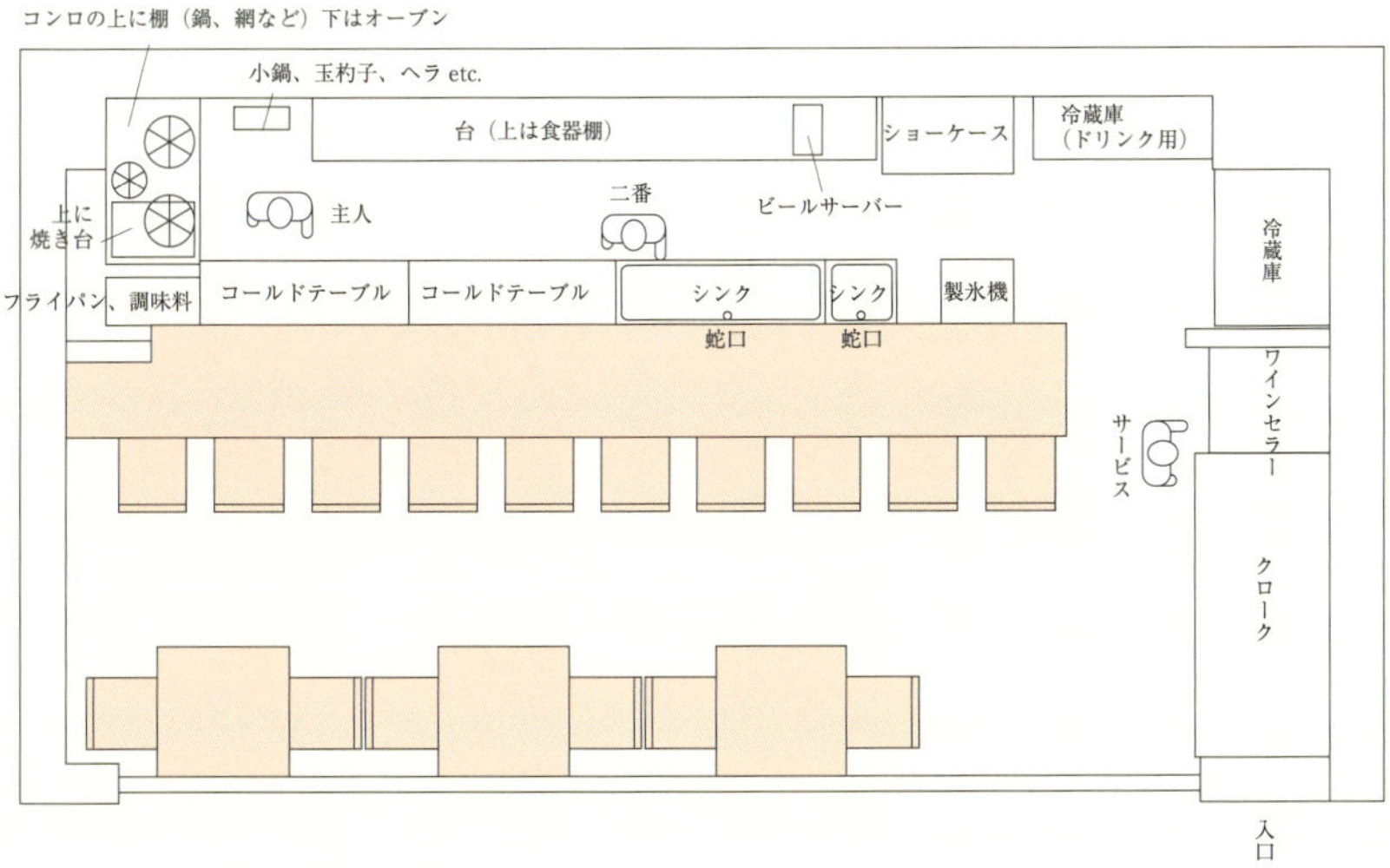

ガスコンロ、焼き台、オーブンといった火元はカウンター内の一番奥に集中している。柴氏がここに立つ。奥行きのない間取りなので、移動しなくても料理が仕上げられるように、調味料類、お玉や小鍋などが近くに配置されている。
しかし、すれ違いがしにくいため、柴氏一人で加熱調理を担当しなければならない。
客席はカウンター席とテーブル席。２人客を想定してレイアウトされている。

一、穴子のベニエ
料理解説137頁

二、〆鯖、赤貝、やり烏賊のサラダ仕立て
土佐酢ジュレがけ
料理解説137頁

和創作 太
3月のコース
5500円

「太」のコンセプトは、「その時期に合ったおいしいものを出す」こと。ベースは和食だが、特徴は洋風のテイストが入ることと、炭火焼きの肉料理を出すことだ。

肉は人数分を塊のままじっくり時間をかけて炭火で焼く。柴氏はかつてフランス料理の修業をしていたので、肉を扱うことにはなれている。時期によってはイノシシなどを出すこともある。

最後は4種類用意するデザートで締める。この中から好きなものを1種類選んでいただく。さっぱりしたフルーツ系のものから、コクのあるものまでタイプの違うデザートをそろえている。

ほぼ2回転するので、毎日30人分の料理を仕込む。

三、鰤の湯引き
花山葵の醤油漬けと大根おにおろし和え

料理解説138頁

四、里芋の唐揚げ
蟹と三つ葉の餡かけ

料理解説138頁

五、鰆の幽庵焼き　あぶり筍
こごみ浸し　からすみ　有馬山椒

料理解説139頁

六、

金柑の香りをつけたフルーツトマトのお浸しとうるいのお浸し

料理解説139頁

七、

ラムの蕗の薹パン粉焼き

料理解説140頁

八、グリーンピースご飯
味噌汁 香の物

料理解説141頁

九、蜜柑のゼリーと
ユズのグラニテ

料理解説141頁

コースに合う酒

La Cana　スペイン

MARLET VITAS　イタリア

Bourgogne ALIGOTE　フランス

Bourgogne CUVEE SAINT-VINCENT　フランス

DELIA Sauvignon Blanc　ニュージーランド

和創作 太
9月のコース
5500円

一、
ホッキ貝、わけぎ、鳴門若布、生クラゲの芥子酢味噌

料理解説142頁

二、
鴨と無花果　利久餡

料理解説142頁

三、平目からすみまぶし
松輪の〆鯖
炙り秋刀魚

料理解説142頁

四、ずわい蟹のひろうす
衣かつぎ　揚げ銀杏

料理解説136頁

五、

鱧と焼き茄子と松茸の
ココット蒸し

料理解説143頁

六、

キノコとホウレン草の浸し

料理解説143頁

七、霧島豚の炭火焼き

料理解説144頁

八、鮭いくら じゃこ
御飯 味噌汁 香の物

料理解説144頁

九、白胡麻のブランマンジェ
ほうじ茶のアイス
炊いた小豆を添えて

料理解説145頁

四、ずわい蟹のひろうす　衣かつぎ　揚げ銀杏

具は大きめに切って混ぜるのがコツ。甘みのある玉ネギの味と食感が楽しめる。ただし大きくしすぎると火の通りが遅くなるので注意。ひろうすは小さくつくればスナック感覚のあてにもなる。

◎ずわい蟹のひろうす

木綿豆腐5丁、ヤマイモ（すりおろし）50g、卵黄1個分、カニのほぐし身200g、玉ネギ1／2個、ショウガ（せん切り）70g、三ツ葉1束、米粉、塩、淡口醤油、味醂、揚げ油

1　木綿豆腐は熱湯でゆでて、しっかり重石をかけてかたく水きりをする。1日冷蔵庫で冷やしてから種をつくると具材の持ちがよい。

2　フードプロセッサーにかけて写真程度までなめらかにしてボウルに移す。

3　ヤマイモ、卵黄をゴムベラで均一に混ぜる。カニを入れてざっくりと混ぜ、塩、淡口醤油、味醂を加えて薄味に調える。

4　玉ネギは繊維を断つように大きめに切り（厚くしないこと）、ざく切りの三ツ葉、針ショウガを合わせる。

5　揚げる直前に4に米粉を混ぜ（米粉は具材の余分な水分を吸ってくれる）、3に合わせてよく混ぜる。

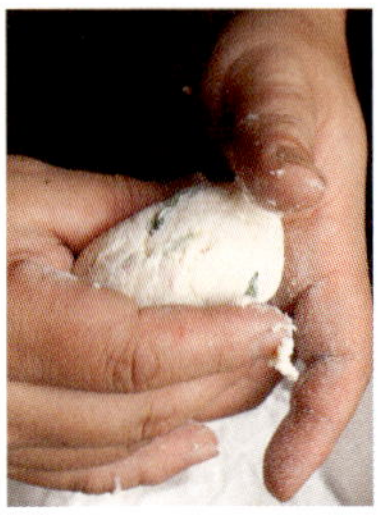

6　丸く取って形を整え、米粉をまぶす。

7　170℃の揚げ油でからりと揚げる。ギンナンも同じ油で揚げる。

8　キツネ色に色よく揚がったら取り出して油をきる。

9　串を刺して、中心の温度で揚げ上がりを確認する。銀杏は甘皮をむいて串を刺す。

◎銀杏、衣かつぎ

銀杏、揚げ油、塩

サトイモ、白ゴマ、塩

1　こぶりのサトイモ（石川小イモ）の天地を切って蒸す。上に白ゴマをまぶし、塩をふる。

◎仕上げ

1　ひろうすを盛り、衣かつぎと揚げ銀杏を添える。

一、穴子のベニエ

アナゴのベニエは内側の身はふっくらと蒸し、外側の衣はさくっと揚げて軽い食感に。

アナゴ（1本180g）、塩
小麦粉、ベニエ衣（小麦粉140g、ビール100cc）、
揚げ油、粉サンショウ、塩
ソラマメ、塩

1 アナゴは背から包丁を入れて裂き、内臓、中骨、ヒレなどを取り除いて、5等分に切る。
2 ベニエ衣をつくる。小麦粉をビールで溶く。

◎仕上げ

1 アナゴに塩を軽くふって小麦粉をまぶし、ベニエ衣をつけて、180℃の揚げ油で揚げる。
2 ベニエに粉サンショウと塩をふる。塩ゆでしたソラマメを添える。

二、〆鯖、赤貝、やり烏賊のサラダ仕立て 土佐酢ジュレがけ

3種の造りとサラダ風にたっぷり盛った薬味野菜に土佐酢のジュレをかけた。全体を混ぜて食べていただく。

◎〆鯖、赤貝、やり烏賊
〆サバ（サバ、塩、酢、昆布）
アカガイ、ヤリイカ

◎土佐酢ジュレ
一番だし2リットル、追いガツオ、酢1リットル、
淡口醤油500cc、味醂500cc、粉ゼラチン35g、
新ショウガ、白ゴマ
薬味野菜＊（カイワレ菜、スプラウト、奴ネギ、ミョウガ、白髪ネギ）
生海苔、花穂紫蘇

＊細かく刻んで水にさらしておく。

◎〆鯖、赤貝、やり烏賊

1 サバは三枚におろし、ベタ塩をあてて1時間半おく。昆布をさした酢に30〜40分間浸けたのち、取り出して冷蔵庫に保管しておく。
2 アカガイは殻をはずしてキモを取り除く。ヤリイカはおろして表皮をむく。

◎土佐酢ジュレ

1 一番だしに追いガツオをして漉し、水で戻した粉ゼラチンを溶かす。酢、濃口醤油を加え、新ショウガのみじん切り、半ずりにした白ゴマを混ぜる。容器に入れて冷やし固める。

◎仕上げ

1 器に水気をきった薬味野菜を盛り、そぎ切りにした〆サバ、切り目を入れたアカガイ、細切りのヤリイカを盛る。
2 泡立て器でくずした土佐酢ジュレをかけ、生海苔、ほぐした花穂紫蘇を散らす。

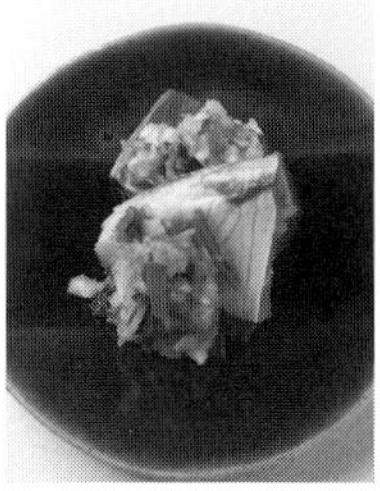

三、

鰤の湯引き　花山葵の醤油漬けと大根おにおろし和え

ブリは湯引きして表面の脂をほどよく落とし、半生に火を入れる。辛みを効かせた花ワサビと、粗くおろした大根でブリをさっぱりと食べていただく。

◎鰤の湯引き
ブリ（厚切り）、塩
◎花山葵の醤油漬け
花ワサビ、砂糖、濃口醤油
大根おにおろし

◎花山葵の醤油漬け

1　花ワサビはざく切りにしてボウルに入れ、砂糖少量でもんで辛みを出す。

2　1の上にサラシをかけ、75℃の湯を上からかけて蓋をして蒸らす。

3　密封容器に移して軽くふって辛みを出し、浸るくらいの濃口醤油に浸ける。長時間おくと香りと辛みが飛ぶので、2～3日で使い切りたい。

◎鰤の湯引き

1　ブリを厚みのある切り身にし、表面に熱湯をかけて湯引きをして水気をふく。半生状態に仕上げたいので、厚みがあったほうがいい。

◎仕上げ

1　大根をおにおろしで粗くおろし、花山葵の醤油漬けを混ぜ、ブリの上にのせる。

四、

里芋の唐揚げ　蟹と三つ葉の餡かけ

味を煮含めたサトイモに米粉をまぶしてかりっと揚げて、具沢山の蟹餡をかけた温かい料理。

◎里芋の唐揚げ
サトイモ、煮汁（だし、淡口醤油、塩、味醂）
米粉、揚げ油
◎蟹と三つ葉の餡かけ
カニ（ほぐし身）、一番だし、塩
三ツ葉（ざく切り）
水溶き片栗粉
ユズ

◎里芋の唐揚げ

1　サトイモは皮を六方にむいて水で下ゆでする。下ゆでしたサトイモを薄味に調えた煮汁で煮て味を含ませる。このまま一晩おく。

2　サトイモを食べやすい大きさに切って米粉をまぶし、１８０℃の揚げ油で揚げる。

◎蟹と三つ葉の餡かけ、仕上げ

1　一番だしを熱し、塩で味をつけ、カニを入れて温める。水溶き片栗粉でとろみをつけ、最後に三ツ葉を加える。

2　器に揚げたてのサトイモを2切れ盛り、熱い餡をかける。ユズの表皮をすりおろしてふる。

五、

鰆の幽庵焼き あぶり筍 こごみ浸し からすみ 有馬山椒

サワラの炭火焼きにタケノコとコゴミを合わせた春の焼物。桜の季節なのでタイを使ってもいいだろう。

◎鰆の幽庵焼き
サワラ(切り身) 1切れ(70g)
幽庵地(濃口醤油1：味醂1：酢1)

◎あぶり筍、こごみ浸し
タケノコ、赤唐辛子、煮汁(だし、塩、淡口醤油)
焼きダレ(タケノコの煮汁2：味醂1：淡口醤油1：酢1)
コゴミ、塩、浸し地(だし、塩、淡口醤油)

カラスミ、有馬山椒

◎鰆の幽庵焼き

1 幽庵地の材料を合わせ、ここにサワラの切り身を1時間半浸ける。
2 余分な水気をふき、串を打って炭火で焼く。幽庵地を何度かぬりながら焼き上げる。

◎あぶり筍、こごみ浸し

1 タケノコの穂先を、水と赤唐辛子でゆでてアクを抜く。出始めの鮮度のよいタケノコは香りが淡くアクが少ないので、ヌカを入れてアク抜きするとヌカ臭くなってタケノコの淡い香りが消えてしまう。米ヌカを入れなくても充分エグミは抜ける。
2 アク抜きしたタケノコを塩と淡口醤油で薄味をつけただしで煮て、味を含める。そのまま冷まし、タケノコを取り出す。
3 2の煮汁に味醂、淡口醤油、酢を入れて焼きダレをつくる。
4 2のタケノコに切り目を入れて、3をぬりながら炭火で焼く。
5 コゴミは塩ゆでして、浸し地に浸して味を含める。

◎仕上げ

1 焼き上がったサワラとタケノコ、コゴミを盛り合わせる。
2 あぶったカラスミと有馬山椒を添える。

六、

金柑の香りをつけたフルーツトマトのお浸しとうるいのお浸し

鰆の炭火焼きとラムラックの間に一品口直しを。甘酸っぱい地に金柑の絞り汁を加えてトマトを浸けた。

フルーツトマト
吸い地(だし、塩、淡口醤油)
甘酢(だし2：砂糖0.5：酢1)
キンカン
ウルイ、塩

1 フルーツトマトは熱湯につけて皮を湯むきする。吸い地1に対して甘酢1を合わせて甘さ控えめに調える。香りづけにキンカンの絞り汁を加え、トマトを3〜4時間浸ける。
2 ウルイは、塩を入れた熱湯でさっとゆでて、薄味の吸い地に浸ける。

◎仕上げ

1 フルーツトマトと切りそろえたウルイを盛り合わせ、キンカンの薄切りを飾る。

七、

ラムの蕗の薹パン粉焼き

骨付きラムに和風ハーブのフキノトウを加えたタプナードをぬり、その上にパルミジャーノを混ぜたパン粉をのせて焼き上げた。通常タプナードはニンニクを入れるが、フキノトウの香りを生かすために入れずにつくる。

◎ラムラック

（２人前）

ラムラック　２骨分

オリーブ油、ニンニク

フキノトウ入りタプナード

パルミジャーノチーズ（すりおろし）、パン粉

◎フキノトウ入りタプナード

フキノトウ小24個、黒オリーブ２缶（５００ｇ）、アンチョビーフィレ４枚、ケッパー２瓶（１３０ｇ）、オリーブ油適量

◎芽キャベツ、新玉ネギ

芽キャベツ、無塩バター

新玉ネギ、マリネ液（濃口醤油、酢、水、味醂、赤唐辛子）

◎フキノトウ入りタプナード

１　フキノトウはみじん切りにして水にしばらくさらしてアクを抜き、さっとゆでて水気を絞っておく。タプナードの材料をすべて合わせてミキサーにかける。

◎ラムラック

１　ラムラックは２人前（２骨分）に切り分けて塩、コショウをする。

２　オリーブ油をひいたフライパンにつぶしたニンニクを入れて温め、香りが出たらラムを入れる。

３　脂側から焼き始めてラムの脂を出し、表面全体を均等に焼いて火を入れる。フライパンにあたりにくい部分や骨の近くはスプーンで油をかけながらじっくり焼く。30分間ほどかけて均等に火を入れてロゼに焼き上げる。

４　１６０～１８０℃のオーブンで３～４分間加熱し、肉全体の温度を上げる。取り出してアルミホイルで包み、温かいところにおいて余熱で火を通す。

◎芽キャベツ、新玉ネギ

１　芽キャベツは下ゆでして半分に切り、バターでソテーする。

２　新玉ネギはくし形に切って容器に入れる。マリネ液を合わせて沸かし、新玉ネギが完全に浸かるまでたっぷり注いでそのまま冷ます。

◎仕上げ

１　ラムラックにフキノトウ入りタプナードをぬり、少量のパルミジャーノチーズを加えたパン粉をふって、１６０～１８０℃のオーブンに入れる。パン粉に焼き色がついたら取り出す。

２　食べやすいようラムを骨から切りはずして盛る。芽キャベツと新玉ネギを添える。

八、

グリーンピースご飯
味噌汁　香の物（解説省略）

グリーンピースの緑色が春らしいご飯。鮮やかな色を残したいので、別にゆでて最後にのせるが、かわりにサヤをのせてご飯を炊き、香りを移す。

米（研いで水をきって冷蔵保存）7合
炊き地（昆布だし7合、塩適量）
グリーンピース（サヤつき）　２５０g、塩、重曹少量

1　塩を入れた熱湯にむいたグリーンピースを入れてゆで、柔らかくなったら重曹を1つまみ入れて火からおろして冷ます。
2　土鍋に米を入れ、炊き地を注ぐ。1ではずしたグリーンピースのサヤを一緒に入れて炊き、グリーンピースの香りを移す。沸くまで強火、沸いたら中火にして12～13分間炊き、火を止めて蒸らし、最後に1のグリーンピースをご飯一面に敷いて温める。

九、

蜜柑のゼリーとユズのグラニテ

デザートは好みで選べるように、さっぱりしたものから、コクのあるものまでそろえている。ちなみに本日のデザートはこのほかに「紅玉のクラフティ」「練乳のブランマンジェ 苺と赤ワインのスープ」「プリンとキャラメルアイス ラム酒がけ」。

◎蜜柑のゼリー
夏ミカン、イヨカン、ハッサク、日向夏
ゼリー液（水７２０cc、白ワイン９００cc、砂糖３００g、板ゼラチン30g）
◎ユズのグラニテ
水５００cc、ミカンの果汁３４０cc、ユズのリキュール１８０cc、砂糖１６０g
ミントの葉
温州ミカン（冷凍）

◎蜜柑のゼリー
1　各種ミカンは皮をむき、袋から果肉を取り出す。残った袋から果汁を絞っておく。種類の違うものを数種類そろえて、味と食感、色に変化をつける。
2　ゼリー液をつくる。水、白ワイン、砂糖を鍋に入れて温めて溶かし、水で戻した板ゼラチンを溶かす。
3　保存容器に1の各種ミカンを食べやすい大きさに切って入れ、固まる直前の2のゼリー液をミカンが浸るくらいまで注ぐ。あまり多くしすぎないように。つなぎ程度で充分。

◎ユズのグラニテ
1　蜜柑のゼリー1で絞った果汁に水とユズのリキュールを加え、ほんのり甘くなるくらいの砂糖を加える。
2　1を容器に入れて、途中で数回かき混ぜながら、冷凍庫で凍らせる。

◎仕上げ
1　グラスに蜜柑のゼリーを6分目ほど盛る。その上にミントの葉を混ぜたユズのグラニテを粗くかいて盛る。
2　丸ごと冷凍した温州ミカンのすりおろしを上にたっぷりふる。

9月のコース

一、

ホッキ貝、わけぎ、鳴門若布、生クラゲの芥子酢味噌

和えるのは提供直前に。芥子を効かせると、ホッキガイの味が引き立つ。

ホッキガイ、生クラゲ
ワカメ、ワケギ
◎芥子酢味噌
白味噌、和芥子、酢（千鳥酢）、淡口醤油

1　ホッキガイの殻をはずし、薄く半分にそぐ。キモは熱湯でさっと湯引きする。
2　生クラゲ、戻したワカメ、下ゆでしたワケギの水気を絞って、食べやすく切る。

◎芥子酢味噌

1　材料をすべてすり混ぜる。和芥子は強めに効かせる（白味噌の1割程度が目安）。ホッキガイに合うように味を調える。

◎仕上げ

1　提供時に材料を芥子酢味噌で和える。
2　器に盛って提供する。

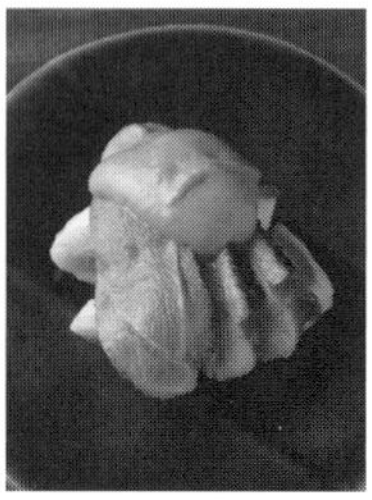

二、

鴨と無花果　利久餡

鴨と相性がよいイチジクを合わせ、イチジクに合う利久餡をかけた。餡の仕上げにラー油を数滴たらすと、味のキレがよくなる。

◎鴨
鴨（胸肉）
浸け地（水、濃口醤油、味醂）
◎利久餡
ゴマペースト、淡口醤油、砂糖、ラー油
イチジク

◎鴨

1　鴨を焼く。皮目に包丁の切っ先で切り目を数カ所入れて、フライパンで皮側から弱火でじっくり焼いてぱりっとさせる。身側はさっと焼く程度。
2　熱いうちに浸け地に浸けて、余熱で火を通し、ロゼに仕上げる。

◎利休餡

1　ゴマペーストに淡口醤油、砂糖を混ぜ、水を少量加えてのばす。
2　仕上げにラー油を数滴たらす。

◎仕上げ

1　鴨を薄切りにする。イチジクを6等分のくし形に切り、器に2切れ盛り、鴨を3切れ上にのせる。上から利久餡をかける。

三、

平目からすみまぶし　松輪の〆鯖　炙り秋刀魚

一手間かけた3種造りの盛り合せ。あぶったサンマには、肝でつくった醤油を合わせる。

ヒラメ、塩、昆布、カラスミ
サバ、塩、昆布、酢
サンマ、塩
肝醤油＊（サンマの肝、濃口醤油）
ミョウガ、万能ネギ、紅タデ、長ネギ、花穂紫蘇
山葵

＊サンマの肝と濃口醤油を合わせて裏漉ししたもの。

◎ヒラメ、サバ、サンマ

1　魚はすべて水洗いしてサク取りしておく。ヒラメは薄塩をあてて昆布ではさみ、一晩冷蔵庫でねかせる。

2　サバはべた塩をあてて1時間おく。酢に昆布をさし、酸味を和らげるために水で割る。ここに塩を洗ったサバを20～30分間浸けて取り出す。

3　サンマは薄塩をあてて表面をバーナーであぶる。中に火が入らないよう表面のみ。

◎仕上げ

1　ヒラメはそぎ造りにして、すりおろしたカラスミをまぶす。サバは皮をむいて平造りにする。サンマは食べやすく切る。

2　つまを盛り、3種の造りを盛り合わせ、花穂紫蘇と山葵を添える。サンマには肝醤油を別につける。

五、

鱧と焼き茄子と松茸のココット蒸し

土瓶蒸しのココット版。一度に多人数分をガスコンロにかけられないので、オーブンを使う。

ハモ、ナス、マツタケ
吸い地（だし、塩、味醂）
ミョウガ（薄切り）、スダチ

1　ハモはおろして骨切りをし、一口大に落とす。直火であぶる。

2　ナスは皮を直火で黒く焼いて、そのまま冷まして皮をむき、食べやすく切る。

3　ココットにハモ、焼きナス、マツタケを盛り、熱した吸い地を注ぐ。

4　蓋をして１８０℃のオーブンで3分間加熱する。

5　ココットを取り出し、ミョウガとスダチを添える。

六、

キノコとホウレン草の浸し

キノコ類はゆでると水っぽくなるので、焼いて水分を飛ばして味を凝縮させた。浸し地にカボスの絞り汁を加えてさわやかに。

シイタケ、マイタケ、シメジタケ、エノキダケ
ホウレンソウ
浸し地（だし、淡口醤油、塩、スダチ果汁）
青ユズ

1　キノコ類はすべて網焼きし、食べやすいように細かく切る。ホウレンソウはゆでて氷水にとる。

2　浸し地をつくる。だしに淡口醤油、塩を入れて沸かし、薄味をつけ、冷めたらスダチの絞り汁を加える。

3　キノコとホウレンソウを浸し地に浸けておく。

4　提供時に盛りつけ、青ユズの皮のせん切りを散らす。

七、

霧島豚の炭火焼き

肉は塊で焼くと薄い肉よりもゆっくり火が入り、コントロールしやすい。「太」ではコースの終盤に牛肉や鶏肉、豚肉などの炭火焼きを一品入れている。

（４人前）

◎豚の炭火焼き

豚肩ロース肉３００ｇ、塩、コショウ

◎レンコン、万願寺唐辛子、ナス

レンコン、酢、揚げ油

万願寺唐辛子、濃口醤油

ナス、揚げ油

浸し地（だし、濃口醤油、味醂、薄切りのショウガ）

◎ちり酢

酢、淡口醤油、大根おろし、万能ネギ

◎豚の炭火焼き

１　豚肩ロース肉は室温に戻す。塊で焼くので、中心まで室温に戻しておくこと。

２　豚肉に塩、コショウをふって、弱火で焼いていく。必要ならば丸めたアルミホイルをあてて、全面から均等に火を入れる。

◎レンコン、万願寺唐辛子、ナス

１　レンコンは輪切りにし、酢を加えた湯で下ゆでする。水気をきって１７０℃の油で素揚げする。

２　万願寺唐辛子は炭火で焼く。仕上がりに濃口醤油をたらす。

３　ナスは１７０℃の油で揚げ、浸し地につけて味を含ませる。

◎ちり酢

１　大根はおにおろしで粗くおろし、小口切りの万能ネギを混ぜ、酢、淡口醤油で味をつける。

◎仕上げ

１　豚肩ロース肉を切り分け、レンコン、万願寺唐辛子、ナスを盛り合わせ、ちり酢を添える。

八、

鮭いくら　じゃこ
御飯　味噌汁　香の物（解説省略）

新米が出回る秋は、真っ白い銀シャリがご馳走。旬のいくら醤油漬けやちりめんじゃこを添えてすすめる。人数ごとに土鍋で炊き、蒸らし終えたご飯の蓋を客席で開けて立ち上る米の香りを楽しんでいただく。

◎ご飯（２人前）

米（研いで水をきって冷蔵保存）　１・５合

水　１・３合

◎いくらの醤油漬け

イクラ

浸け地（煮きり味醂１、濃口醤油２、煮きり酒１）

◎ちりめんじゃこの山椒煮

チリメンジャコ

味醂、淡口醤油、実山椒

◎ご飯

１　米は研いで水気をきって冷蔵保存する。

２　土鍋に1の米と分量の水を注ぎ、強火にかける。沸いたら弱火にして12分間かけて炊く。火を止めて蒸らす。

◎いくらの醤油漬け

１　イクラの薄皮をはずす。

２　浸け地を合わせて、イクラを1日半ほど浸けて汁気をきっておく。

◎ちりめんじゃこの山椒煮

１　チリメンジャコを鍋に入れ、味醂、淡口醤油で味をつけ、きざんだ実山椒少量を加えて、汁気がなくなるまでじっくり炊く。

九、

白胡麻のブランマンジェ ほうじ茶のアイス 炊いた小豆を添えて

デザートは常時3～4品用意し、好みの1品を選んでもらう。ちなみにこの日は、ブランマンジェのほかに「生チョコのテリーヌ コーヒーのソースとキャラメルのアイス」「ぶどうとレモンのグラニテ ライチとミントの香り」というラインアップ。

◎白胡麻のブランマンジェ
白ゴマ60g、牛乳1600cc、板ゼラチン20g、グラニュー糖160g、生クリーム560cc

◎ほうじ茶のアイス
ほうじ茶茶葉30g、牛乳1リットル、卵黄12個分、グラニュー糖220g

ゆで小豆

◎白胡麻のブランマンジェ

1 白ゴマをフライパンで煎ってミルで挽く。

2 牛乳を火にかけ、沸騰直前に1を入れて蓋をする。30分間蒸らして、香りと味を抽出する。

3 水で戻した板ゼラチンと砂糖、生クリームを2に加え、プリン型に流して冷やし固める。

◎ほうじ茶のアイス

1 ほうじ茶茶葉を牛乳に浸し、蒸し器で30分間蒸して抽出する。冷めたら漉しておく。

2 卵黄とグラニュー糖をボウルに入れて泡立て器ですり混ぜ、1の牛乳を入れて火にかけ、82～83℃になるまで熱し、適度なとろみがついたら漉してアングレーズをつくる。この段階でしっかり火を入れると、なめらかに仕上がる。

3 ポットに入れて冷凍庫で冷やし固める。途中何度か混ぜて空気を入れ、アイスをつくる。

◎仕上げ

1 白胡麻のブランマンジェをカップからはずし、ゆでた小豆をのせる。ほうじ茶のアイスをクープにとって添える。

「有いち」

有いち
橘 光太郎

東京都杉並区上荻1-6-10
電話03-3392-4578
営業時間／17:30～23:00
定休日／日、祝の月曜

開店／2007年10月
店舗規模／9・6坪、客席数17席
（カウンター7席、テーブル席4席×2卓、2席×1卓）
従業員数／厨房2名、サービス2名
料理／コース6000円（10品）、7000円（10品）、8000円（10品）、特別コース 1万2000円（10品）、一品料理
客単価／8500円
食材原価率／29％

「有いち」主力のコース

熱い料理あり、冷たい料理あり。淡い味あり、濃厚な味あり。考えつくされた10品のコース料理が「有いち」の主軸だ。その多彩さ、しっかりとしたボリューム感が近隣の常連客をがっちりとつかんでいる。

まず最初に出てくるのは貝の潮汁。凝縮された貝の濃厚な旨みがお腹に染みわたっていく。食事のウォームアップとしてうってつけの温かくて身体にやさしい味だ。

お造りは2皿構成。1皿目はつけ醤油や盛りつけをアレンジした遊び心のあるお造り。2皿目は分厚く切った2種の魚介をたっぷりと盛りつける正統派。使用する魚種は合計3種と多いわけで

天井の和紙は橘氏が自ら京都に出かけて捜し求めたもの。
細やかなこだわりが各所に見られる。

はないが、2皿に分けることで価値がぐんと上がり、飽きずに食べられる。

　そして山場の一つである八寸。朝から晩まで仕込まないと間に合わないというほどの体力勝負の一品だが、お客さまからは大好評だ。珍味や和え物、おしのぎの寿司など7～10種類程度の酒肴を少しずつ楽しめる。

　そして食事は定番の手打ちの冷たい辛みおろしそば。暑い夏も、寒い冬も食事のあとは冷たいそばがよろこばれる。そばは15～20秒でゆで上がるので、待たせることなく素早く提供できるので重宝だという。

　コース料理は4種あり、価格によって内容は変わるが、いずれも品数は同じだ。一番人気は本書で紹介する７０００円のコース。その下の６０００円のコースは店を知ってもらうために設定した、いわば体験版という位置づけだ。

「初めてのお客さまは8割がたこのコースを選びますが、次の来店時にはその上のコースを選んでくれるんです」と主人の橘光太郎氏。

　住宅地域という土地柄、接待需要は見込めない場所なので、プライベートで楽しんでもらえるぎりぎりの価格を設定した。開業当時は４５００円と６０００円でスタートしたが、8年間で少しずつ価格を上げていったという。

　コース料理のほかに、遅い時間帯に訪れるお客さまのために、軽くつまめる一品料理も準備している。

駅前ロータリーの一角に店を出す

　JR荻窪駅北口ロータリー内のバス乗り場脇に、周囲の雰囲気とはまったく相容れない小さな表札と暖簾がかかった引き戸がある。これが「有いち」の入口だ。

　最初の来店時には店の場所がわからないのではないかと思われるほど、おどろくような立地である。外からみた店の2階部分は全面が金物屋の大きな看板でおおわれている。

電車やバスの乗降客が終日行きかい、店前通行量は非常に多い場所で、周囲の喧騒に埋もれてしまいそうなひっそりとした店構えだ。

しかし一歩店内に入ると、そこは外とは別世界。使い込まれた木のカウンターやテーブル、温かい色調の照明の店内はレトロな雰囲気さえ漂っている。

2007年10月。橘氏は28歳で開業した。もともと父親が営んでいる金物店の半分を改装。1階は客席と厨房、2階は化粧室とそば打ち場、従業員の更衣室、器の収納庫になっている。

店内の内装は、ほぼすべて手づくりだ。テーブルやカウンターや床の木材、壁の竹材、和紙などは、休みの日を利用して2年以上かけて探し回って集めた。塗り壁だけは本職に頼んだものの、そのほかは友人や家族など身内だけで仕上げたという。

「以前修業していた人形町の『きく家』の親方が手づくりの内装が大好きな方で、その下で仕事をしていたので、見よう見まねですが」と橘氏。

開業前の準備――きく家で学んだこと

橘氏は東京・阿佐ヶ谷の出身で、大学生のころから自宅近くの飲食店でアルバイトをしていた。

最初の2年は阿佐ヶ谷の「みや野」という日本料理店。この店でそばの手打ちを学んだという。そのあとの2年はやきとりの名店「バードランド」（現在は銀座に移転）。学生時代にすでに手打ちそばと炭火焼きを経験している。

そして卒業後、アルバイト先の「バードランド」の店主の和田利弘氏が、以前から交流があった「きく家」の親方である志賀真二氏を紹介してくれた。

きく家では4年間修業を積んだ。親方と女将に見込まれ、最後の2年で支店「きく家はなれ」の立ち上げに関わるのだが、このとき橘氏は終始近くで店づくりを見てきた。「はなれ」の経験が「有いち」の開業に非常に役に立ったという。

家業の金物屋を改装して日本料理店を開業しようと決めてから、3～4年ほどかけて細部にわたって店づくりの計画を立てた。なかでも厨房の動線は店の生命線となるほど重要なものなので、厨房の広さと必要な従業員数を割り出して、細心の注意を払ってレイアウトをした。

厨房内に2名入ることを想定して、火元は向かって右側に集約。煮炊き物のあとの鍋などは、ガスコンロの左に設置したシンクの中にそのまま下げられるようにした。洗い物は極力客席から見えないところに納めたかったという。

一方前菜や八寸の盛りつけなどは向かって左側で作業をすることになるので、カウンターの左右両側をあけて、サービススタッフが双方から出入りできるようにした。スムーズに料理を提供できるようにという考えからだ。

そのほか、厨房内の冷蔵庫や戸棚、引き出しの大きさに至るまで、計画から寸分の狂いもないよう緻密に測って用意し、配置した。

「大きな店ではありませんから、無駄なスペースや隙間は極力排除して動きやすさを優先させました」

2階への階段。上には化粧室、そば打ち場、更衣室などがある。

カウンターから見た厨房。右手に火元を集約する。使いやすい位置に鍋の寸法に合わせた棚を取りつけた。コンロの左側には洗い物用のシンクを設置。厨房の出入口には紺色の暖簾をかけてある。反対側にも同じように出入口を設けた。

にぎやかな荻窪北口駅前ロータリーの一角にひっそりと店を構える「有いち」。

主人の橘光太郎氏。店名の「有いち」は大好きだった祖父の名前をいただいた。

すべてが手づくりの内装。写真は2階への階段を上がりきったところ。

2階奥の蕎麦打ち場。見えているのは製粉器。左奥に蕎麦打ち台がある。廊下の右側は器の収納庫になっている。

将来を見据えて鮮魚流通会社へ就職

「きく家」を辞めたあと、独立開業を見据えて橘氏が選んだ次のステップは、鮮魚流通会社への就職だった。日本料理店をやっていく上で欠かせない鮮魚流通のしくみを知っておきたいと考えたのだ。この会社で高級食品スーパーの鮮魚部門の担当となり、3年間勤めた。

　鮮魚流通の実情を知り、仕入先の情報などを集め、築地の仲卸とのつながりもできた。現在、食材の仕入れは週に2～3日築地に通い、複数店の仲卸と取り引きをしている。京野菜やタケノコなど産地にこだわるものは、京都から直接仕入れているという。

　食材の仕入価格は波があるものだが、なるべく一定にするために、橘氏は1週間の仕入額を決めている。また器についても仕入額を決めて2ヵ月ごとに新しいものを購入している。

「だいたい2ヵ月ごとに1アイテム5枚（客）ずつ買い足しています。日本料理店にとって器は料理同様に大切。破損しないからといって、通年同じものを使っていてはダメなので定期的に購入しています」

　開業までに献立を365日分用意し、仕入先を探り、思うような店もできた。ありとあらゆる手を尽くして開店した「有いち」。3年たったころからようやく毎日席が埋まるようになって、8年たった今、月1回のペースで来店するリピーターが3割を占めるまでになった。

「最近やっと地元に根づいた店になれたと実感できるようになりました」と橘氏は話す。

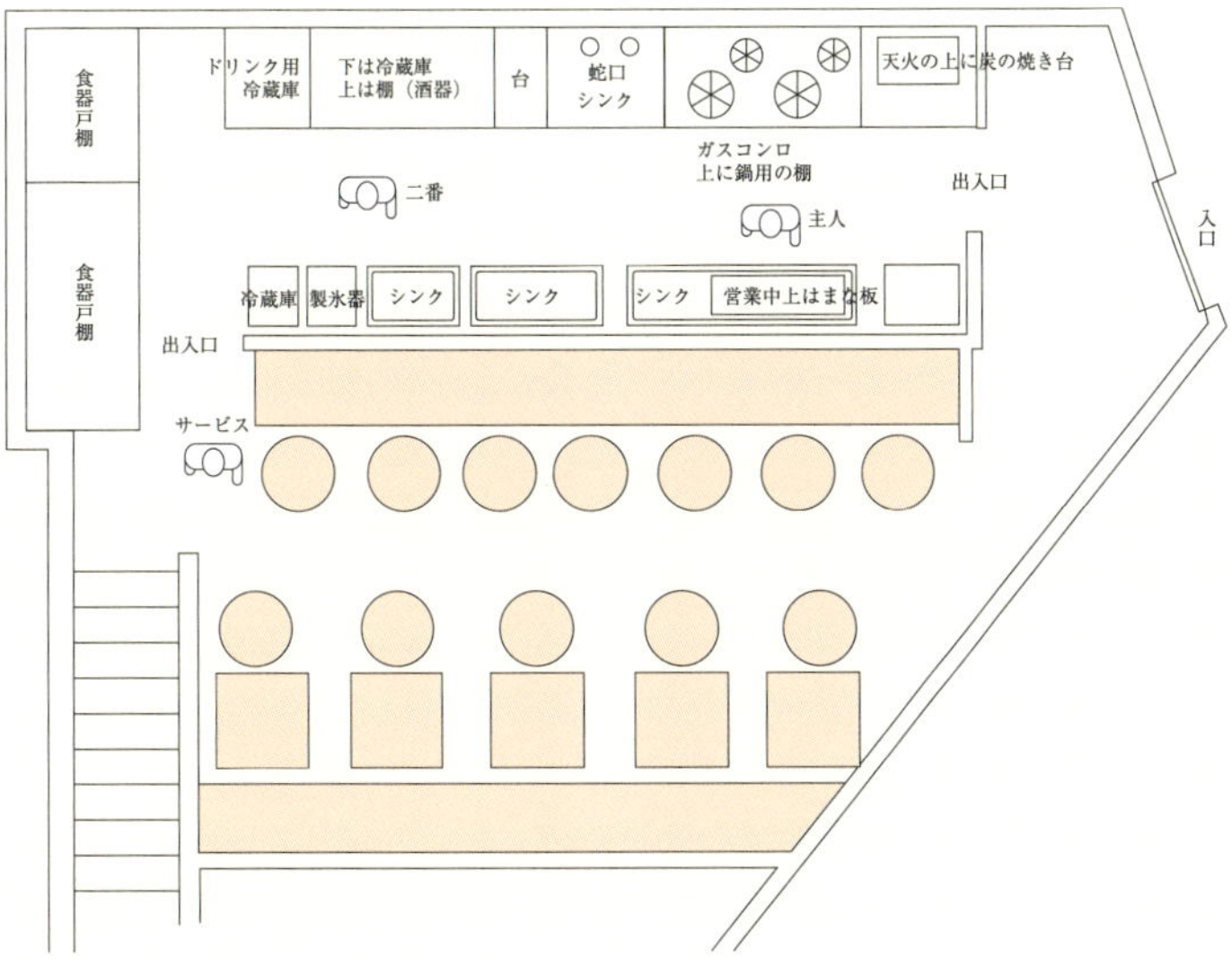

厨房はすべての備品と作業台がぴったりと隙間なく配置されている。向かって右側に主人、左側に二番が立つ。主人はおもに火を使う煮炊きものと焼物、カウンター前で刺身を引く。二番のおもな仕事は仕上げの盛りつけと和え物や酢の物、甘味など。

火元は右から天火と炭火の焼き台、左隣にガスコンロ4口。その左にシンク。作業台を1つ間において、その隣に冷蔵庫、ドリンク用の冷蔵庫が続く。厨房の両側には出入口を設けて、双方から料理が出せるようにした。厨房の左側に充分なスペースをとって食器用の棚を置いている。

化粧室は左手階段をのぼった2階にある。

有いち
4月のコース
7000円

「有いち」のコースは6000円、7000円、8000円、1万2000円。いずれのコースも10品で構成されている。違いは使用する素材や部位を変えて料理内容を変える点。どのコースもたっぷりした分量でお客さまに満足感を与える点は共通している。

一番人気があるのはここで紹介する7000円のコースだ。1万2000円の特別コース（「鱧」「京竹の子」「天然トラフグ」「すっぽん」などの高級素材のコース）はあまり多く出ないが、まったくゼロというわけではないので、売上げを上げるために用意している。

コースの組み立てはその月によって変わる。先付を2品出すこともあるし、終盤で炊合せなどを入れることもある。臨機応変に組み替えているが、コースにおけるトータルの満足感は変わらないように調整している。

2皿に分けて出す造りと7～10品程度盛り込んだ八寸で前半にコースの山場をつくっている。日本料理の基本をはずさず、お客さまを飽きさせないように工夫した献立の流れが好評だ。

一、先付
蛤の潮汁
料理解説161頁

二、造り一品目
鰹のづけ
薬味野菜のサラダ
行者にんにく醤油
料理解説160頁

五、八寸

赤貝　浜防風　浅葱のぬた
車海老　えんどう豆　さやいんげん
ほたるいか　筍　独活　のびる
　木の芽味噌和え
もずく酢　栄螺　花穂紫蘇
飯蛸の旨煮　つくし
春子鯛の小袖寿司
こごみと新牛蒡の胡桃和え

料理解説162頁

三、造り二品目

ひらまさ　桜鯛
　土佐醤油
　鯛肝醤油　ちり酢

料理解説161頁

四、蒸物

筍　蕨
胡麻豆腐
新わかめ
　葛餡かけ

料理解説161頁

六、椀物

新じゃがいも　新玉葱　新牛蒡の焼き飛龍頭
筍姫皮　新わかめ　新蕗　青ゆず

料理解説164頁

コースに合う酒

紀土　純米大吟醸（和歌山）
繁桝　吟のさと 特別純米（福岡）
神亀 小鳥のさえずり　純米吟醸（埼玉）

七、焼物

桜鱒の塩焼き　揚げ筍　蕗

料理解説164頁

八、お浸し

新玉葱と根三つ葉のお浸し

料理解説165頁

九、食事

辛み大根のおろしそば

料理解説165頁

十、甘味

プリン キャラメルソース

料理解説165頁

有いち 11月のコース 7000円

一、先付一品目
しじみの葛湯
料理解説166頁

二、先付二品目
そば豆腐 山葵 そばつゆ
料理解説166頁

五、酢の物
せいこ蟹 蟹酢
料理解説167頁

三、造り一品目
平目のへぎ造り 平目の肝 橙ジュレ
紅葉おろし 万能ねぎ 黄菊
料理解説166頁

四、造り二品目
しめ鯖 鰤
料理解説167頁

六、八寸
イクラ醤油漬け 五目野菜の白和え 秋刀魚寿司
からすみ 車海老 牛蒡とルーコラの胡桃和え
イカの塩辛 赤貝と焼きかぶの酢味噌がけ
なまこ酢 もずく山芋ととんぶり
料理解説167頁

七、椀物
蓮根饅頭と焼き穴子
むかご　銀杏　しめじ茸
ねり梅　柚子
料理解説169頁

八、焼物
鰆の柚庵焼き
料理解説169頁

コースに合う酒
白鴻　特別純米酒60（広島）
誠鏡　純米（広島）
宗玄　特別純米（石川）

九、炊合せ
聖護院大根
海老芋　菊菜
針柚子

料理解説170頁

十、食事
辛み大根のおろしそば

料理解説165頁

十一、甘味
杏仁豆腐　小豆餡　苺

料理解説170頁

一品料理

桜鯛の酒蒸し（2人前）
料理解説171頁

行者にんにく焼きむすび
新玉葱のぬか漬け
料理解説171頁

栄螺ともずくの酢の物（2人前）
料理解説171頁

ほたるいかと
ホワイトアスパラの
蕗味噌田楽（2人前）
料理解説171頁

だし巻き玉子
染おろし（2人前）

料理解説172頁

アナゴ白焼き
塩 山葵（2人前）

料理解説172頁

秋刀魚棒寿司
酢橘 肝だれ
（2人前）

料理解説168頁

柚子釜蒸し
銀餡

料理解説172頁

二、造り一品目

鰹のづけ　薬味野菜のサラダ
行者にんにく醤油

造りの一品目は行者ニンニク醤油に浸けた鰹のづけ。薬味野菜をサラダ仕立てにして添え、行者ニンニク醤油をドレッシング風にアレンジした。

◎鰹のづけ

カツオ、塩、行者ニンニク醤油

1　カツオは節おろしにし、薄塩をふる。串を打って皮目のみをあぶり、すぐに冷蔵庫で冷やす。
2　厚めの平造りにし、行者ニンニク醤油に10分間浸ける。

◎薬味野菜のサラダ

新玉ネギ（薄切り）、新ミョウガ（薄切り）、カイワレ菜
トマト、岩塩

1　新玉ネギ、新ミョウガ、カイワレ菜をさっくりと混ぜる。トマトはくし形に切る。

◎行者ニンニク醤油

行者ニンニク150g、太白胡麻油180cc、日本酒180cc、濃口醤油360cc

1　均等に熱がいきわたるように行者ニンニクを重ならないようにバットに並べる。

2　胡麻油を180℃に熱する。

3　日本酒を火にかけて、沸いたら火を入れてアルコールを飛ばす。

4　3に濃口醤油を加えて沸かす。

5　1の行者ニンニクに2の胡麻油をまんべんなくかける。

6　沸かした4を注ぐ。このまま粗熱をとってラップフィルムをかけて一晩おく。

7　一晩おいた行者ニンニク醤油。浸けた行者ニンニクは刻んでおむすびやチャーハンなどに混ぜたり、そのままつまみにしてもよい。密封して冷蔵保存すれば2カ月ほど日持ちする。

◎仕上げ

1　薬味野菜のサラダを小高く盛り、手前にカツオを重ねて盛る。岩塩を添えたトマト、醤油に浸けた行者ニンニクを食べやすく切って添える。
2　行者ニンニク醤油に酢を加えてドレッシングをつくり、サラダにかける。

一、先付

蛤の潮汁

春は江戸前の本ハマグリの身がぷっくりとふくらんで旨みをたくわえる旬の季節。味つけなしで、ハマグリ本来の旨みを味わっていただく。

ハマグリ（江戸前千葉産）　1人前1個
水3：日本酒1、昆布

1　ハマグリは3%の塩水に浸けて冷蔵庫に2～3時間ほどおいて砂抜きをする。
2　鍋に水、日本酒、昆布を入れ、ハマグリを人数分入れて火にかける。
3　一煮立ちして殻が開いたら、火を止めて椀に盛る。

二、造り一品目

鰹のづけ　薬味野菜のサラダ　行者にんにく醤油（→１６０頁）

三、造り二品目

ひらまさ　桜鯛　土佐醤油　鯛肝醤油　ちり酢

一皿目で造りをアレンジしたので、二皿目はオーソドックスな2種盛りに。3種類のつけ醤油を用意して味わいに変化をつけた。

ヒラマサ、サクラダイ、サクラダイの皮
大根、大葉、スプラウト、花穂紫蘇
山葵、紅タデ
土佐醤油、ちり酢、鯛肝醤油（タイの肝、煮きり酒1：濃口醤油1）

1　ヒラマサとタイを水洗いしてサク取りする。ヒラマサは平造りに、タイはへぎ造りにする。タイの皮は湯引きして氷水に落とす。冷めたら水気をふいておく。
2　鯛肝醤油をつくる。タイの肝を裏漉しし、煮きり酒と濃口醤油を混ぜる。

◎仕上げ
1　大葉を敷き、スプラウトを混ぜた大根けんを盛り、ヒラマサとサクラダイを盛る。手前に皮を添えて、ほぐした花穂紫蘇を散らす。山葵と紅タデを添える。
2　別の小皿で土佐醤油、ちり酢、鯛肝醤油を添える。

四、蒸物

筍　蕨　胡麻豆腐　新わかめ　葛餡かけ

春の定番、若竹（ワカメとタケノコ）を蒸し物に。タケノコの姫皮を煮出しただしで銀餡を仕立て、タケノコの香りを移した。

◎胡麻豆腐
ゴマペースト50g、昆布だし６００cc、葛粉１００g、塩少量

◎筍
タケノコ（アク抜き）
煮汁（一番だし、塩、淡口醤油）

◎蕨
ワラビ（アク抜き）
濃口八方だし（だし２００cc、味醂50cc、濃口醤油50cc）

◎新わかめ
ワカメ、八方だし（だし３６０cc、味醂60cc、淡口醤油60cc）

◎銀餡
だし、タケノコの皮や姫皮、葛粉
塩、淡口醤油

木ノ芽

◎胡麻豆腐

1　胡麻豆腐の材料をすべて合わせて火にかける。沸いてきたら中火にしてなめらかになるまで木杓子で練る。

2　生地に火が入ったら、流し缶に流し入れて冷やし固める。

◎筍、蕨、新わかめ

1　アク抜きしたタケノコを適宜に切り分け、塩、淡口醤油で味をつけただしで煮含める。そのまま冷まして味を含ませる。

2　濃口八方だしを沸かしてアク抜きしたワラビを入れ、火を止めて一晩おいて味を含ませる。

3　ワカメは熱湯にくぐらせて茎などを切りはずし、一口大に切る。冷たい八方だしに一晩浸ける。

◎銀餡

1　だし（昆布を強めにひく）にタケノコの姫皮や皮などを入れて10分間ほど煮て風味をつける。

2　皮を取り出し、水で溶いた葛粉を加えて濃いめのとろみをつける。塩と淡口醤油で淡い味をつける。

◎仕上げ

1　胡麻豆腐を切り出して器に盛り、タケノコ、ワラビ、新ワカメを盛り合わせて蒸し器で蒸す。

2　熱した銀餡をたっぷりかけ、木ノ芽を添える。

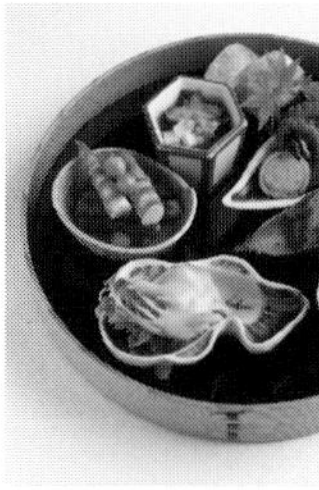

五、八寸

赤貝　浜防風　浅葱のぬた
車海老　えんどう豆　さやいんげん
ほたるいか　筍　独活　のびる
**　木の芽味噌和え**
もずく酢　栄螺　花穂紫蘇
飯蛸の旨煮　つくし
春子鯛の小袖寿司
こごみと新牛蒡の胡桃和え

曲物に七種類の酒肴を盛り込んだ。有いちの八寸の定番料理のもずく酢と胡桃和えは、その季節の食材でアレンジして仕上げている。

◎赤貝　浜防風　浅葱のぬた

アカガイ、塩
ハマボウフウ、アサツキ
酢味噌（白味噌3：酢1：砂糖0・5：煮きり味醂0・5）

1　アカガイは殻をはずしてヒモを取り除き、身を塩みがきして切り開き、中のワタをそぎ取って一口大に切る。

2　ハマボウフウは提供直前に熱湯でさっとゆでる。しゃきしゃきした歯応えを残すこと。

3　アサツキは長いまま熱湯でゆがいて、手でしごいて内側のヌメリを取る。

4　酢味噌をつくる。材料をすべて合わせてよく混ぜる。

5　提供時にアカガイ、ハマボウフウ、アサツキを盛り合わせて酢味噌を添える。

◎車海老　えんどう豆　さやいんげん

活クルマエビ、塩
エンドウマメ、酒塩
サヤインゲン、塩、浸し地（一番だし、塩、淡口醤油、味醂）

1　クルマエビは殻つきのまま背ワタを抜き、のし串を打つ。昆布だしに少量の塩を加えて熱し、クルマエビをゆでる。取り出して頭殻と殻をむく。ゆでた昆布だしにつぶした殻と身を戻して浸けておく。

2　エンドウマメはサヤをはずし、濃いめの酒塩でゆでる。柔らかくなったらここに昆布だしを加えて塩分濃度を調節してマメを浸けておくとシワがよらない。

3　サヤインゲンは濃いめの塩水で柔らかくゆでて、塩、淡口醤油、味醂で薄く味をつけた一番だしに浸けておく。

4　提供時にエビ、エンドウマメ、サヤインゲンを盛り合わせて、サヤインゲンの地を注ぐ。

◎ほたるいか　筍　独活　のびる　木の芽味噌和え

ホタルイカ（ボイル）
タケノコ（アク抜き）、煮汁（一番だし、塩、淡口醤油、砂糖）
山ウド、ノビル、酢、塩
木の芽味噌（木ノ芽、白味噌、砂糖、淡口醤油、煮きり味醂）

1　ホタルイカは目と口を取る。
2　タケノコは一番だしに塩、淡口醤油、砂糖を加えた煮汁で煮含める。
3　山ウドは食べやすく切って酢水に浸ける。ノビルは塩ゆでする。
4　木の芽味噌をつくる。たっぷりの木ノ芽をすり鉢でざっくりとすり、白味噌をつなぎ程度に加えて、砂糖、淡口醤油、煮きり味醂で味をつける。
5　提供時、ホタルイカ、タケノコ、山ウドを木の芽味噌で和え、ノビルを添える。

◎もずく酢　栄螺　花穂紫蘇

絹モズク（能登・七尾産）、甘酢（昆布だし3：酢1：砂糖1：煮きり味醂0・5：淡口醤油少量）
サザエ、ナガイモ、甘酢（同上）
花穂紫蘇

1　絹モズクを甘酢に浸ける。甘酢はだしと調味料を混ぜ合わせたもの。
2　サザエは殻から身を取り出し、そぎ切りにする。ナガイモはあられ切りにして甘酢に短時間浸ける。しんなりさせないように注意する。
3　提供時に猪口に1のモズク酢を盛り、サザエ、ナガイモを添えて、ほぐした花穂紫蘇を散らす。

◎飯蛸の旨煮　つくし

イイダコ、塩、昆布
煮汁（日本酒500cc、水500cc、濃口醤油50cc、淡口醤油50cc、味醂100cc、砂糖大さじ2、重曹微量）
ツクシ、揚げ油、八方だし（濃いめ）

1　イイダコはスミ、内臓、口を取り除き、粗塩でもんでヌメリを取る。熱湯に15秒間ほどくぐらせて氷水にとる。
2　鍋に昆布を敷いてイイダコを入れ、煮汁の材料を注いで、蒸し器で40分間ほど蒸す。取り出して鍋のまま冷まして一晩おく。
3　ツクシは低温の油で素揚げして、濃いめに味をつけた八方だしに浸けておく。
4　提供時にイイダコを盛り、ツクシを添える。

◎春子鯛の小袖寿司

カスゴダイ、塩、酢
寿司飯（ご飯、白ゴマ、寿司酢＊）
＊酢1・8リットル、砂糖1kg、塩100gを混ぜ合わせる。

1　カスゴダイを三枚におろし、小骨を抜く。薄塩をあてて2時間ほどおいたのち、水気をふいてガーゼで包み、皮目に熱湯をかけて水気をふく。
2　生酢をふって1～2時間おいて酢締めをする。
3　寿司飯をつくる。まず寿司酢を合わせて沸かして砂糖と塩を溶かし、冷ます。炊きたてのご飯に寿司酢を加えてシャモジで切り混ぜる。煎った白ゴマをさっくり混ぜ込む。
4　巻簾の上にサラシを広げ、皮目を下に向けてカスゴダイの半身を10枚のせ、寿司飯を棒状にまとめて巻く。一晩おいてなじませる。
5　提供時、食べやすい大きさに切る。

◎こごみと新牛蒡の胡桃和え

コゴミ、塩、八方だし
新ゴボウ、八方だし
胡桃和え衣（素煎りクルミ1kg、濃口醤油100cc、砂糖100g、煮きり味醂75cc、煮きり酒75cc、ゴマペースト100g）

1　コゴミを掃除して一口大に切り、熱湯で塩ゆでする。冷水にとったのち、八方だしに浸ける。
2　新ゴボウは乱切りにして八方だしで煮る。だしに浸けたまま冷まして味を含ませる。
3　胡桃和え衣をつくる。胡桃をすり鉢でよくすってなめらかにし、調味料をすり合わせる。最後にゴマペーストを加えて乳化させる。この和え衣は冷蔵保存で3日間ほどもつ。
4　提供時、コゴミとゴボウの水気をふき、胡桃和え衣で和える。

六、椀物

新じゃがいも　新玉葱
新牛蒡の焼き飛龍頭
筍姫皮　新わかめ　新蕗　青ゆず

春は新野菜が出回る季節。歯応えのよい新野菜を使った具沢山の飛龍頭は、煮含めたのち炭火焼きに。柔らかな姫皮と新ワカメ、新フキを繊切りにして沢煮風に仕立てた。

◎焼き飛龍頭

木綿豆腐6丁、塩少量

新ジャガイモ（さいの目切り）1個、新玉ネギ（さいの目切り）小1個、新ゴボウ（ささがき）1／3本

揚げ油、八方だし（だし1リットル、味醂100cc、淡口醤油150cc、砂糖大さじ2）

◎吸い地

一番だし、塩、淡口醤油

新フキ（笹切り）、タケノコの姫皮（せん切り）

青ユズ

◎焼き飛龍頭

1　木綿豆腐を押して水きりし、裏漉しして塩少量を加える。ここに新ジャガイモ、新玉ネギ、新ゴボウを加えて丸める。野菜が多すぎるとまとまらないので加減する。

2　150～160℃の油で15分間程度じっくり揚げて取り出す。八方だしで煮含める。

◎吸い地

1　タケノコの姫皮、新フキを塩と淡口醤油で味をつけた一番だしでさっと炊いておく。

◎仕上げ

1　飛龍頭を炭火でこうばしく焼く。

2　タケノコの姫皮と新フキを温め、椀に盛る。温めた吸い地を注ぎ、焼いた飛龍頭を中央に盛って、青ユズの皮をへいで添える。

七、焼物

桜鱒の塩焼き　揚げ筍　蕗

川に遡上する直前の産卵前のサクラマスは脂がのっていて美味。ざっくりと切ったタケノコの素揚げとフキをたっぷりつけ合わせた、立体感のある盛りつけ。

◎桜鱒の塩焼き

サクラマス（切り身）　1切れ（50g）

塩

◎揚げ筍、蕗

タケノコ（朝採り）、揚げ油

野ブキ、濃口八方だし（だし200cc、味醂50cc、濃口醤油50cc）

木ノ芽

◎桜鱒の塩焼き

1　サクラマスは三枚におろし、切り身にして串を打つ。塩をふって、炭火で焼く。

◎揚げ筍、蕗

1　タケノコは根元のほうを食べやすく切り、160℃の揚げ油で素揚げにする。

2　野ブキはゆでてスジをむき、3cm程度に切って、濃口八方だしで煮る。

◎仕上げ

1　サクラマスと揚げタケノコを盛り合わせ、野ブキを添えて木ノ芽を散らす。

八、お浸し

新玉葱と根三つ葉のお浸し

新ものの玉ネギは辛みが少なく甘みがあるのでお浸しに向く。歯応えのよさを残してゆでること。

新玉ネギ（薄切り）、根三ツ葉（ざく切り）
八方だし（だし、淡口醤油、味醂）

1 新玉ネギと根三ツ葉はそれぞれ熱湯でさっとゆがく。
2 薄めに味を調えた冷たい八方だしに新玉ネギと根三ツ葉を半日程度浸ける。
3 新玉ネギと根三ツ葉を合わせて器に盛り、八方だしをかける。

九、食事

辛み大根のおろしそば

毎日店内で製粉した手打ちそばが、有いちの食事の定番。料理のあとは、冬でも冷たいソバが好まれる。ソバは15～20秒間でゆで上がるので、待たせずに素早く提供できる。

ソバ（生）＊　70g（1人前）
カツオだし、返し（濃口醤油1：味醂1）
辛み大根

＊常陸の秋そばを使用。製粉後、1割の薄力粉を加えて細打ちにしている。

1 ソバを熱湯で15～20秒間ゆで、冷水にとって締める。
2 冷たいカツオだしと返しを合わせておく。
3 ソバを器に盛り、粗くおろした辛み大根をのせる。上から2の冷たいかけ汁を注いで提供。

十、甘味

プリン　キャラメルソース

プリンの卵液に生クリームを加えてコクをつけた白いプリン。

◎プリン
牛乳1リットル、卵10個、砂糖80g、生クリーム適量（好みで）
◎キャラメルソース
グラニュー糖、水

◎プリン
1 牛乳、卵、砂糖、生クリームをよく混ぜ合わせて流し缶に漉し入れる。
2 湯煎状態にして２００℃のオーブンで約30分間蒸し焼きにする。取り出して、粗熱がとれたら冷蔵庫で冷やしておく。

◎キャラメルソース
1 グラニュー糖と水を鍋に入れ、茶色く色づくまで煮詰めて冷蔵庫で冷やしておく。

◎仕上げ
1 プリンをテーブルスプーンでくり抜いて盛り、上からキャラメルソースをかける。

11月のコース

一、先付一品目

しじみの葛湯

季節を問わず、最初の一品は貝の汁物を出す。とりわけ冬のシジミは味がよく出る。強火で煮詰めて旨みを凝縮した。味つけはシジミの塩分だけで充分。

シジミ　1kg
水5リットル、昆布、葛粉

1　シジミを洗って鍋に入れて水を注ぎ、昆布を入れて火にかける。
2　強火で熱し、アクをひき、半量程度(2・5〜3リットル)になるまで煮詰めて漉す。
3　提供時は取り分けて熱し、水で溶いた葛粉を加えて、薄いとろみをつける。

二、先付二品目

そば豆腐
山葵 そばつゆ

ソバ粉と葛粉に火が入ったら流し缶に流すだけ。短時間で仕込めるので、つくりおきせずに、その日のうちに使いきってソバの香りを生かす。

◎そば豆腐
ソバ粉100g、葛粉100g、昆布だし500cc、塩少量、ソバ米(ボイル)適量
かけ汁(→165頁辛み大根のおろしそば)、山葵

◎そば豆腐
1　ソバ粉と葛粉を鍋に入れ、冷たい昆布だし、塩を加え、中火にかける。鍋底にこげつかないように木杓子で練る。ふつふつと沸いてきたら火を止める。
2　流し缶にゆでたソバ米を敷き詰め、1を流して冷やし固める。

◎仕上げ
1　提供時にそば豆腐を切り分け、冷たいかけ汁をかけ、山葵を添える。

三、造り一品目

平目のへぎ造り
平目の肝 橙ジュレ
紅葉おろし 万能ねぎ 黄菊

造りは2皿に分けて提供している。最初は白身。クセがないので、アレンジしやすい。季節感のある薬味を使い、肝醤油と橙のジュレですすめる。

ヒラメ(へぎ造り)　5枚
肝醤油(ヒラメの肝、濃口醤油)
橙ジュレ(ダイダイの果汁75cc、濃口醤油200cc、粉ゼラチン15g)
紅葉おろし、万能ネギ(小口切り)、黄菊

1　ヒラメは水洗いしてサク取りしておく。肝を濃口醤油で溶いて肝醤油をつくる。
2　橙ジュレをつくる。ダイダイの絞り汁と濃口醤油を合わせて温める。ここに水でふやかした粉ゼラチンを溶かして、冷やし固める。

◎仕上げ
1　ヒラメをへぎ造りにして器に盛り、肝醤油をかけて橙ジュレと紅葉おろしをのせ、万能ネギと黄菊をほぐして散らす。

四、造り二品目

しめ鯖 鰤

2品目はブリとサバ。ブリはぶつ切りにして、味、食感にサバとの違いをつけた。ヒラメの造りでアレンジした分、こちらはシンプルに。分厚い造り身を重ねた盛りつけが、造りのボリューム感を高め、その印象を強めている。

ブリ、〆サバ（サバ、塩、酢）
大根、大葉
山葵、土佐醤油

1 〆サバをつくる。サバは三枚におろし、塩をあてて3時間おく。塩を洗い、水気をふいたのち、酢でしめらせたガーゼで包み、3日間冷蔵庫に入れて締める。

2 器に大根けんを盛り、大葉を敷く。しめサバの皮をむいて平造りにして盛り、分厚く切ったブリを重ねるように盛りつける。山葵と土佐醤油を添える。

五、酢の物

せいこ蟹
蟹酢

11月頃から抱卵したセイコガニ（雌のズワイガニ）が入荷する。雄に比べて小ぶりながら味の濃いセイコガニはこの時期欠かせない。ほぐした身を甲羅に盛りつけて準備しておく。

セイコガニ、塩水（2％濃度）
カニ酢（酢1：日本酒1：昆布だし1）

1 塩水を沸かし、セイコガニをゆでる。20杯仕込む場合17〜18分間が、ゆで時間の目安。

2 取り出して水気をきる。冷めたらカニの身、内子、外子をほぐして、甲羅に盛りつける。ここまで仕込んで準備する。

3 カニ酢を仕込む。酢、日本酒、昆布だしを合わせて火にかけ、沸いたら冷ましておく。

◎仕上げ

1 盛りつけを手なおしして、カニ酢を添える。

六、八寸

イクラ醤油漬け 五目野菜の白和え 秋刀魚寿司 からすみ 車海老 牛蒡とルーコラの胡桃和え イカの塩辛 赤貝と焼きかぶの酢味噌がけ なまこ酢 もずく山芋ととんぶり

仕込みの大半はこの八寸に費やしているほど。手間はかかるものの、華やかでさまざまな味を楽しめる八寸はコースからははずせない。

◎イクラ醤油漬け

イクラ、浸け地（煮きり酒3：濃口醤油1）

1 イクラはぬるま湯の中で薄膜から卵をはずしてほぐす。ザルにとって水気をきる。

2 浸け地を合わせて、1のイクラを入れ、丸1日浸けて使う。3日間程度で使いきりたい。

◎五目野菜の白和え

ニンジン、シイタケ、キクラゲ、油アゲ、三ツ葉
だし、塩
白和え衣（木綿豆腐、塩、淡口醤油、煮きり味醂、砂糖）

1 ニンジン、シイタケ、戻したキクラゲ、油アゲ、三ツ葉は小さく刻んで熱湯でさっとゆがく。
2 1を塩で薄味をつけただしに浸けておく。
3 白和え衣をつくる。水きりして裏漉しした木綿豆腐は塩で味をつけ、淡口醤油、煮きり味醂、砂糖を少しずつ加えて味を調える。色づかないように注意。
4 2の野菜の水気をきり、白和え衣で和える。
5 提供時、器に盛りつける。

◎秋刀魚寿司

サンマ、塩、酢
寿司飯（↓163頁春子鯛の小袖寿司）
肝醤油ダレ（サンマの肝、濃口醤油3：日本酒1：水あめ1）
スダチ

1 サンマは三枚におろし、小骨を抜く。薄塩をあてて、酢でしめらせたガーゼに包んで冷蔵庫で保管。午前中に仕込んで夜の営業時に使っている。
2 サンマは皮目を炭火であぶる。
3 巻簾の上にぬらしたサラシを広げ、皮目を下に向けてサンマをのせる。寿司飯を棒状にまとめてのせて、巻簾で巻いて締める。半日ほど冷蔵庫に入れてなじませる。
4 肝醤油ダレをつくる。材料を鍋に入れて火にかける。沸いたら少し煮詰めて濃度をつける。
5 寿司を切り出し、輪切りのスダチをはさみ、皮目に肝醤油ダレをぬる。

◎からすみ

ボラの卵、塩、焼酎

1 ボラの卵は血管から血を抜いて、塩に漬けて3～4日間おいたのち、流水で洗って塩抜きする。
2 焼酎に浸けて1時間おいたのち、3週間ほどかけて天日で干す。
3 完成したら真空にかけて冷凍庫で保存する。
4 使用時は冷蔵庫で自然解凍し、薄く切る。

◎車海老

活クルマエビ、塩

1 クルマエビは殻つきのまま背ワタを抜いて塩ゆでする。
2 取り出して頭と殻をむいておく。

◎牛蒡とルーコラの胡桃和え

ゴボウ（乱切り）、濃口八方だし（だし200cc、味醂50cc、濃口醤油50cc）
ルーコラ（ざく切り）
胡桃和え衣（↓163頁こごみと新牛蒡）

1 ゴボウは濃口八方だしで直炊きする。ルーコラは刻む。
2 ゴボウとルーコラは仕込み時に胡桃和え衣で和えておく。アラカルトの場合は、その都度和える。

◎イカの塩辛

スルメイカ、イカの肝、塩

1 スルメイカはおろして皮をむき、細く切る。塩少量をまぶして2～3時間冷蔵庫において味をなじませる。
2 肝はベタ塩をあてて、冷蔵庫で3日間おいたのち、水で洗い裏漉しする。この状態で冷凍保存。
3 肝の裏漉しに1のイカを混ぜる。その日のうちに使いきること。

◎赤貝と焼きかぶの酢味噌がけ

アカガイ、小カブ（くし形切り）、塩
九条ネギ
酢味噌（白味噌500g、酢100cc、砂糖50g、淡口醤油・煮きり味醂各少量）

1 アカガイは殻をはずし、細く切る。
2 小カブは皮をむいてくし形に切り、薄塩をあてて上火の天火で焼き目をつける。
3 九条ネギをさっとゆがいて、食べやすく切る。
4 酢味噌の材料をすり鉢でよくすり混ぜる。
5 アカガイと小カブと九条ネギを盛り、酢味噌をかける。

◎なまこ酢

ナマコ、ナマコ酢（だし5：柑橘類の果汁1：濃口醤油1）
紅葉おろし

1 ナマコは天地を切り落とし、割箸などで内臓を押し出し、小口から薄く切る。
2 ナマコ酢の材料を合わせておく。
3 器にナマコを盛り、紅葉おろしをのせて、ナマコ酢をかける。

◎もずく山芋ととんぶり

絹モズク（能登・七尾産）、ナガイモ（さいの目）、トンブリ（生）
モズク酢（酢５００cc、砂糖５００g、昆布だし1.3リットル）

1 モズクとトンブリはそれぞれ洗って水気をきっておく。
2 モズク酢をつくる。材料をすべて合わせて温め、砂糖が溶けたら火からおろす。食べやすいように酢をだしで割って、酸味を和らげる。
3 モズクとトンブリをモズク酢に浸けて器に盛りつけ、ナガイモを添える。

七、椀物

蓮根饅頭と焼き穴子 むかご 銀杏 しめじ茸 ねり梅 柚子

ふんわりくずれるように柔らかい蓮根饅頭。歯応えのよい具を混ぜ込んでアクセントをつけた。

◎蓮根饅頭（約15〜16人前）
レンコン８００g、卵白3個分、塩少量
ムカゴ（塩ゆで）、銀杏（粗く刻む）、シメジタケ（粗く刻む）

◎銀餡
一番だし、淡口醤油、塩、葛粉
ねり梅、ユズ

◎蓮根饅頭

1 卵白は泡立て器でかたく泡立てて、すりおろしたレンコンと合わせ、塩で薄味をつける。
2 ムカゴは塩ゆでし、銀杏とシメジタケは刻む。これを1にざっくりと混ぜる。
3 バットに2を1人前ずつ丸くとって並べ、蒸し器で蒸しておく。

◎仕上げ

1 一番だしを熱し、淡口醤油と塩で味をつけ、水溶き葛粉で薄くとろみをつけて銀餡を仕上げる。
2 蓮根饅頭を軽く温め直して椀に盛り、銀餡を85ccほど注ぐ。天にねり梅を添え、あられに切ったユズを散らす。

八、焼物

鰆の柚庵焼き

強火の炭火で焼いて脂を出し、かりっと仕上げた柚庵焼き。熱々を提供するために、器は蒸し器で充分熱しておく。

サワラ（切り身） 1切れ（80g）
塩
柚庵地（煮きり酒3：濃口醤油1、ユズの果汁*適量）
*ユズは丸のまま絞って実も地に入れる。

1 サワラに塩をあてて2時間おいたのち、柚庵地に1時間浸ける。
2 地をふき、串を打って強火の炭火で焼く。
3 熱した皿に盛って提供。

九、炊合せ

聖護院大根　海老芋　菊菜　針柚子

家庭料理と一味違う味わいを追求した一品。鋳物鍋の余熱を利用して、大根にゆっくりと味をしみ込ませた。

◎聖護院大根
聖護院大根、煮汁（一番だし、淡口醤油、塩、味醂）

◎海老芋
エビイモ、米ヌカ、煮汁（だし、淡口醤油、塩、味醂）

◎菊菜
キクナ、塩、八方だし

ユズ

◎聖護院大根

1　聖護院大根は大きめの角に切り、蒸し器で串がすっと通るまで柔らかく蒸す。

2　鋳物鍋で一番だしを熱し、蒸し器から取り出した大根を入れて、淡口醤油、塩、味醂で味をつけてさっと炊く。

3　沸騰したらすぐに火を止めて蓋をし、そのまま自然に冷まして味を含める。

◎海老芋

1　エビイモは食べやすい大きさに切って、米ヌカを入れた水でゆでる。串がすっと通るように柔らかくなったら火を止めて水で洗う。

2　やや濃いめに味をつけた煮汁でエビイモを煮る。沸いたらそのまま冷ます。

◎菊菜

1　キクナは塩ゆでしたのち、八方だしに浸けておく。

◎仕上げ

1　大根、エビイモ、キクナを器に盛って蒸し器で温め、針ユズを天に盛る。

十、食事

辛み大根のおろしそば （→165頁）

十一、甘味

杏仁豆腐　小豆餡　苺

杏仁豆腐は、指定の分量よりも牛乳を多めに使用し、ゆるめにつくって口溶けのよさを重視した。

杏仁豆腐の素、牛乳
小豆餡（解説省略）
イチゴ

1　牛乳に杏仁豆腐の素を加えて火にかけて練り、流し缶などに流して冷やし固める。牛乳は標準よりも多めに使う。

2　器に杏仁豆腐をスプーンですくって盛り、イチゴ、粗めに裏漉した小豆餡を盛り合わせる。

一品料理

桜鯛の酒蒸し

造りや焼物で使った、いわば残ったタイの頭を利用した一品だが、活けは身がふっくりとふくらんで一味違う。

マダイの頭、塩
昆布、日本酒、水
木ノ芽

1 マダイの頭は湯引きをしてウロコをていねいに取り除き、血合いを洗う。
2 頭に薄塩をあてて1時間ほどおいて味をなじませる。
3 バットに昆布を敷き、マダイの頭をのせ、浸るくらいの日本酒と水(同量ずつ)を入れる。強火の蒸し器で蒸す。
4 15分間程度蒸したら取り出し、器に盛って木ノ芽を添える。

栄螺ともずくの酢の物

八寸と共通の料理。一品料理は分量が多めなので、あきないように蒸しサザエの肝を添えてアクセントをつけた。

絹モズク、サザエ、ナガイモ(↓163頁)
サザエの肝、日本酒、水
花穂紫蘇

1 サザエの肝はバットに入れて、浸るくらいの日本酒と水(同量ずつ)を加えて蒸し器で15分間ほど蒸す。これを裏漉しする。
2 器に甘酢に浸けたモズクを盛り、そぎ切りにしたサザエ、さいのめに切ったナガイモを上に散らす。1の肝をところどころにあしらう。花穂紫蘇をほぐして散らす。

行者にんにく焼きむすび

醤油漬けの行者ニンニクをご飯に混ぜ込んでおむすびをつくり、こうばしく焼いた。行者ニンニクと醤油の香りがとてもよく合う。

醤油漬けの行者ニンニク(↓160頁)、ご飯
新玉ネギのぬか漬け

1 行者ニンニク醤油をつくったときに浸けた行者ニンニクを適当な長さに刻む。
2 温かいご飯に1の行者ニンニクを混ぜて三角にむすび、炭火で網焼きにする。
3 新玉ネギは1/8のくし形に切ってヌカ床に漬ける。取り出して薄切りにする。
4 焼きむすびを盛り、新玉ネギのぬか漬けを添える。

ほたるいかとホワイトアスパラの蕗味噌田楽

ホタルイカはさっとあぶるのみ。ホワイトアスパラガスはじっくり火を入れて柔らかく焼き上げる。

ホタルイカ(ボイル)
ホワイトアスパラガス
蕗味噌(フキノトウ10個、味噌大さじ3、砂糖大さじ1、味醂大さじ1、卵黄3個分)

1　蕗味噌をつくる。鍋に細かく刻んだフキノトウ、味噌、砂糖、味醂、卵黄を入れてよく混ぜながら湯煎にかけて練り、火を入れる。

2　ホタルイカは目と口を取り除いて細い串を打ってあぶる。

3　ホワイトアスパラガスは皮をむき、ホタルイカの大きさに合わせて切りそろえ、串を打ち蕗味噌をぬって焼く。

4　ホタルイカとアスパラガスを交互に盛る。

だし巻き玉子
染おろし

強火で手早く焼くのが、だし巻き玉子をおいしく焼くコツ。

卵液（卵3個、だし80cc、淡口醤油少量）
サラダ油
染おろし（大根おろし、濃口醤油）

1　卵液を混ぜたのち、漉しておく。

2　玉子焼き鍋にサラダ油を薄くぬり、火にかける。熱くなったら、1の卵液を少量（卵液は5回に分けて鍋に入れて焼く）流し入れて、箸で混ぜながら均等に火を入れて巻く。

3　このあとも同様に少量ずつ分けて卵液を流し入れて巻き、焼き上げる。

4　巻簾で巻いて形を整え、形が落ち着いたら切り出して、染おろしを添える。

アナゴ白焼き

アナゴは通年市場に出回るので、定番の一品料理に使いやすい魚。脂が少ないときは、一旦蒸し器で蒸してから焼くとよい。

アナゴ、日本酒
塩、山葵

1　アナゴは腹開きにして串を打ち、日本酒を吹きつける。

2　炭火で焼く。アナゴからじわじわ出てくる脂でかりっと仕上げる。

3　一口大に切って、塩と山葵を添える。

秋刀魚棒寿司
酢橘　肝だれ （→168頁秋刀魚寿司）

柚子釜蒸し
銀餡

具材はあらかじめ火が通っているが、釜に詰めたエビイモや大根まで熱くする。ユズ釜が食べられるようになるまで柔らかく蒸し上げる。

白子（マダラ）、クルマエビ
聖護院大根、エビイモ、ムカゴ
三ツ葉
ユズ
銀餡（だし5：淡口醤油1：味醂1、葛粉適量）

1　白子を湯通しする。クルマエビは塩ゆでして殻をむく。

2　170頁の炊合せに準じて聖護院大根を蒸し、エビイモを米ヌカでゆでておく。

3　ムカゴと三ツ葉は塩ゆでしておく。三ツ葉は切りそろえておく。

4　ユズをくり抜き、エビイモ、聖護院大根、一口大に切った白子、ムカゴ、クルマエビを詰めて蒸し器で蒸す。ユズが柔らかくなったら取り出す。

5　銀餡のだしと調味料を合わせて熱し、水溶きの葛粉で濃いめにとろみをつける。三ツ葉を散らす。

サービス動線が最終的な品質を決める——店づくり②

店づくりにおいて「営業中を想定する」ことが重要なのは、厨房だけでなく客席部分においても同様である。そしてこれも、ポイントは厨房内の機器レイアウトと変わることはない。

料理ができ上がって、客席に届けるためのサービスの動線は、できるだけシンプルかつ短くしておかなければならない。それこそが、料理をおいしい状態でお客さまに食べていただくことにつながるからだ。

厨房内の機器レイアウトは、おいしい料理をタイミングよくスピーディに調理するために重要だが、料理はつくったらそこで終わりではない。おいしい状態でお客さまの元に届けて、食べていただいてはじめて完結する。いくら調理の技術が高くても、スムーズにサービスできなければ、それまでの作業はすべて台無しになってしまう。

サービスの動線が複雑であれば、料理の提供にどうしても時間がかかる。また、厨房と同様に従業員が疲れてしまい、お客さまへの対応がおろそかになったりしてサービスレベルが落ちていく。それを人手を増やすことでカバーしようとすれば、人件費が上昇して経営を圧迫する。

サービスにおいて重要なのは、提供スピードに加えて「タイミング」である。テンポよく料理が提供されれば料理はおいしく感じられるし、お客さまも食事を楽しめる。

タイミングのよいサービスをするには、その前提としてお客さまの食事のペースをきちんと把握しておかなければならない。これもまた、レイアウトによって決まる部分だ。

客席がカウンターのみで、カウンター内ですべての調理を行なう店なら客席の状況は容易に把握できるが、テーブル席や座敷席があると問題はちょっと複雑だ。それらの客席がすべて厨房から見通せるレイアウトは、現実には難しいだろう。この場合は「パントリー」の位置が大事になる。

パントリーとは、サービスの起点となる場所のこと。ようは、でき上がった料理をお盆に乗せたり、お酒を用意したりするスペースのことだ。ここから客席が見通せるつくりになっていることが望ましい。

個室スタイルの座敷席がある場合などは、従業員を呼ぶための呼び鈴を置くといった対応も必要になるだろう。しかしそれでも、サービス動線をシンプルにすることの大事さは変わるものではない。呼び鈴を鳴らしても従業員が来ないというのでは、お客さまの不満がどんどん増幅してしまう。

厨房内にせよ客席にせよ、レイアウトの目的を煎じ詰めれば「働きやすい店をつくる」ということだ。働きやすければ料理のクオリティもサービスも上がり、お客さまの満足度も上がるのである。

「高輪台　いま井」

高輪台　いま井

今井和人

東京都港区高輪３-９-20　２階
電話０３-３４４９-９５４３
営業時間／18:00～23:00
定休日／日、祝

開店／２００９年９月
店舗規模／11・4坪、カウンター９席
従業員数／厨房・サービス１名、繁忙時のみサービス１名追加
料理／コース６０００円
（８品、お通し５００円別料金、税別）
客単価／８０００～１００００円
食材原価率／35～40％

１人で店を切り盛りする

26年間にわたって日本料理の修業を積んで独立した「高輪台　いま井」のご主人、今井和人氏は、たった１人で店を切り盛りしている。カウンター９席のこぢんまりとした店とはいえ、仕込みから提供までの調理作業、お客さまを迎える準備、オーダーを受け、おしぼりを出し、ドリンク類を用意して提供と、１人ですべての作業をこなす。

営業時間以外にも店をやっていく上でこまごまとした仕事

一段高い厨房のフロアーに立つと、舞台に立った指揮者のようにも見える。カウンターの端から端まで見渡せる。

は山のようにある。大変な負担のはずなのだが、しかし営業時間中はとりたてて料理が遅れるといったこともなく、提供はスムーズだ。淡々とおだやかに作業を進める今井氏の姿に26年間の修業で身につけた自信と経験が表れている。

従業員を今後採用する予定をたずねると、

「入れる予定はありません。1人でやっていきます」と迷いなく答えた。何があってもゆるがない強い覚悟がなければ、たった1人で店をやってはいけない。

時間をずらして予約を取る

「いま井」は都営地下鉄高輪台駅から徒歩1〜2分。表通りから1本入った静かな住宅街の建物の2階にある。五島列島から直送の鮮魚料理と新鮮な野菜を使った料理が中心で、６０００円のコースと、一品料理50品あまりを提供するカウンター9席のみの小体な店で、客席は扇面のような形だ。

この店をどのように1人で切り盛りしているのかを、今井氏に聞いてみた。

まずは予約の取り方である。

「1日だいたい4組程度の予約を受けますが、早い時間に2組、30分〜1時間ほどあけた遅い時間に2組と、時間をずらして予約を受けています」

4人程度であれば、きちんと対応ができるが、1人で一度に9人に対応することはむずかしいという。

同じ時間帯に予約が重なってしまった場合は、やむを得ずお断りするという。予約を受ける段階からムリは禁物だ。ムリをすると、あとあと料理の提供が遅れてお客さまをお待たせすることになってしまうからだ。

予約なしで来店したお客さまに対しても、作業的にムリであれば丁寧にお断りしている。

完璧な仕込み

次に挙げたのは営業開始までに行なう仕込みについて。これは抜かりなく完璧に準備する。その徹底ぶりは見ていて気持ちがいいほどだ。

もちろん最終の調理は提供直前でなければならないが、ある程度仕込みおきができるもの、というよりは仕込んでおいたほうがおいしくなる料理を何品か用意している。人気の定番料理「エスニック風春巻」などはその例だ。

完璧な仕込みではあるが、1人しかいないわけだから、やはり省力化は必要だ。「いま井」のコース料理は、その日の一品料理の中から選んで組み立てている。これは仕込みの手間を減らすだけでなくロスを減らすことにもつながる。仕入れる食材の種類を増やさなくてすむし、その日に出したい料理をコースに入れることができるからだ。一品料理は1品2人前を目安につくるので、コース料理の2人客には、一品料理を2皿に分けて提供するという計算になる。

料理についても工夫がある。「いま井」の料理は新鮮な魚介類が中心となるが、日本酒だけでなくワインにも合うように仕上げている。何度か来ていただいて様子がわかるお客さまには、さりげなくワインをおすすめする。

「ワインをボトルで注文していただくと、あとのサービスが楽になりますから（笑）。日本酒のお好きな方にとっては料理ごとに銘柄の違う日本酒を1合ずつ合わせて楽しみたいでしょう。実は私もそうなんです。たくさんご注文いただくのはほんとうにありがたいのですけれど、料理の合間にお待たせしないようにドリンク類を用意しなければなりませんから、日本酒を積極的に売ることはむずかしい」

ちなみに「いま井」のお酒の売上げは、5割がワインで日本酒は4割、焼酎は1割という。

五島列島の魚を産直で仕入れる

よい魚を仕入れたいが、1人でやっていく場合、毎日築地に通うことはむずかしい。今井氏が以前働いていた白金高輪の店は、五島列島の魚介類を使っていたので、引き続き同じ上五島の鮮魚店から直送してもらうことにした（足りない分は築地の仲卸に配達してもらっている）。

魚種指定はできないので、どんな魚がどれだけの量到着するかわからない。そのため、メニューには「本日の五島列島からのお魚」として、当日届いた魚を使った「お造り」「焼き物」「かぶと煮」「本日の逸品」をメニューに載せている。

「お造り」は、珍しい魚介を少量ずつ多品種盛り合わせたもので、好評という。

上五島に夜注文すると、翌々日の午前中に到着するので、すぐ仕込みにかかれる。この鮮魚店の場合、価格は魚種ごとに決まっているのではなく、輸送箱の大きさによって決まる。送料は1800円かかるが、築地から仕入れるよりもはるかに安く、ものがいいので日持ちするという。

考え抜かれた店づくり

独立を考えたときに働いていた店は白金高輪。

1人で営業することを前提に設計した厨房。かなり広いが、このくらいのほうが動きやすいという（右）。
2階の「いま井」入口。階下の通りには店名が入った小さな行灯がおいてあるのみ。外階段をのぼって入る（上）。

その店の常連のお客さまから「店を出すなら近くにして」と言っていただいていたし、土地鑑もあったので、この周辺で物件を探した。そのかいがあって、現在では近隣の住人のお客さまが2割ほど、社用のお客さまも定着した。

店を辞めた直後に運よくこの物件にめぐり会った。店選びはむずかしいのだが、今井氏は最初に内見した物件にめぐまれて即決している。

もともとは住居でスケルトン物件だったので、すべて一から設計することができた。開店まであまり時間をおきたくなかったので、設計までめんどうをみてくれるデザイン会社に依頼した。

自分1人で運営できるカウンター席のみの店というのが条件。そのため、カウンターのつくりにはこだわった。まず、厨房から客席に出入りしやすいようにカウンターの両側に出入り口を設けた。1人で長いカウンター全部をカバーでき、とても役立っているという。

もともとフロアーに段差がある物件で、厨房の位置は客席よりも高くなっている。店づくりのうえでは制約になったが、厨房からカウンターの両端までを見渡せるため、これはかえって好都合だった。ただ、厨房の床が高い分、カウンター席の手元隠しを高くせざるを得ない。これはお客さまに圧迫感を与えてしまうので、カウンターの幅を広くとって、客席からも厨房が見渡せるように細かく調節した。

カウンターのみのシンプルなつくりだが、実は考え抜かれた店舗設計。このことも「いま井」の大きな魅力になっている。

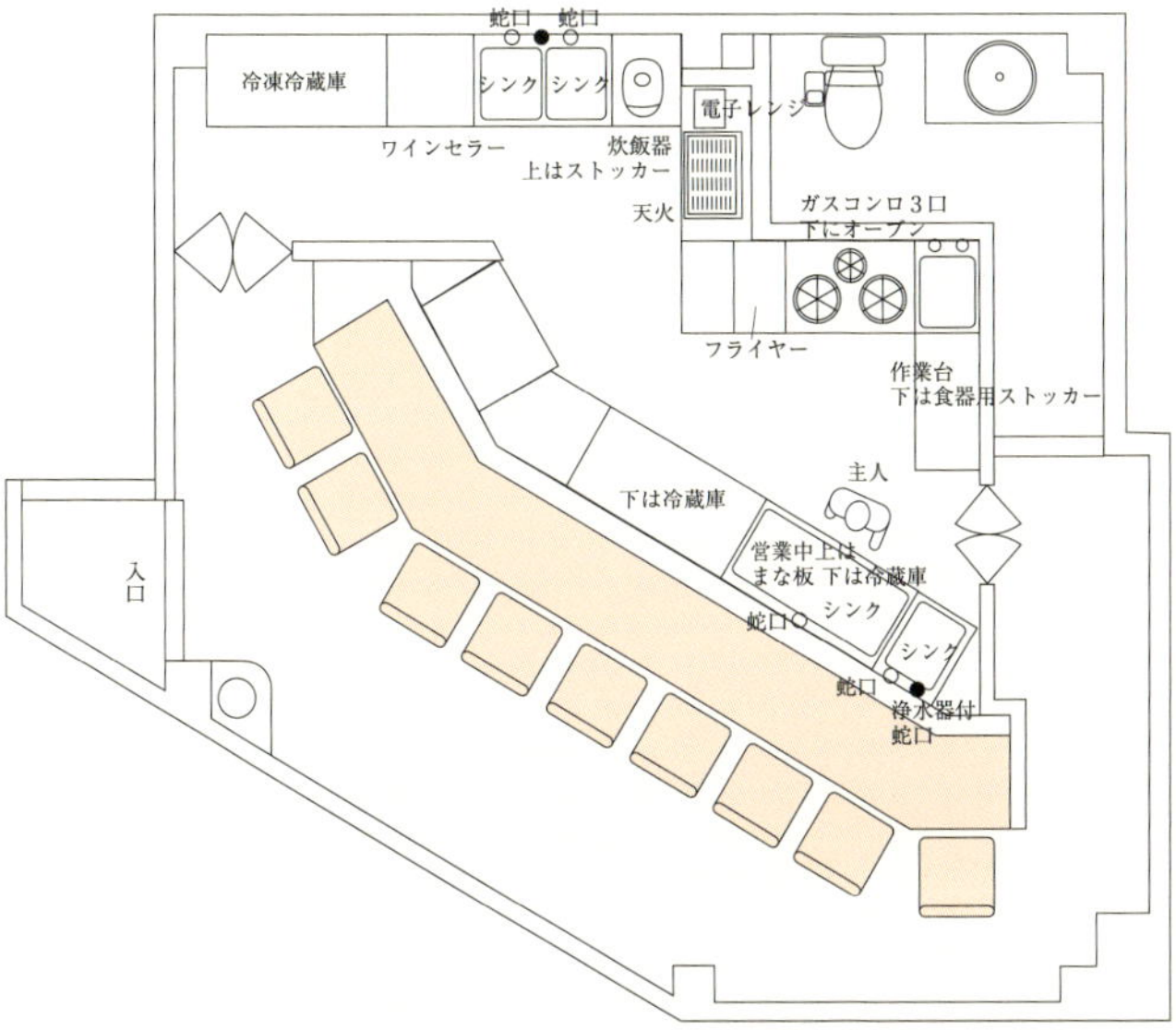

客席面積は6.1坪、厨房面積は3.8坪。トイレなどを入れて11.4坪の変形の物件。カウンター席の両側に少し角度をつけ、後ろのスペースをとって席数を確保した。
社用のお客さまの予約が重なったときは、カウンター席の両端の離れた席を用意する。
厨房内はガスコンロ、オーブン、フライヤーを一カ所に集め、電気釜、電子レンジ、天火を奥に配した。かなり移動距離は長いが、1人なので動きやすいという。

サービスしやすいように厨房には両側に出入口を設けた。厨房は客席のフロアーよりも一段高い（右）。
主人の今井和人氏。26年間の修業を経て独立。1人で店を切り盛りしている（左）。

高輪台いま井
2月のコース
6000円

一、
甘海老のタルタル
蜜柑のヴィネグレット

料理解説188頁

お通しを入れて9品構成。デザートはなしというのも潔い。

五島列島から届く魚介類を使った魚介料理を売り物にしている。日替りのお造り、焼物などは五島の魚を使用。定番の料理については、安定して仕入れをしなければならないので、築地から届く魚を使っている。

ワインに合う料理を意識しているので、日本料理にはこだわらず、エスニック風の料理を加えている。

比較的お客さまの年齢層は高いので、健康志向を意識して、どの料理にも野菜を多めに使っているのも特徴だ。サラダ用の葉野菜などを上手に使ってボリューム感を出している。

二、焼き目帆立のコリアンスタイル

料理解説188頁

三、あおり烏賊 伊佐木のあぶり ひらまさ 宝石はた 真鯛の湯引き 平日

料理解説189頁

四、
白子とウニの茶碗蒸し
料理解説189頁

五、
伊佐木の塩焼き　菊菜の餡かけ
料理解説189頁

八、
じゃこ茶漬け
料理解説191頁

六、

揚げた海老芋のカニ餡かけ

料理解説190頁

コースに合う酒

るみ子の酒　袋搾り
無濾過生原酒あらばしり（三重）

伯楽星　純米吟醸（宮城）

七田　純米吟醸　無濾過　生詰原酒（佐賀）

七、

フォアグラ大根
ユズコショウおろし

料理解説190頁

高輪台いま井
9月のコース
6000円

一、
北海道産生うにと
クリームチーズのマリアージュ
料理解説192頁

二、
カニとアボカド
パリッとしたレタスの生春巻
料理解説191頁

三、くえの昆布じめ

料理解説193頁

四、あおり烏賊

鰆

ひらまさ

石垣鯛

真鯛

大紋はた

料理解説193頁

五、
ひらまさの網焼き　茸餡かけ
料理解説193頁

六、
やわらか煮穴子
小蕪と湯葉の
べっこう餡かけ
料理解説194頁

七、
秋鮭のたつた揚げ
料理解説195頁

コースに合う酒
ミュルソー、
ブルゴーニュ サンヴェラン、
ブルゴーニュ オーコートドニュイ、
サンセール
焼酎　五島灘（黒麹、白麹）

八、
いくらご飯
あら汁
香の物
料理解説195頁

一品料理

タコとアボカドの京湯葉和え

料理解説196頁

白身魚のカルパッチョ

料理解説196頁

〆鯖のあぶり フレッシュハーブのサラダ仕立て

料理解説197頁

和風アクアパッツァ

料理解説197頁

浅蜊　蛍烏賊
菜の花の生海苔餡かけ

料理解説198頁

日南鶏の網焼き
京水菜のサラダ仕立て

料理解説198頁

帆立と蕪の
和風グラタン

料理解説198頁

海老しんじょうの
京湯葉揚げ

料理解説199頁

2月のコース

一、

甘海老のタルタル　蜜柑のヴィネグレット

甘エビと野菜の食感の違いがこの料理のポイント。カブとキュウリは適度に歯応えを残す。

◎**タルタル**
アマエビ、塩、コショウ
カブ(小角切り)、キュウリ(小角切り)
薄い塩水、昆布

◎**ヴィネグレットドレッシング**
サラダ油1・5リットル、シェリーヴィネガー200cc、バルサミコ酢50cc、ベルギーエシャロット(すりおろし)2個分、ディジョンマスタード、塩、コショウ

オレンジ100%ジュース
ラディッシュ(薄切り)、セルフイユ

◎**タルタル**
1　アマエビは頭と殻をむき、背ワタを抜く。小口から切って、塩、コショウをふって5分間おいたのち、ヴィネグレットで和えて5分間おく。
2　カブとキュウリは昆布を入れた薄い塩水に一晩浸ける。歯応えは残すこと。

◎**ヴィネグレットドレッシング**
1　材料をミキサーにかけて、冷やしておく。

◎**仕上げ**
1　オレンジ100%ジュースを半分に煮詰め、ヴィネグレットと同量ずつ合わせて、蜜柑ドレッシングをつくる。
2　皿の中央にセルクルをおいて、カブ、キュウリ、アマエビの順に詰める。周りに蜜柑ドレッシングを流し、ラディッシュとセルフイユを飾る。

二、

焼き目帆立のコリアンスタイル

ホタテは提供直前に焼いて、温かさとこうばしさを加える。ホタテのかわりに、イカなども合う。

◎**サラダ**
ホタテ貝柱
キュウリ(短冊切り)、サンチュ、スプラウト(ブロッコリー、レッドキャベツ)

◎**コリアンソース**
コチジャン200g、みじん切りの長ネギ40g、米酢100cc、白煎りゴマ大さじ2、エクストラヴァージンオリーブ油30cc、胡麻油10cc

---

◎**コリアンソース**
1　材料をすべてボウルに入れ、泡立て器で攪拌する。

◎**サラダ**
1　ホタテ貝柱はグリル板で表面に焼き目をつける(両面)。2枚にスライスし、半月型に切る。
2　ホタテの間にコリアンソースをぬって重ねる。
3　器にサンチュとスプラウトを盛り、ホタテを盛る。上にキュウリをのせて、コリアンソースをかける。

三、

あおり烏賊　伊佐木のあぶり　ひらまさ　宝石はた　真鯛の湯引き　平目

イサキやタイなどのように皮がおいしい魚は、あぶったり湯引きにして皮を生かし、こうばしさや食感を楽しんでいただく。

アオリイカ、イサキ、ヒラマサ、宝石ハタ、マダイ、ヒラメ
おご海苔、ミョウガ（せん切り）、大葉
花穂紫蘇、ラディッシュ、紅タデ、山葵

1　魚は水洗いしてサク取りする。アオリイカは皮目に細かい包丁目を入れてそぎ造りにする。

2　イサキは串を打ち、皮目をあぶって、そぎ造りにする。ヒラマサは平造り、宝石ハタはそぎ造りにする。マダイは皮目に包丁目を入れて湯引きにし、そぎ造りにする。ヒラメはへぎ造りにする。エンガワを添える。

3　つまはおご海苔とせん切りのミョウガ。大葉を敷いて造りを盛る。花穂紫蘇、ラディッシュ、紅タデ、山葵を添える。

四、

白子とウニの茶碗蒸し

白子はなめらかに火を入れ、卵液はゆるめに調整する。夏には冷製を出すことも。上にヴィシソワーズをかけると喉越しがよくなる。

◎茶碗蒸し
白子（マダラ）
煮汁（水11：日本酒3：味醂1：淡口醤油1）
銀杏（水煮）1粒、生ウニ、三ツ葉
卵液（卵1個、だし140cc）

◎銀餡
吸い地、水溶き片栗粉

◎茶碗蒸し

1　白子は掃除をし、一口大に切る。煮汁を沸かして白子を入れ、とろ火で80℃を保ち、10分間加熱する。

2　卵液をつくる。卵を溶き、濃いめの吸い地程度に味をつけただしで割って、よく混ぜて漉す。

3　器に白子、銀杏、生ウニを入れて卵液を40ccほど注ぎ、上に刻んだ三ツ葉を散らす。

4　弱火の蒸し器で6分間加熱して取り出す。

◎銀餡

1　濃いめに味をつけた吸い地を沸かし、水溶き片栗粉でとろみをつける。

◎仕上げ

1　茶碗蒸しの上に銀餡を流し、蓋をして熱々を供する。

五、

伊佐木の塩焼き　菊菜の餡かけ

菊菜餡の香りと色は春ならでは。菊菜餡でイサキの塩焼きが華やかになり、ボリュームもアップする。

◎伊佐木の塩焼き
イサキ（切り身）1枚（40g）
日本酒、塩

◎菊菜餡
シュンギク、塩水少量、八方だし、水溶き片栗粉
ミョウガ（せん切り）

◎伊佐木の塩焼き

1　イサキは日本酒で洗って塩をふり30分間お

く。

2　皮目に飾り包丁を入れて串を打って焼く。

◎菊菜餡

1　シュンギクを熱湯でゆでる。塩水（海水よりも薄め）を少量入れてジューサーにかける。

2　1のシュンギク大さじ1を取り分け、八方だし70ccでのばして熱し、水溶き片栗粉でとろみをつける。

◎仕上げ

1　器に菊菜餡を流し、イサキを盛る。天にせん切りのミョウガを添える。

六、

揚げた海老芋のカニ餡かけ

味を煮含めたエビイモは、揚げる前に必ず温めておくこと。冷たいまま揚げると、中まで熱くなる前にこげてしまう。

◎海老芋

エビイモ、米の研ぎ汁、酢

八方だし（だし、日本酒、淡口醤油、味醂）、砂糖

◎カニ餡

八方だし90cc、カニ（ほぐし身）20g、水溶き片栗粉

生梅麩*、シシトウ、上新粉、揚げ油

おろしショウガ、万能ネギ（小口切り）

*生梅麩は八方だしで煮含める。

◎海老芋

1　エビイモは六方に皮をむいて半分に切り、酢を加えた米の研ぎ汁でゆでる。酢を加えるとイモが白くゆで上がる。沸いたら火を弱めてすっと串が通るまでゆでて水気をきる。

2　エビイモを鍋に戻し、砂糖を加えて甘めに味を調えた八方だしを注いで火にかける。沸いたらとろ火で15分間炊く。冷めるまでこのままおいて味を含ませる。このときにイモがだしを吸うので、だしは多めに。仕込みはここまで。

◎カニ餡

1　八方だしを沸かし、ほぐしたカニを加えて、水溶き片栗粉でとろみをつける。

◎仕上げ

1　エビイモを一口大に切って温め、上新粉をまぶす。梅麩も温め、上新粉をまぶす。１８０℃の油で揚げる。シシトウは素揚げにする。

2　器にエビイモを盛り、カニ餡をかける。梅麩とシシトウを盛り合わせ、おろしショウガと万能ネギを天に盛る。

七、

フォアグラ大根　ユズコショウおろし

フォアグラをさっぱりと和風に仕上げるために、ユズコショウを加えた大根おろしですすめる。

フォアグラ　1切れ（40g）

塩、コショウ、小麦粉、サラダ油

大根、八方だし（だし、日本酒、淡口醤油、味醂）

ユズコショウおろし（大根おろし10：ユズコショウ1）

1　大根を厚めの輪切りにし、水で下ゆでしたのち、八方だしで煮て味を含めておく。

2　フォアグラに塩、コショウをふり、小麦粉をまぶし、サラダ油をひいたフライパンで両面に焼き色をつける。２３０℃のオーブンで4分間加熱し、ミディアムに焼き上げる。

◎仕上げ

1　大根を温め、焼いたフォアグラをのせる。ユズコショウおろし（大根おろしにユズコショウを混ぜる）を添える。

八、

じゃこ茶漬け

チリメンジャコは冷凍保存がきくので、まとめて仕込んで保存できる。

◎チリメンジャコ
ジャコ1kg、水３６０cc、日本酒１８０cc、味醂１８０cc、濃口醤油１８０cc、砂糖大さじ1、有馬山椒大さじ1

◎茶漬け
ご飯
茶漬けだし（だし、日本酒、塩、淡口醤油）
煎りゴマ、ぶぶあられ、三ツ葉、刻み海苔、山葵

◎チリメンジャコ
1　有馬山椒以外の材料を鍋に入れて火にかける。煮汁が半分まで煮詰まったら、刃叩きした有馬山椒を加えて、煮汁がなくなるまで煮詰める。

◎仕上げ
1　炊きたてのご飯を茶碗によそい、チリメンジャコ大さじ2をのせ、煎りゴマ、ぶぶあられ、刻んだ三ツ葉を盛って、濃いめの吸い地程度に味を調えた熱い茶漬けだしをかける。天に刻み海苔をたっぷり盛る。山葵を添える。

9月のコース

二、

カニとアボカド　パリッとしたレタスの生春巻

野菜をたっぷり巻き込んだエスニック風生春巻。巻いてからしばらくおいて落ち着かせるが、30分以上経つとかたくなるので頃合をみて仕込む。

◎生春巻
ライスペーパー
アボカドペースト（アボカド1個、マヨネーズ20g、淡口醤油適量、レモン汁適量）
サニーレタス、キュウリ、パクチー、カニほぐし身

◎醤油ドレッシング
玉ネギすりおろし1個分、煎りゴマ１８０cc、サラダ油１０８０cc、濃口醤油５４０cc、酢５４０cc、胡麻ラー油90cc
ラディッシュ、セルフイユ

◎生春巻
1　ライスペーパーをぬるま湯に浸けて戻す。
2　アボカドペーストをつくる。アボカドは泡立て器でつぶし、マヨネーズで濃度をつけ、淡口醤油、レモン汁で味を調える。
3　ライスペーパーは水気をふいて広げ、2をぬる。
4　上にサニーレタス、短冊切りのキュウリ、パクチーをのせ、カニほぐし身を芯にして巻く。

◎醤油ドレッシング
1　材料を合わせ、泡立て器でよく混ぜる。

◎仕上げ
1　提供時に生春巻の端を切り落として、一口大に切り分ける。器に盛り、ラディッシュとセルフイユを添える。
2　醤油ドレッシングをかけて供する。

一、

北海道産生うにと
クリームチーズのマリアージュ

それぞれかたさを合わせると、口の中で一体となる。通年提供している「いま井」の定番料理。

◎クリームチーズ豆腐

クリームチーズ250g、木綿豆腐300g
棒寒天(水に浸けて戻しておく)1/4本、昆布だし360cc、日本酒90cc、淡口醤油適量

1 昆布だしに日本酒と寒天をちぎって入れ、火にかける。

2 水きりをした木綿豆腐をフードプロセッサーにかける。豆腐は過度に水きりすると仕上がりがかたくなる。

3 写真のようになめらかにする。

4 クリームチーズは薄切りにして、電子レンジに1分間かけて柔らかく戻し、豆腐に加える。

5 均一にチーズと豆腐を混ぜ、なめらかな状態に。これをボウルに移す。

6 1が沸いたら少し煮て、寒天を完全に溶かす。淡口醤油を加えて、泡立て器でかき混ぜる。ウニの味を生かしたいので、薄味に。

7 熱いうちに6を5に漉し入れて均一に混ぜる。

8 バットに移し、表面の泡を消す。

9 氷水をあてて急冷させる。豆腐には火が入っていないので、危険な温度帯を早く通過させる。冷蔵庫で保管し3日間で使いきる。

◎ジュレ

八方だし(だし、日本酒、淡口醤油、味醂)450cc、たまり醤油少量(色づけ程度)、板ゼラチン5g
ウニ、キャビア、ラディッシュ、セルフイユ、山葵

1 八方だしを沸かし、たまり醤油をたらす。水で戻した板ゼラチンを溶かして、容器に移して冷やし固める。

◎仕上げ

1 クリームチーズ豆腐をくり抜いて器に盛り、ウニを脇に盛る。ジュレをかけ、薄切りのラディッシュとセルフイユ、キャビアを添える。

三、

くえの昆布じめ

白身魚は昆布じめにして、2日以上おき、水分を適度に抜いて旨みをつける。相性のよい海苔のジュレがつけ醤油がわり。

◎昆布じめ
クエ、酒塩（日本酒、塩）、昆布

◎海苔のジュレ
八方だし（だし、日本酒、淡口醤油、味醂）400cc、たまり醤油少量、生海苔200g、板ゼラチン5g
スプラウト（ブロッコリーと赤キャベツ）

◎昆布じめ

1　クエを水洗いしてサク取りし、酒塩で洗い、昆布ではさむ。2日間以上冷蔵庫においてクエを熟成させて旨みをつける。

◎海苔のジュレ

1　八方だし、たまり醤油、生海苔を鍋に合わせて火にかける。
2　沸いたら火からおろし、水でふやかした板ゼラチンを溶かして冷まし、とろみをつける。

◎仕上げ

1　器にスプラウトを小高く盛る。昆布をはずし、クエをそぎ造りにして盛りつける。
2　海苔のジュレを流す。

四、

あおり烏賊　鰆　ひらまさ　石垣鯛　真鯛　大紋はた

五島列島から週に2～3回取り寄せる新鮮な魚介を、少しずつ多品種盛り合わせた。あぶり、湯引きなど変化をつけて提供する。

アオリイカ、サワラ、ヒラマサ、イシガキダイ、マダイ、オオモンハタ
ミョウガ、大葉、おご海苔、花穂紫蘇、ラディッシュ、紅タデ、山葵

1　それぞれの魚を水洗いしてサク取りする。
2　アオリイカは表面に包丁目を入れて、上から熱湯をかけて湯引きして、そぎ造りにする。
3　サワラは皮側のみをあぶって平造りにする。
4　ヒラマサ、イシガキダイ、オオモンハタは平造りにする。
5　マダイは皮は引かず飾り包丁を入れて湯引きにし、松皮造りにする。
6　器にミョウガの薄切りと大葉とおご海苔を敷いて6種の造りを盛りつける。紅タデと山葵、花穂紫蘇とラディッシュを飾る。

五、

ひらまさの網焼き　茸餡かけ

ヒラマサはグリル板でかりっと焼き目をつけ、火入れはオーブンで。秋の茸をたっぷり使った餡で季節感を表現した。

◎ひらまさの網焼き
ヒラマサ（切り身）1切れ（40g）
濃口醤油

◎茸餡
シイタケ、マイタケ、シメジタケ、エノキダケ
八方だし（だし、日本酒、淡口醤油、味醂）、水溶き片栗粉

三ツ葉、ユズ

◎**ひらまさの網焼き**

1　ヒラマサを濃口醤油で洗って、30分間～1時間おいて味をなじませる。

2　グリル板を熱し、ヒラマサの両面に網目模様をつける。この段階で1～2割火が入る。

3　２５０℃のオーブンに5分間入れて、完全に火を入れる。

◎**茸餡**

1　キノコ類を刻み、八方だしでさっと煮る。

2　水溶き片栗粉で濃いめにとろみをつける。

◎**仕上げ**

1　ヒラマサを盛り、茸餡をたっぷりかける。

2　刻んだ三ツ葉と、松葉ユズを添える。

六、やわらか煮穴子　小蕪と湯葉のべっこう餡かけ

アナゴは煮くずれる寸前まで煮る。アナゴに大小ばらつきがある場合は、個別に火入れを調節する。

◎**煮穴子**

アナゴ（1本１５０g）

煮汁（水、日本酒、濃口醤油、砂糖）、ショウガ（薄切り）

◎**小蕪と湯葉、紅葉麩**

カブ、生湯葉

八方だし（だし、日本酒、淡口醤油、味醂）

紅葉麩、木ノ芽

◎**べっこう餡**

だし10：濃口醤油1：日本酒1：味醂1、砂糖少量、水溶き片栗粉適量

◎**煮穴子**

1　アナゴを裂き、霜降りをしてヌメリをとる。

2　広口鍋に煮汁を合わせ、薄切りのショウガとアナゴを入れて、くずれる手前まで煮る。

◎**小蕪と湯葉、紅葉麩**

1　カブは皮をむき、丸のまま下ゆでして八方だしで煮含める。そのまま冷まして味を含ませる。

2　カブの煮汁で生湯葉をさっと煮る。

3　紅葉麩は八方だしに砂糖を加えて甘めに味を調えて煮含めておく。

◎**べっこう餡**

1　だしを熱し、日本酒、濃口醤油、味醂、砂糖を加えてさっと沸かして、水溶き片栗粉でとろみをつける。

◎**仕上げ**

1　それぞれを温める。カブを4等分に切り、生湯葉とともに盛りつけ、アナゴを上に盛る。

2　べっこう餡を温め、アナゴにかける。紅葉麩と木ノ芽を添える。

七、

秋鮭のたつた揚げ

川を遡上する直前の9月のサケは脂がのって美味。醤油をきかせた唐揚げにし、ピリッと辛みのある南蛮ソースを添えて、サケのクセを和らげた。

◎たつた揚げ

生サケ（切り身）　1切れ（25g）

浸け地（日本酒1：濃口醤油1、薄切りショウガ適量）、片栗粉、揚げ油

◎南蛮ソース

水540cc、濃口醤油180cc、酢180cc、おろしショウガ20g、おろしニンニク5g、砂糖60g、オイスターソース15cc、豆板醤15cc、長ネギ（みじん切り）80g、鶏がらスープ（顆粒）30cc、水溶き片栗粉適量

玉ネギ（薄切り）、万能ネギ（小口切り）、シシトウ、スプラウト（ブロッコリー、赤キャベツ）

◎たつた揚げ

1　生サケを浸け地（材料を合わせる）に30分間浸ける。取り出して汁気をふいて冷蔵庫で保管する。

◎南蛮ソース

1　水溶き片栗粉以外の材料をすべて鍋に入れて火にかける。最後に水溶き片栗粉を加えてとろみをつける。

◎仕上げ

1　サケに片栗粉をまぶして180℃に熱した揚げ油で揚げる。シシトウは素揚げにする。

2　器に玉ネギを盛り、揚げたてのサケを盛ってシシトウを添える。万能ネギを散らし、スプラウトを盛る。温かい南蛮ソースをかける。

八、

いくらご飯　あら汁　香の物（解説省略）

ご飯の上にたっぷりのせるので、あまり味が濃くならないように浸け地を調節する。あら汁のアラは、魚臭さを抑えるためにこうばしく焼いて使う。

◎いくら醤油漬け

イクラ、浸け地（日本酒3：味醂1・5：濃口醤油1：たまり醤油0・5、ユズ皮）

◎ご飯、香の物（解説省略）

◎あら汁

魚のアラ、日本酒、水、味噌

◎いくら醤油漬け

1　イクラはぬるま湯に浸けて、卵をはずす。

2　イクラを日本酒で洗い、醤油洗いして一晩冷蔵庫におく。

3　浸け地の材料を合わせ、一煮立ちさせて冷ます。2のイクラに浸るくらいの浸け地を注いで一晩おく。このままの状態で1週間〜10日間日持ちする。

◎あら汁

1　アラはこうばしく焼いて臭みを抑える。日本酒と水でアラを煮てだしをとる。

2　営業前に味噌を溶かし、味をつける。

◎仕上げ

1　ご飯を盛り、いくら醤油漬けをのせて、木ノ芽を添える。

2　あら汁を温めてお椀に盛る。汁と香の物をご飯とともに供する。

一品料理

タコとアボカドの京湯葉和え

タコとアボカドを、生湯葉を加えてつくった湯葉餡で和えてとろみをつけてなめらかに仕上げた。

タコ(ボイル)20g、アボカド20g
湯葉餡(生湯葉20g、八方だし１８０cc、濃口醤油15cc、水溶き片栗粉適量)
針海苔

1　タコとアボカドはさいの目に切る。
2　生湯葉は細かく切る。タコ、アボカド、生湯葉は同量ずつ用意しておく。
3　湯葉餡をつくる。八方だしを沸かし、2の生湯葉を入れ、濃口醤油で風味をつけて水溶き片栗粉でとろみをつけて冷やしておく。
4　提供時にタコ、アボカドを冷たい餡で和える。器に盛りつけ、針海苔を添える。

白身魚のカルパッチョ

オオモンハタは夏から秋にかけて五島列島から届く白身魚。ほとんど流通していないが、鮮度がよいものは食感がよいので、カルパッチョによく合う。

◎カルパッチョ
オオモンハタ(1・5kg)、塩
水菜(ざく切り)、玉ネギ(薄切り)
ミョウガ(せん切り)、万能ネギ(小口切り)、スプラウト(ブロッコリー、赤キャベツ)
ラディッシュ、セルフイユ

◎ドレッシング
ベビーホタテ１００g、水４００g、塩36g、ゴマ油３６０cc、酢１８０cc、黒コショウ、玉ネギすりおろし１／４個分、ニンニクすりおろし1片分

1　オオモンハタは薄造りにし(1人前7枚)、薄塩をあてておく。
2　野菜を用意する。

◎ドレッシング
1　ベビーホタテに水４００ccを加えて、２００ccになるまで煮詰めて漉す。塩を加えて一旦沸かして冷ます。
2　1を１８０cc取り分け、その他の材料をすべてよく混ぜ合わせ、冷やしておく。

◎仕上げ
1　水菜のざく切り、玉ネギを器に敷き、オオモンハタを放射状に並べる。
2　ミョウガ、万能ネギ、スプラウトを散らす。
3　ドレッシングを回しかけて提供。

〆鯖のあぶり　フレッシュハーブのサラダ仕立て

〆サバをたっぷりのハーブと合わせ、酸味のきいたドレッシングでつないだ人気の一品。脂のよくのった秋サバで。

◎〆サバ
サバ（600〜700g）、塩
酢、味醂、淡口醤油

◎ハーブサラダ
ディル、イタリアンパセリ、セルフイユ、ベビーリーフミックス、サニーレタス、トレヴィス
プティトマト、エディブルフラワー、ポワブルロゼ

◎ヴィネグレットドレッシング（→188頁甘海老のタルタル）

◎〆サバ

1　サバは三枚におろし、ベタ塩をあてて1時間半おいたのち、水で洗う。

2　味醂と淡口醤油を少量ずつ加えた酢に30分間浸ける。酢から取り出して冷蔵庫で一晩おく。

◎ハーブサラダ

1　材料のハーブ（すべてフレッシュ）、葉野菜、トマトを用意して冷やしておく。

◎仕上げ

1　〆サバは皮をむき、そぎ造りにして、バーナーで皮目のみをあぶる（1人前6枚）。

2　葉野菜を器に敷き、〆サバを盛る。上からハーブ、エディブルフラワー、くし形に切ったプティトマト、ポワブルロゼを散らし、ヴィネグレットドレッシングをかける。

和風アクアパッツァ

オリーブ油とブロードをゴマ油とだしでアレンジしたイタリア料理のアクアパッツァ風。スープ用の器も添えて提供する。

メイチダイ（頭1尾分）、日本酒、塩
大アサリ6個、ベビーホタテ50g
玉ネギ（薄切り）1／4個分、ニンニク（薄切り）1／4個分
胡麻油30cc、日本酒30cc、濃いめの吸い地180cc
三ツ葉、スプラウト（ブロッコリー、赤キャベツ）、スダチ

1　メイチダイの頭は日本酒で洗って薄塩をあて、一晩冷蔵庫におく。

2　頭を焼く。9割まで火を入れ、こうばしい焼き目をつける。

3　深めのフライパンに胡麻油を注ぎ、ニンニクを入れて火にかけ、香りを出す。

4　ニンニクが薄く色づいたら、玉ネギ、ベビーホタテを入れる。玉ネギがしんなりしたら、魚の頭、大アサリを入れる。

5　日本酒を入れて強火にし、アルコールを飛ばす。

6　濃いめの味の吸い地を注ぎ、蓋をして中火で煮る。

7　殻が開いたら火を止め、刻んだ三ツ葉を散らして蒸らす。

8　器に盛りつけて、スプラウトとスダチを添える。

浅蜊　蛍烏賊　菜の花の生海苔餡かけ

2〜3月の一品料理。アサリとホタルイカには火を入れすぎないこと。生海苔の香りと色を生かすために餡にも火を入れすぎないように仕上げる。

アサリ（砂抜き）6個、ホタルイカ7〜8杯、菜ノ花5本
八方だし（だし、日本酒、淡口醤油、味醂）、おろしショウガ
生海苔餡（生海苔大さじ1、煮汁・水溶き片栗粉各適量）
白髪ネギ

1　ホタルイカは目と口、軟骨を抜いて、おろしショウガを加えた八方だしで煮含める。菜ノ花は塩ゆでして冷水にとり、冷たい八方だしに浸ける。
2　浅い鍋にアサリ6個を入れて八方だしを１４０ccほど注ぎ、蓋をして火にかける。殻が開いたらアサリを取り出し器に盛る。同じ鍋にホタルイカ、刻んだ菜ノ花を入れて温める。
3　ホタルイカと菜ノ花をアサリの器に盛る。
4　この煮汁に生海苔を大さじ1ほど加えて沸かし、水溶き片栗粉を加えて餡をつくり、3にかける。白髪ネギを天に盛る。

日南鶏の網焼き　京水菜のサラダ仕立て

こうばしく焼いた鶏モモ肉に、水菜をたっぷりのせたサラダ風。脂がのった肉には酸味と辛みのきいたドレッシングがよく合う。

◎日南鶏の網焼き、サラダ
鶏モモ肉、塩
ミズナ（ざく切り）、万能ネギ（小口切り）
◎ユズコショウドレッシング
サラダ油３６０cc、淡口醤油１８０cc、米酢１８０cc、ユズコショウ小さじ1

◎日南鶏の網焼き、サラダ
1　鶏モモ肉に塩をふって5分間おいてなじませてから、熱したグリル板で焼き目をつけ、２３０℃のオーブンで15分間焼く。
◎ユズコショウドレッシング
1　材料をボウルに入れて泡立て器でよく混ぜる。
◎仕上げ
1　鶏モモ肉を器に盛り、ミズナをたっぷりのせ、万能ネギを散らす。ユズコショウドレッシングをかける。

帆立と蕪の和風グラタン

白味噌とだしを加えた和風ホワイトソースでつくるグラタン。具材を変えれば、メニューの幅が広がる。

◎帆立、蕪
ホタテ貝柱、塩、コショウ
カブ、八方だし（だし、日本酒、淡口醤油、味醂）
三ツ葉
◎和風ホワイトソース
ホワイトソース＊、八方だし１００cc、白味噌20g
パルメザンチーズ
＊バター20gを溶かし、小麦粉20gを炒める。粉に火が通ったら、牛乳２８８ccを少しずつ加えながら混ぜ、なめらかに仕上げる。

◎帆立、蕪
1　ホタテ貝柱は塩、コショウをふり、グリル板で表面に焼き目をつける。
2　カブは皮をむき、丸のまま水で下ゆでし、八方だしで煮含める。

◎**和風ホワイトソース**

1　ホワイトソースに白味噌を混ぜ、八方だしでのばす。

◎**仕上げ**

1　耐熱器に一口大に切ったカブとホタテを盛り、和風ホワイトソースを回しかけ、パルメザンチーズと刻んだ三ツ葉をふる。２３０℃のオーブンで15分間焼く。

海老しんじょうの京湯葉揚げ

エビの半量はなめらかなすり身に、もう半量は質感が残るように粗めにすって混ぜ合わせ、ぷりっとしたエビ特有の歯応えを出す。

◎しんじょう
エビ（むき身）１・８kg、砂糖１００g、塩60g、うま味調味料30g、玉子の素（卵黄1個、サラダ油１８０cc）
小麦粉、天ぷら衣、刻み湯葉（乾燥）、揚げ油
シシトウ
天つゆ（だし７：味醂１：淡口醤油１）
紅葉おろし、アサツキ

◎**しんじょう**

1　しんじょうをつくる。エビをフードプロセッサーにかける。半量は粒が残る程度に、もう半量はなめらかなミンチ状にして合わせる。

2　１に砂糖、塩、うま味調味料、玉子の素をなじませるように練る。

3　１個25gに丸めて熱湯に落としてボイルする。しんじょうが浮いてきたら取り出して水気をきる。この段階で冷凍保存も可能。仕込みはここまで。

◎**仕上げ**

1　しんじょうを温め、小麦粉をまぶして天ぷら衣にくぐらせ、刻み湯葉をまぶす。１８０℃の油でかりっと揚げる。

2　シシトウは同じ油で素揚げにする。しんじょうとシシトウを盛りつける。紅葉おろしと小口切りのアサツキを添える

3　天つゆを合わせて一煮立ちさせ、別に添える。

「幸せ三昧」

幸せ三昧

中山幸三

東京都渋谷区東４-８-１
電話０３-３７９７-６５５６
営業時間／18:00～23:00（最終入店）
定休日／日、祝の月曜

開店／２００９年12月
店舗規模／12・7坪、客席数17席（カウンター7席、テーブル席10席）
従業員数／厨房２・５名、サービス１・５名
料理／５０００円（10品）コースのみ
客単価／７５００～８０００円
食材原価率／40％

悪立地での開店

恵比寿駅、渋谷駅、広尾駅の周辺は東京の中でも有数の飲食店の激戦区。これらの駅のどこからも歩いて15分以上という場所に開店した「幸せ三昧」は、店主の中山幸三氏が35歳で独立開業した店だ。

中山氏は28歳で異業種から転身。調理の経験もないまま、自らが常連であった東京・武蔵小山のやきとり店「とり将」で日本料理の修業を一から始めた。当時の「とり将」の店主は、現「賛否両論」の笠原将弘氏。笠原氏が「とり将」を閉め、「賛否両論」を開店したあとの丸6年間、中山氏は同店で修業を積み、二番を務めるまでになった。「幸せ三昧」の開店には、「賛否両論」の立ち上げか

ら携われた経験が大きかったという。

ご存知のとおり「賛否両論」も「幸せ三昧」と同じように、どの駅からも遠いという悪条件の立地でありながら「予約のとれない店」として大成功をおさめている。

この成功を経験してきたから、この場所を選ぶことにそれほど抵抗はなかったのかもしれないが、このようなむずかしい立地でしっかりと顧客をつかむのは、至難の業であることはいうまでもない。その魅力の源はいったいどこにあるのだろうか。

５０００円のコース1本で勝負

料理は５０００円のコースのみ。「大人のための居酒屋」を目指しているという中山氏。「できるだけ価格を抑えたかった」という。食材原価率は40%。ドリンクの売上げがあるとはいえ、常に満席という繁盛ぶりがあってこそ維持できる価格だ。

開店時からほぼ満席を続けられたのは、初動段階で笠原氏が「賛否両論」のお客さまを優先して紹介してくれたからだというが、破格の値づけと、期待をはるかに上回る料理内容が人気の要因であることは間違いない。飲んで食べて８０００円。1万円でお釣りに千円札が数枚戻ってくるこの価格は非常に魅力的だ。

中山氏は「５０００円でおさまるように食材原価を抑えるのではなく、５０００円でどれだけできるかをつねに考え、この価格で満足していただける最高の内容を目指しています」という。

５０００円という創作系の料理が並び、高級素材はあまり期待できないのではと思われるかもしれないが、そういったチープな印象は受けない。「日本料理店であるからには、必ずお椀と造りは出していきたい」と中山氏。せっかく食べに来ていただいているのだから、少量ずつではあっても、ご馳走感のある高級素材を多品種用意したいという。

たとえば丸ごと1個つけるアワビステーキは出せないけれど、1切れならばつけられるといった具合だ。そのかわり野菜を組み合わせて1皿のボリュームをアップしている。多くの種類の魚介類を使いながら、コースの中でまったく重複しないようにしていることも魅力だ。

コースは10品で構成される。5000円で10品、この皿数の多さも魅力だ。お値打ち度の高さがストレートに伝わり、お客さまの満足感につながっている。

固定費を抑える

5000円という価格を実現するには、連日満席を続ける以前にまず固定費を抑える必要がある。

物件探しは最初から、恵比寿、広尾付近で進めていた。中山氏は広尾高校の出身。修業先の「賛否両論」からも近く、このエリアは土地鑑がある。近隣に知り合いが多いことも心強かった。

しかし恵比寿駅から徒歩5分圏内の家賃は4万～5万円が相場。5000円で勝負しようとしている中山氏にとってかなりハードルの高い数字だ。必然的に駅からはかなり離れたところで探さざるをえない。そうして見つけたのが現在の物件。開業資金は2000万円で、自己資金に加えて金融機関からの融資でまかなった。

駅周辺と比べて家賃が半分ほどと安いうえに、新築物件の1階。当初はガレージとして使用する予定だった場所なので、スケルトンの状態で自分の描いていたとおりの店ができた。設計は知り合いの建築家に依頼。カウンター内の厨房機器は作業動線を考慮して配置し、客席間の通路はサービスしやすいよう広くとるなど、従業員の働きやすさを優先した。

テーブル席。店内はシンプルでモダンな雰囲気。

トイレの壁には、来店客からのメッセージとサインが。

ガスコンロの中央に蒸し器を置いている。日本料理店には欠かせない蒸し器。蒸すだけでなく、温めたり保温するのに重宝する。

従業員の給与も固定費の一部。人数はできるだけしぼらなければならないが、無理はさせたくない。人件費のムダをださずに満足してもらえるサービスを提供するには店づくりが大きくかかわってくる。とくに重要なのが料理の提供スピードと客席に対しての目配りであり、この点はカジュアルな店であってもおざなりにしてはいけないと中山氏はいう。

客席配置はカウンター7席、テーブル3卓10席。現状のレイアウトでは4名は最低必要と判断した。内訳はカウンター内調理担当2・5名、料理の配膳とドリンク担当1・5名。調理専従は2名で、デザートや盛りつけ、洗い場の作業と、外のサービスを兼務する従業員が1名、サービス専従が1名というシフトだ。

カウンター席のお客さまにはカウンター内から直接料理を提供。外のサービス担当従業員はテーブル席10席を担当するが。同時に10人分を配膳するケースを考慮して、広く取った客席間の通路に料理を置けるサービステーブル（可動）を用意した。これがスムーズな提供にかなり役立っているという。こうした店づくりの工夫によって中山氏は、固定費の圧縮に成功した。

中山幸三氏。「幸せ三昧」という店名は中山氏の名前からとった。

包丁や刷毛、おろし金などは、使いやすいように1カ所にまとめている。（右）。テーブルセッティング。箸置きと箸、スプーン、コースター、グラスは最初にセッティングしておく（上）。

築地に通っていいものを安く

一方で、毎日のように変動するのが食材原価。魚介類とメインとなる野菜は築地から仕入れるが、原価が一番かさむのが魚介類だ。中山氏は毎日築地に通いつめて、自分の店に合った仲卸を決めて、おもにここから安くてよいものを仕入れることで原価を抑えている。築地には少し時間をはずしていくとかなり安くなるし、思いがけない値打ちものを入手することができるという。

「5000円で満足を感じていただくには、毎日築地に通うことは欠かせません」と中山氏。薬味野菜や普段使いの野菜に関しては、自宅のある武蔵小山の食材市場「二葉フードセンター」で仕入れている。この市場は野菜などをまとめて安く仕入れることができ、マスコミなどでも紹介されるほど有名だ。

「料理はコース1本で、席数も限られている。仕込み量も決まってくるため食材のロスが少ないのが強みです」と中山氏はいうが、日常使いができる価格を守りながら、その中でお値打ちをとことん高めていこうという姿勢が人気の理由であることは間違いない。そうした地に足がついた商いを続けることが、お客さまの支持をいただくカギなのだろう。

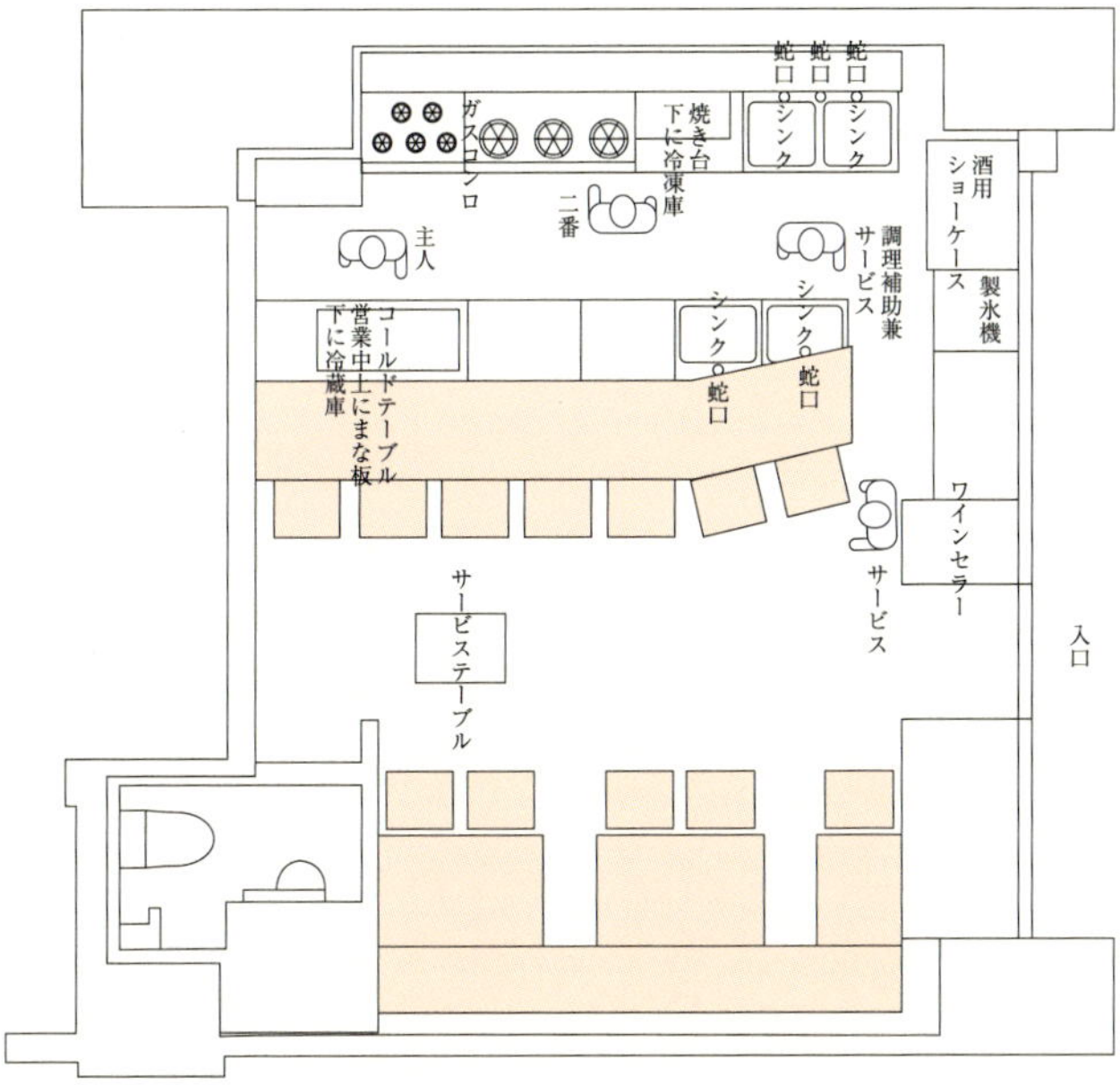

厨房には2.5名が入る。向かって左端（一番奥）の中山氏は刺身を引き、椀物や蒸し物などを担当する。二番は壁側のガスコンロの前で煮物、焼物、揚物などを担当する。一番右側は前菜の盛りつけやデザート、洗い物を中心に、一部ドリンク類のサービスも行なう。

客席はカウンター席とテーブル席。この間に可動できる木製の箱のようなサービステーブルを用意している。これがテーブル席への提供やバッシング（片付け）にとても役に立つ。小口のガスコンロを5台設置して、先付として出す小鍋ものや、食事の炊き込みご飯がスムーズに出せるように対応している。

一、先付
牡蠣と白菜のすり流し
料理解説212頁

二、おしのぎ
煮蛤と蓮根のお寿司
料理解説212頁

幸せ三昧 2月のコース
5000円

コースは飽きさせないようにほどよく強弱のあるリズムをつけ、押さえるべき盛り上がりの場を2回程度用意している。

終盤に出す「鰻のたれ焼きときんぴら牛蒡」といったボリュームのある惣菜風の一品は、ほっとするような味が魅力的だ。

最後を印象づけるデザートは2種類用意。最初の1品を食べていただき、おなかに余裕がある方にはもう1品出している。同時に2品出すのではなく、1品ずつ出すことで、いい状態で食べていただけるし、品数の多さの印象を一層強めることができる。

三、椀物
大根しんじょうと甘鯛
料理解説213頁

四、揚物
白子の春巻と
海老芋の唐揚げ
料理解説213頁

五、造り
平目の薄造り
料理解説214頁

六、焼物
えぼ鯛の塩焼きと葱味噌
料理解説214頁

コースに合う酒
亀の王　純米吟醸（新潟）
勝駒　純米酒（富山）

七、蒸物
蕎麦饅頭　べっこう餡かけ
料理解説215頁

九、甘味一品目
柚子のグラニテと日向夏のマリネ
料理解説216頁

八、食事
鯛の炊き込みご飯
料理解説215頁

十、甘味二品目
黒糖餅
料理解説216頁

幸せ三昧
8月のコース
5000円

一、先付
南瓜豆腐のたたき車海老添え
料理解説217頁

二、おしのぎ
くるみだれと苦瓜の素麺
料理解説218頁

三、揚物
鮎一夜干しの天ぷら
料理解説218頁

四、椀物
鱧のしんじょうと
松茸のお椀
料理解説219頁

五、造り
鰈 水蛸 つぶ貝
かます焼き霜
料理解説220頁

六、焼物

鰻のたれ焼きときんぴら牛蒡

料理解説220頁

七、蒸物

鱸のおくら蒸し　梅肉餡

料理解説221頁

コースに合う酒

醸し人九平次　純米吟醸（愛知）

磯自慢　純米吟醸（静岡）

美丈夫　舞　純米大吟醸うすにごり（高知）

八、食事

玉蜀黍としらすのご飯

赤だし　香の物

料理解説221頁

九、甘味一品目

桃のグラニテ

料理解説222頁

十、甘味二品目

抹茶アイスと粒餡の最中

料理解説222頁

2月のコース

一、先付

牡蠣と白菜のすり流し

寒い季節の最初の一品は、白菜のポタージュ。小鍋をコンロにかけてぐつぐつ沸かした熱々のすり流しで暖まっていただく、最初のおもてなし。

◎白菜すり流し
白菜（ざく切り）1玉、新玉ネギ（薄切り）1個、ジャガイモ（男爵）2個、ホタテ貝柱4個
だし、塩、淡口醤油、味醂

◎牡蠣
カキ1個、黒コショウ

◎白菜すり流し

1 新玉ネギをサラダ油（分量外）で炒める。しんなりして甘みが出るまで弱火で20分間ほど炒める。

2 ジャガイモは皮つきのまま蒸したのち、皮をむいて適当に切る。

3 1の鍋にだしを1・5cm高さまで注ぎ、2のジャガイモ、白菜を入れて蓋をし、弱火にかけて1時間ほど蒸し煮にする。途中でホタテ貝柱の乱切りを加える。

4 白菜がしんなりしたら、3をハンドミキサーにかけて裏漉しする。かなりどろりとした状態。塩、淡口醤油、味醂で味をつける。このまま冷蔵庫で保管しておく。

◎牡蠣

1 カキは殻をよく洗い、蒸し器でふっくら蒸して殻をはずす。

◎仕上げ

1 小鍋に白菜すり流しを取り分けて温める。

2 カキは蒸し器で再度さっと温めてすり流しの上にのせ、黒コショウをふる。

二、おしのぎ

煮蛤と蓮根のお寿司

熱々のすり流しで暖まったら、寿司で小腹を満たすおしのぎを。春らしい蛤と蓮根のちらし寿司風。

◎煮蛤
ハマグリ、地（水10：日本酒1）
浸け地（だし350cc、ハマグリ蒸し汁100cc、味醂50cc、砂糖大さじ1、濃口醤油30cc、たまり醤油15cc）

◎蓮根
レンコン（薄切り）、サラダ油
日本酒、砂糖、濃口醤油、味醂

◎寿司飯
米3合、寿司酢（酢700cc、砂糖200g、塩130g） 炊き上がったご飯の1／10量
煮ツメ（ハマグリの浸け地、砂糖、濃口醤油）
芽ネギ

◎煮蛤

1 ハマグリは殻同士をこすり合わせてよく洗う。

2 鍋にハマグリを入れ、水と日本酒をかぶる程度注ぐ。加熱しすぎると身がかたくなるので、早く沸くようにアルミホイルをかぶせる。強火で沸かし、殻が開いた順にハマグリを取り出す。

3 身を殻からはずす。身から出た汁と蒸し汁を、浸し地とともに鍋に入れて一煮立ちさせた中に、むいたハマグリを入れてすぐに鍋ごと氷水にあてて冷ます。こうして余熱で火を入れて、レアっぽく仕上げる。

◎**蓮根**

1　レンコンは薄く切る。

2　サラダ油で炒めて、日本酒、砂糖、濃口醤油、味醂できんぴら風に味をつける。

◎**寿司飯**

1　米を少しかために炊く(米1合に対して水0・9合)。

2　炊きたてのご飯に10分の1量の寿司酢（材料を混ぜ合わせておく)を切り混ぜる。

◎**仕上げ**

1　レンコンと寿司飯を重ねて盛り、上に煮ハマグリをのせて、煮ツメをかける。切りそろえた芽ネギを天に盛る。煮ツメは浸け地に濃口醤油、砂糖を加えて煮詰めたもの。

三、椀物

大根しんじょうと甘鯛

甘みのある聖護院大根のしんじょう、秋から冬に旬を迎えるアマダイを椀種とした。アマダイは水分が多いので、塩をあてしばらくおく。

◎**大根しんじょう**

聖護院大根1個、すり身５００g、塩少量、大根のおろし汁１８０cc

◎**甘鯛の塩焼き**

アマダイ、塩

◎**吸い地**

だし、塩、日本酒、淡口醤油

三ツ葉、ユズ

◎**大根しんじょう**

1　聖護院大根をすりおろし、大根とおろし汁を分けておく。

2　フードプロセッサーにすり身とおろした大根、塩を少量入れて回す。かたさをみながら、おろし汁を加えてのばす。

3　流し缶にラップフィルムを敷いて、2を流し入れ、蒸し器(中火)で15分間蒸す。

◎**甘鯛塩焼き**

1　アマダイは三枚におろし、薄塩をあてて半日以上おく。

2　1切れ30gの切り身にし、串を打って焼く。

◎**仕上げ**

1　提供時、しんじょうを長方形に切って、蒸し器で温める。

2　椀にしんじょうとアマダイを盛る。温めた吸い地を注ぎ、結び三ツ葉と針ユズを天に盛る。

四、揚物

白子の春巻と海老芋の唐揚げ

春巻の具のマダラの白子は、70℃で1分間加熱すると、柔らかく煮上がる。シュンギクとともに皮で包んでからりと揚げる。

◎**白子の春巻**

白子(マダラ)、だし(水10：日本酒1、塩・昆布適量)

すり身、だし、シュンギク

春巻の皮

◎海老芋の唐揚げ
エビイモ、煮汁（だし13、濃口醤油1：味醂1、砂糖適量）
片栗粉、揚げ油
塩、カレー塩（塩1：カレー粉1）、レモン

◎白子の春巻

1 マダラの白子を掃除し、一口大に切って霜降りする。

2 鍋に昆布、水を入れて、70℃になるまで20分間かけてゆっくり加熱する。ここに日本酒、塩を加えて1の白子を入れる。70℃をキープして1分間加熱して鍋ごと氷水で冷やす。だしに浸けたまま冷蔵庫で保存すれば3～4日間もつ。

3 すり身をだしでのばしておく。シュンギクをゆがいて刻む。

4 春巻の皮を広げ、3のすり身をのばして、その上にシュンギクと白子をのせて巻く。仕込みはここまで。

◎海老芋の唐揚げ

1 エビイモは水から下ゆでする。

2 柔らかくなったら、煮汁の材料を合わせてエビイモを弱火で20分間炊く。鍋のまま冷まして味を含ませる。仕込みはここまで。

◎仕上げ

1 提供時に、１６０～１７０℃に熱した油で、4の春巻と片栗粉をまぶしたエビイモを揚げる。

2 油をきり、塩とカレー塩（塩とカレー粉を混ぜ合わせたもの）、レモンを添える。

五、造り

平目の薄造り

薄造りのヒラメは、一人前10枚以上つけて満足感を出す。フグ皮のようにヒラメの皮もゆでて繊切りにすると、歯応えがよく美味。薄造りとともに盛りつける。

ヒラメ
ヒラメの皮、塩
万能ネギ（小口切り）、紅葉おろし、スダチ
ポン酢

1 ヒラメは五枚におろし、サク取りして薄造りにし、皿に放射状に10～12枚程度盛る。

2 ヒラメの皮は湯引きして氷水にとり、水気をふき取って細切りにする。

3 万能ネギ、紅葉おろし、スダチを添える。別皿でポン酢を添えてすすめる。

六、焼物

えぼ鯛の塩焼きと葱味噌

たっぷりのワケギを赤味噌のソースに混ぜて葱味噌とし、エボダイの塩焼きに添えた。ソースに加える赤ミソの素はまとめて仕込んでおくと便利。

◎えぼ鯛の塩焼き
エボダイ、塩

◎葱味噌
赤味噌の素（桜味噌３００g、信州味噌２００g、砂糖３５０g、日本酒１００cc、味醂１００cc）、だし
ワケギ、一味唐辛子

◎えぼ鯛塩焼き

1 エボダイは三枚におろし、1人前半身を使う。塩をあてて半日おく。

2 エボダイに串を打って焼く。

◎葱味噌

1 赤味噌の素を仕込む。材料をすべて鍋に入れて、弱火で10分間程度練る。ねっとりとしてきたらでき上がり。密封容器に入れて冷蔵保存する。

2 赤味噌の素をだしでのばしてソース状にする。

3　ワケギをゆで、氷水にとる。水気をふいて、麺棒で内側のヌメリと水分をしごき取る。残すとソースの味がぼけるので、必ず行なうこと。

4　ざく切りにしたワケギをソースの中に入れて葱味噌をつくり、蒸し器で温める。

◎**仕上げ**

1　器に葱味噌を流し、えぼ鯛の塩焼きを盛る。仕上げに一味唐辛子をふる。

七、蒸物

蕎麦饅頭　べっこう餡かけ

ソバ粉の生地で、カニとキノコがぎっしり詰まった饅頭をつくった。つなぎは玉子の素。そばつゆ風の濃いめの餡をかけてすすめる。

◎**蕎麦饅頭**

生地（ソバ粉1：白玉粉1：上新粉1）

具（ズワイガニほぐし身、マイタケ、エノキダケ、サラダ油、塩、玉子の素＊）

◎**べっこう餡**

だし13：濃口醤油1：味醂1、水溶き葛粉適量

天然青海苔、山葵

＊泡立て器で溶きほぐした卵黄（1個分）に、少しずつサラダ油（60cc）を混ぜながらすり混ぜてマヨネーズ状にする。

◎**蕎麦饅頭**

1　生地をつくる。白玉粉に水適量を加えてこねる。ここにソバ粉と上新粉と水を加えて手で練り、耳たぶくらいのかたさに調整する。一つにまとめて冷蔵庫に30分間ねかせる。

2　具をつくる。細かく裂いたマイタケ、2cmに切ったエノキダケをサラダ油で炒める。塩で薄味をつけたら、水分が出てしんなりするまでよく炒める。常温で冷まし、キノコと同量のズワイガニのほぐし身を混ぜ合わせる。

3　ここに玉子の素を加えてよく混ぜる。

4　生地を15g取り分けて丸くのばす。ラップフィルムの上に生地をのせ、大さじ2の3をのせて茶巾に包む。

◎**べっこう餡**

1　だし、濃口醤油、味醂を一煮立ちさせ、水で溶いた葛粉を混ぜて濃いめのとろみをつける。

◎**仕上げ**

1　蒸し器（中火）に蕎麦饅頭を入れて12分間蒸して器に盛る。

2　上から熱いべっこう餡をかけ、青海苔、山葵を天に盛る。

八、食事

鯛の炊き込みご飯

春の香りのするフキをマダイとともに炊き込んだご飯。淡いフキの香りを生かすコツは、薄味でご飯を炊くこと。

（2人前）

米（研いで水をきって冷蔵保存）　1合

マダイ（切り身）　3切れ（20g×3）、塩

フキ、煮汁（だし、淡口醤油、味醂）

油揚げ（みじん切り）

炊き地（水14：濃口醤油0・5：白醤油0・5：日本酒1）180cc

1　米はまとめて研いで45分間吸水し、水をきって、冷蔵庫に保管しておく。

2　マダイは三枚におろし、薄塩をあて半日おく。

3　フキは熱湯でゆでてスジを取り、3cmに切りそろえる。煮汁を薄味に調え、下ゆでしたフキを炊く。沸いたら火を止めてそのまま冷ます。

4　マダイを切り身（20g×3切れ）にして焼く。

5　米1合を土鍋に入れて、炊き地を1合注いで、強火にかける。沸いたら中火に落として5分間、弱火で5分間炊き上げる。フキとマダイをのせて2〜3分間蒸らす。茶碗に盛って提供。

九、デザート一品目

柚子のグラニテと日向夏のマリネ

一品目のデザートは、フルーツを使ったジューシーでさっぱりしたデザートを提供する。柑橘系のユズと日向夏の組み合せ。

◎柚子のグラニテ
ユズ　2個
水1リットル、砂糖200g
白ワイン（煮きる）100cc、ユズ酒150cc

◎日向夏のマリネ
日向夏、砂糖

◎ワインゼリー
白ワイン900cc、砂糖150g、水250cc、板ゼラチン16g

◎柚子のグラニテ

1　ユズの表皮をすりおろす。果実を半分に切って、果汁を絞る。

2　水に砂糖を溶かして7割程度まで凍らせる。ここにユズの表皮と果汁、煮きった白ワイン、ユズ酒を加えてフードプロセッサーにかけて、再度凍らせる。提供30分前に冷蔵庫に移しておく。

◎日向夏のマリネ

1　日向夏は皮をむき、白いワタは残す。食べやすく切って砂糖少量をまぶす。

◎ワインゼリー

1　白ワインを火にかけて煮きり、砂糖を入れて溶かす。さらに水を入れて沸かし、火を止めて水で戻した板ゼラチンを溶かす。

2　容器に移して氷水にあてて粗熱をとり、冷蔵庫で冷やし固める。

◎仕上げ

1　器にグラニテを盛り、その上に日向夏のマリネを盛る。ワインゼリーを砕いてかける。

十、デザート二品目

黒糖餅

二品目は黒糖の甘さがきいた喉越しのよい餅。冷やして提供する。

白玉粉50g、黒糖（粉末）200g、水800g、葛粉20g、クルミ（粗みじん切り）100g
キナコ、黒蜜

1　白玉粉、黒糖、水、葛粉を混ぜ合わせてしばらくおく。どろりとした状態だ。

2　1を裏漉しして鍋に入れて弱火で練る。ぺたぺたと鍋肌からはがれるようになったら、クルミを入れて混ぜて火を止める。

3　バット一面にキナコをふるって、2を流し、上にもキナコをふるう。冷蔵庫で保管する。

4　提供時、一口大に切って器に3個盛り、キナコをふる。黒蜜を細くたらす。

8月のコース

一、先付

南瓜豆腐のたたき車海老添え

野菜の寄せ豆腐は、季節感のあるヘルシーな一品。喉ごしもよく、前菜に最適。夏に出回るカボチャを使い、赤いクルマエビとトマト、緑色のエダマメを添えたカラフルな一品。

◎南瓜豆腐

(18・5㎝角の流し缶1台分)

カボチャピュレ(カボチャ1／2個、二番だし適量、砂糖大さじ3〜4、濃口醤油30cc、葛粉70g)

*カボチャは種をスプーンでかき取り、大きめの角切りにして、色よく仕上げるために皮を薄くむいておく。

1　鍋にカボチャを入れて二番だしを浸るくらい注ぎ、中火にかける。カボチャに火が通ったら、砂糖、濃口醤油で味をつけ、落とし蓋をして煮る。

2　炊き上がったカボチャ。

3　180ccの煮汁を漉して冷ましておく。これは葛粉を溶くためのもの。

4　煮上がったカボチャを残りの煮汁とともにハンドブレンダーにかけて冷ます。

5　さらに漉し器で漉す。1080ccをはかって鍋に移す。

6　葛粉を3の煮汁に加えて、よく混ぜる。

7　ダマが残らないように漉して、5の鍋に入れる。

8　強火にかけて木杓子で練る。濃度がついてきたら火を弱める。ぺたぺたと音がしてきて鍋肌が見えるようになったら、最後にしっかり水分を飛ばす。火を止めてから、さらに1分間ほど練ると舌触りがよくなる。

9　漉し器で漉してダマを除く。

10　流し缶に流し入れる。下にとんとんと当てて中の空気を抜いたら、ぴったりと落としラップをする。

11　周りに氷水をあて、ラップの上にも水を注ぎ、氷を入れて冷ます。冷えたら冷蔵庫で保管。

◎クルマエビの葛たたき

クルマエビ
塩、日本酒、葛粉（粉末）、だし
浸し地（エビだし18：日本酒0・5：砂糖適量：淡口醬油1）

1 クルマエビは殻をむき、背に切り目を入れて背ワタを抜き、一口大に切る。塩、日本酒をふって葛粉をまぶす。
2 エビの食感が残るよう、沸かしただしにさっとくぐらせ、赤くかわったらすぐに氷水にとって、食感を残す。
3 2のだしを使って浸し地を合わせて冷まし、エビを戻し、半日から一晩おいて味を含ませる。

◎だしジュレ

だし1080cc、淡口醬油90cc、味醂90cc、板ゼラチン20g

1 だしを熱し、淡口醬油、味醂を合わせて一煮立ちさせる。
2 火を止め、ふやかした板ゼラチンを溶かして容器に移して冷やし固める。

◎仕上げ

トマト、エダマメ、青ユズ

1 カボチャ豆腐を角に切り出して器に盛る。仕込みは40人分だが、時間がたつと質感が落ちるので、早めに使いきる。
2 クルマエビ、湯むきして適宜に切ったトマト、塩ゆでしたエダマメを盛り合わせる。
3 上からだしジュレをくずしてかけ、ふりユズをする。

二、おしのぎ

くるみだれと苦瓜の素麺

盛夏の前菜の二品目は、クルミダレで喉ごしのよい極細素麺をすすめる。しゃきしゃきとした食感と苦みが持ち味の苦瓜で食欲を喚起する。

素麺（極細）
◎クルミダレ
もと（むきクルミ500g、だし540cc、砂糖大さじ3、淡口醬油30cc）、ソバつゆ（かけ汁）
◎苦瓜の浸し
ニガウリ、塩、浸し地（だし12：淡口醬油1：味醂1）

◎クルミダレ

1 もとをつくる。むきクルミをすり鉢ですり、だし、砂糖、淡口醬油をとろりとするようにすり合わせる。これを漉してもととする。
2 もとを同量のソバつゆで割って味をととのえて冷やしておく。

◎苦瓜の浸し

1 ニガウリは薄切りにし、さっと塩ゆでして、浸し地に浸ける。

◎仕上げ

1 ゆでて冷水にとった素麺を器に盛る。クルミダレをかけ、ニガウリを添える。

三、揚物

鮎一夜干しの天ぷら

アユは昆布立塩に浸けて一夜干しにして天ぷらに。養殖のアユにアユらしさを与えるために内臓でつくった肝ダレを添えてみた。

◎天ぷら
鮎の一夜干し（アユ＊、昆布だし2リットル、粗塩80g）
小玉ネギ、モロッコインゲン
天ぷら衣（小麦粉1：卵水＊＊1）
◎肝ダレ
アユの内臓、塩

レモン、塩

＊良質の養殖ものを選んでいる。アユらしさを生かすように工夫を施す。
＊＊卵黄1個分を水500ccで割ったもの。

◎天ぷら

1　アユは背開きして内臓を取り出す。身は昆布立塩（昆布だしに粗塩を加えて沸かして冷ます）に30分間浸けたのち、1時間干す。頭と中骨はそのまま半日干す。

2　干し終えたら冷蔵庫に入れて1日おいて味をなじませる。

◎肝ダレ

1　アユの内臓をアルミホイルに広げ、薄塩をふって天火で焼く。

2　浮き出した脂を除いて、内臓を裏漉しする。

◎仕上げ

1　アユの身は食べやすく切り、天ぷら衣をつけて180℃の油で揚げる。頭と中骨は素揚げにする。

2　小玉ネギとモロッコインゲンは掃除をして食べやすく切る。小麦粉をまぶして天ぷら衣にくぐらせ、180℃の油で揚げて油をきる。

3　天紙を敷いて、小玉ネギ、モロッコインゲンを盛り、アユを手前に盛る。

4　レモンと塩を添える、別皿で肝ダレを添える。

四、椀物

鱧しんじょうと松茸のお椀

しんじょう地にハモを合わせて食感を生かした。走りのマツタケは薄切りにするのではなく繊維に沿ってざっくり縦に切って、ボリューム感を出す。

◎鱧しんじょう

しんじょう地（すり身500g、だし270cc、塩少量）、ハモ、塩

◎吸い地

一番だし（水10リットル、利尻昆布120g、カツオ節・血合いなし70g）、塩、日本酒、淡口醤油

◎芯とり菜浸し

シントリナ、浸し地（だし12：淡口醤油1：味醂1）

マツタケ、青ユズ

◎鱧しんじょう

1　すり身とだしをフードプロセッサーにかける。かたさを見ながらだしの分量を加減する。塩で味をつけてしんじょう地をつくる。

2　ハモは骨切りをし、1cmに切り落とす。皮目に塩をあてて2時間ほどおく。

3　しんじょう地にハモを混ぜて丸め、中火の蒸し器で12分間蒸す。

◎吸い地

1　水に利尻昆布を入れて火にかける。70℃を保って3時間煮出したのち、昆布を引き出す。

2　1のだしを85℃まで熱し、カツオ節を入れる。沈んだら漉す。

3　塩、日本酒、淡口醤油で味を調える。

◎芯とり菜浸し

1　シントリナは熱湯でゆでて冷水にとり、冷めたら浸し地に浸けて味を含ませる。

◎仕上げ

1　鱧しんじょうを蒸し器で温め、椀に盛る。

2　マツタケは掃除をして縦に4等分に切り分ける。吸い地を温めてマツタケを入れて温める。マツタケの香りが出たら椀に注ぎ、マツタケを添える。

3　シントリナの汁気をきって添え、一文字に包丁した青ユズを添える。

五、造り

鰈 水蛸 つぶ貝 かます焼き霜

夏が旬の魚介四種を盛り合わせた造り。カレイ、水タコ、ツブガイは山葵醤油かスダチと塩ですすめ、カマスは山葵と醤油ですすめる。

カレイ、水タコ、ツブガイ
カマス、塩、酢
スダチ、塩、山葵、刺身醤油
花丸キュウリ、大葉、紫芽、ミョウガ

1 魚介類はそれぞれ水洗いしてサク取りする。

2 カレイと水タコとツブガイはへぎ造りにする。水タコは醤油がからみやすいように鹿の子に包丁目を入れておく。

3 カマスは薄塩をあてて30分間おいたのち、酢洗いして生酢に15分間浸ける。酢をふき、皮目をバーナーであぶって平造りにする。

4 カレイ、水タコ（花丸キュウリを添えて）、ツブガイ（大葉と紫芽を添えて）、カマス（せん切りミョウガを添えて）を盛り、スダチ、塩、山葵、刺身醤油を添える。

六、焼物

鰻のたれ焼きときんぴら牛蒡

こうばしく焼いたウナギに、相性のよいゴボウを合わせた一品。ウナギをじゃましないよう、ゴボウは極細に切って薄味に仕上げ、ふんわり盛る。

◎鰻のたれ焼き
ウナギ、かけダレ（味醂4：日本酒1：濃口醤油1・5、ウナギの骨適量）

◎きんぴら牛蒡
ゴボウ、ニンジン、太白胡麻油
日本酒、砂糖、淡口醤油
白ゴマ

山葵、粉サンショウ

◎鰻のたれ焼き

1 ウナギは背開きにして2日間冷蔵庫でねかせて旨みを出す。

2 串を打って皮がこげるくらいに焼き、火が通ったら裏表3回ずつかけダレをぬって焼き上げる。

◎かけダレ

1 ウナギの骨をこんがり焼いておく。

2 味醂と日本酒を火にかけて煮切り、濃口醤油を加える。ここに焼いた骨を入れて煮詰める。

◎きんぴら牛蒡

1 ゴボウとニンジンをせん切りにする。香りを立たせ、ウナギをじゃましないよう極細に切る。

2 鍋に胡麻油をひき、ゴボウとニンジンを炒める。油がなじんだら日本酒を加え、少量の砂糖と淡口醤油で薄味に仕上げる。

◎仕上げ

1 ウナギを食べやすく切り、上にきんぴらをふんわり盛って、白ゴマをふる。

2 山葵と粉サンショウを添える。

七、蒸物

鱸のおくら蒸し　梅肉餡

スズキに叩きオクラとナガイモをのせて、しっとりと火を入れ、梅肉餡ですすめる。夏は酸味をきかせたいので、塩だけで漬けた酸っぱい梅干を選ぶ。

◎鱸のおくら蒸し
スズキ、塩
シメジタケ、だし
オクラ2：ナガイモ1：卵白：0・5、塩適量

◎梅肉餡
だし16：淡口醤油1：味醂1：叩き梅干1、葛粉適量

花穂紫蘇

◎鱸のおくら蒸し

1　スズキは三枚におろし、皮をひいて薄塩をあてる。シメジタケはさっとだしで炊いておく。

2　オクラはかためにゆでて種とスジを取り、細かく叩く。ナガイモも叩く。オクラ、ナガイモ、卵白を表記の割で混ぜ、塩で味をつける。

3　スズキとシメジタケを器に盛って中火の蒸し器で5分間蒸し、スズキに7割ほど火が通ったら、2を大さじ1程度のせて5分間蒸す。

◎梅肉餡

1　だしを熱し、淡口醤油、味醂、叩いた梅干を加えて、一煮立ちしたら水溶きの葛粉でとろみをつける。

◎仕上げ

1　鱸のおくら蒸しを蒸し器から取り出し、梅肉餡をかけ、ほぐした花穂紫蘇を散らす。

八、食事

玉蜀黍としらすのご飯
赤だし　香の物（解説省略）

トウモロコシは生を使うと、香りも甘みも食感も格段にアップする。2合炊きの土鍋で1合（2人前）を炊き上げている。

米（研いで水をきって冷蔵保存）　1合
炊き地（水13：日本酒1：淡口醤油0・5：濃口醤油0・5）　180cc
トウモロコシ、シラス、軸三ツ葉

1　米を研いで45分間吸水し、ザルにあげて水気をきって冷蔵庫に入れておく。トウモロコシは生のまま粒をはずしておく。

2　土鍋に米を入れ、炊き地を注ぐ。トウモロコシをのせて強火にかける。沸いたら中火で5分間、弱火で5分間炊く。

3　炊き上がったらシラスをのせて2〜3分間蒸らす。軸三ツ葉を散らす。

九、甘味一品目

桃のグラニテ

デザートは常時2品用意。召し上がれる方には2品目をすすめる。最初はさわやかなものを、2品目には1品目より濃厚な味のものを提供する。

◎桃のグラニテ
モモ10個、白ワイン（煮きる）200cc、砂糖少量

◎フローズンヨーグルト
ヨーグルト（無糖）500g、生クリーム200cc、砂糖100g

セルフイユ

◎桃のグラニテ

1 モモは皮をむき種を除いて冷凍する。モモと白ワイン、必要ならば砂糖（甘みをおぎなう程度）をフードプロセッサーに入れて回す。

2 バットに移して冷凍庫で凍らせておく。提供30分前に冷蔵庫に移す。

◎フローズンヨーグルト

1 生クリームと砂糖を泡立てる。ここにヨーグルトを混ぜてポットに移して冷凍庫に入れる。

2 1時間おきに混ぜて空気を入れて固める。

◎仕上げ

1 100cc容量の冷やしたグラスにフローズンヨーグルトを詰め、その上に桃のグラニテをのせる。セルフイユを飾る。

十、甘味二品目

抹茶アイスと粒餡の最中

最中アイスは最後の1品。あまり大きくせず、手で持って食べやすいようにつくる。

◎抹茶アイス
卵黄6個分、牛乳100cc、生クリーム400cc、抹茶30g、バニラエッセンス少量

◎粒餡
小豆500g、砂糖500g、塩少量

◎抹茶アイス

1 材料をすべてホイッパーで混ぜる。もったりとしたらポットに移し、冷凍庫に入れる。

2 1時間おきに混ぜて空気を入れて固める。

◎粒餡

1 鍋に小豆とたっぷりの水を注いで火にかけ、ゆでこぼす。小豆を鍋に戻し、たっぷりの水を入れて再び火にかける。沸いたらアクを取り除く。

2 水が減ってきたら足して砂糖を入れ、落とし蓋をして弱火で3〜4時間煮る。

3 ほどよく柔らかくなったら塩少量を加えて味を調える。粗熱がとれたら冷蔵庫で冷やしておく。

◎仕上げ

1 最中の皮に抹茶アイスと粒餡を詰める。アイスと餡の分量は同量ずつが目安。

築地市場でいいものを買うコツ——仕入れ

　東京・築地市場は日本全国からさまざまな魚介類が集まる日本最大の魚市場だ。場内には数多くの仲卸が店を構えており、近海ものを扱う鮮魚業者と、マグロやエビ、川魚、魚卵、干物などを扱う専業業者に大別される。扱う魚介のレベルもいろいろで「上物」をそろえる仲卸と、それ以外のものを扱う仲卸がある。

　築地市場は基本的に受託拒否ができないので、ランクと魚種が上から下まで数多くそろっているのが最大の特徴であり大きな魅力でもある。飲食業従事者が取り引きを目的に入場するにはとくに資格や許可は必要ない。したがって目利きさえできれば格安で魚介を仕入れることができる場でもあるのだ。

　築地における仕入れのコツを東京魚市場卸協同組合の理事を務める美濃桂商店の伊藤宏之氏に聞いてみた。

　築地を上手く使うには、まずは一定期間毎日通ってみることだという。そこで自分の店の価格帯ややり方を正確に仲卸に伝えて相談し、気心が知れるような関係をつくることが大前提だ。週に何日か通って、今何が出回っているかを知っておくこともいい買い物をする上で欠かせない。

　仕入れに際してはむやみに何でも値切ってはダメ。これではいい関係はつくれない。またよくもない魚をいいものと偽ってすすめる仲卸とはつき合わないことも大切だ。

　自分に合ったメインの仲卸が決まったら、あとはファクスや電話で注文してもいいだろう。

　さて、よいものを割安な価格で仕入れるには具体的にどういう方法があるのだろう。

　魚は魚種ごとに一番使いやすい大きさ（いい目まわり）が決まっている。この一番いい目まわりのものが一番高値になる。例えばタイやヒラメならば４００目（１・５〜２・５kg）、東京のハモならば５００〜８００gが一番高い。その上と下はだんだん安くなるのでこれを狙うというのも手だ。

　また市場言葉で「そっくりいくら」という買い物の慣習があるが「売れ残ったものを全部買うから安くしてもらう」という方法もある。海老屋でクルマエビをまとめて買うと大小混ざっているが、いいところは天ぷらにして、あとはつぶしに使えばよい。

　あとは「ひろい買い」と呼ばれる買い方。10時ごろになって翌日まで持ち越したくないものは原価割れになっても売ってしまいたいので、買う側は目利きさえできればかなり得になる。もちろん１尾ずつ多品種を購入することもできるし、カツオなどは１／４尾から買うこともできるから、小規模な飲食店でも安心して買い物ができる。

　購入した魚介類はそのまま持ち帰ってもいいが、ほかの店で買ったものやひろい買いをしたものでも、メインの仲卸がその店の買い物と一緒に配送してくれる。こうした便利さを考えると、やはりメインの仲卸は決めておいたほうがいいだろう。

　築地市場には共同配送システムもあるので、八百屋ものを一緒に方面別に配送することもできるし、ある程度大きな仲卸ならば独自の配送ルートがあるのでこれを利用するのも手だ。

旬菜 おぐら家

堀内 誠

東京都世田谷区池尻2-30-13ケイビル1階
（2016年移転増床。東京都世田谷区池尻2-31-18ライム2階）
電話03-3413-5520
営業時間／18:00～翌2:00（1:00L.O.）
定休日／日

開店／2011年3月
店舗規模／10坪、客席数15席（カウンター7席、テーブル席4席×2卓）
従業員数／3名（厨房1・5名、サービス1・5名）
料理／コース5000円（8品）、7000円（8品）、1万円（8品）
客単価／8000円
食材原価率／35～40％

魚は徳島、野菜は山梨

魚のよさで定評がある「旬菜おぐら家」。お造りに引いた身の透明感やしっかりとした食感は、5000円のコースの一品とは思えないほど満足度の高いものだ。

「おぐら家」の主人の堀内 誠氏に仕入れ先をたずねると「店に来ていただいているお客さまが徳島の鮮魚店を紹介してくださって、そこから毎日送ってもらっているんです」と教えてくれた。

朝、必要な魚種を注文すると空輸で送られて、その日のうちに店に届くのだという。朝水揚げされた魚をその日の夜に店で使えるというのは、産直ならではの利点だ。

「店で欲しい魚を1本から注文できるので無駄になりません」

送料は1回3000円ほどかかるのだが、これだけ大型で質が

よく鮮度のよい魚は、築地ではなかなか入手できないという。造りの魚だけではなく、人気の鯛ご飯のタイも徳島から届く。

素材の質へのこだわりは、魚介類だけにとどまらない。季節物の山菜やマイタケなどのキノコ、掻敷に使うツマ物などは、野生のものは市場に出回らないので、全国からよいものを集めて手配する個人の業者に頼んで送ってもらっている。

野菜類は実家のある山梨からの直送だ。

「おぐら家」の魅力は、魚のよさだけにあるのではなく野菜やキノコ、フルーツなどを上手に料理に取り入れている点も挙げられる。

野菜を寄せ物やすり流しにしたり、コロッケの具に長芋やキャベツを使ったり、あん肝にオレンジを組み合わせたり、多種の野菜を吹き寄せ風のサラダ仕立てにしたり、揚げたりといった具合だ。

「野菜をたくさん食べて健康に」といった意識が高まるなかで、自宅では数多くの野菜は食べられないけれど、外食ではその分食べておきたいというお客さまも多い。そんなお客さまのために、いつもとは違う野菜のおいしさを味わってもらえるように、料理屋ならではの野菜料理をメニューに入れているという。

駅から至近の優良物件

東京メトロ半蔵門線で渋谷駅から1駅め。池尻大橋駅東口から徒歩1分と、都心からのアクセスのいい立地である。駅から至近であるが、ゆるい坂をのぼっていくこの通りには駅前の喧騒はほとんどない。この10年ほどの間にこの通りには、話題にのぼるようなカフェやレストランなどの飲食店が少しずつ増えている。

この申し分のない物件にめぐり会えたのは、同じ池尻でバーを営んでいる友人の情報だった。もともとここにはやきとり店が入っていたが、ほとんど使われていない非常にきれいな状態だったため居抜きで営業を始めることにした。

棚の後ろから光をあてて、器のシルエットが浮かび上がって見える。

テーブル席。２卓の仕切りに天井から木製のロールスクリーンをかけた。左手のガラス窓の下部には和紙を貼り、上から客席が見えるようにしている。

このやきとり店はスケルトンの状態から設計図をひいたそうなので、厨房の使い勝手は悪くなかったという。

しかもこの立地では考えられないほど家賃は安かった。

「この物件にめぐり会えなかったら、今の料理は出せなかったかもしれません」と堀内氏。

堀内氏は10年間、京都に本店をもつ「伊勢長」帝国ホテル店の橘俊夫料理長のもとで修業を積み、日本料理の基本を学んできた。

しかし、景気の悪化にともなって現場の効率化を図るために、ホテルでは魚介類などを水洗いを済ませておろした状態で仕入れるようになり、かつてのように魚介類を扱うことができなくなってしまった。

「独立したい」と思うようになった背景にはこうした事情もあった。

不安をかかえた震災直後の開業

物件が決まり、開業したのはまさに東日本大震災直後の3月だった。まだ記憶に新しいところだが、大震災直後からしばらくのあいだ、人々は不要な外出を避け、東京の街は閑散としていた。

「こんな状況で開業しても大丈夫なのか？　と不安になりましたが、もう後戻りはできませんでした」

開業当初は一品料理が中心で、コースは４０００円1本。客単価は今よりも低かった。

何度か足を運んでくれるようになると、お客さまは店の使い方に慣れてくる。単品（1品2人前）を組み合わせてコース仕立てにして、2人でシェアする方も増えてきて、客単価が少しずつ上がってきた。

そうした状況を受けて、徐々に高額のコースを増やしていく。開業当初は築地から仕入れていた魚を産直に切り替え、料理内容もグレードアップしていった。

現在は一品料理と５０００円、７０００円、1万円の3種類のコースを用意している。最初の来店時は５０００円のコースだが、次回からは７０００円、1万円のコースを注文してくれるお客さまが増えた。「上のコースを頼むともっと旨いものが食べられる」ということが認知されてきた証拠だ。

食事とともに注文してもらうお酒も大事な売上げになる。メインは日本酒。料理に合わせてお酒を選んでもらう楽しみ方もあるが、お客さまが選んだお酒に合わせて、味つけを変えたり、つけ醤油やタレ類を変えることもあるという。これは割烹ならではの自由さだ。

またあるときから炭火焼きの肉を出すようになったら、少しずつワインの注文が増えてきたという。

営業時の状況を把握する

「おぐら家」の主力はコースだが、一品料理の注文も多い。料理はほとんどすべて堀内氏が1人で担当しているが、15席がうまっても料理の提供が滞ることはない。これが職人技というものなのだろうが、店づくりによるところも大きい。

主人の堀内 誠氏。運動不足を補うために毎朝のランニングで体調をととのえている。

春のテーブルセットと秋のテーブルセット。

名物の鯛ご飯は、炊き上がりを客席で見せたあと、厨房で身をほぐして盛りつける。

堀内氏の立ち位置はカウンター席から厨房に向かって右側の火元近く。ここには天火、ガスコンロ（内1口は蒸し器専用）、炭火焼きの焼き台、揚げ物用鍋が集中している。ここで温かい料理の仕上げをして盛りつけし、カウンター前では刺身を引くという流れだ。

ガスコンロと焼き台側の壁には、向こう側のテーブル席の状況がわかるように窓が切られていて、熱に強い透明な強化ガラス板がはめ込まれている。テーブル席での食事の進み具合は、調理をしながらこの窓から確認することができる。カウンター席はそれほど席数が多くないので（7席）、この位置からでも充分見渡すことができるという。

客席の状況をつぶさに把握できるということが、スムーズな提供を可能にしているのである。

もっとも、この店づくりゆえの課題もある。火元の位置が一カ所に集中していると、自分1人で調理をする場合は便利だが、次に任せる人を育てることができないことがネックだという。実際、厨房にはもう1人入っているのだが、営業中は補助的な作業しかできないのが現状だ。

「このままやっていくべきか、業態を変えてステップアップするべきか悩んでいます」と堀内氏。しっかり足場を固めて着実に前進し、今では毎日1・5回転するほど店を軌道にのせてきたが、独立4年目にして次の一歩をどう踏み出すかの判断に迫られている。

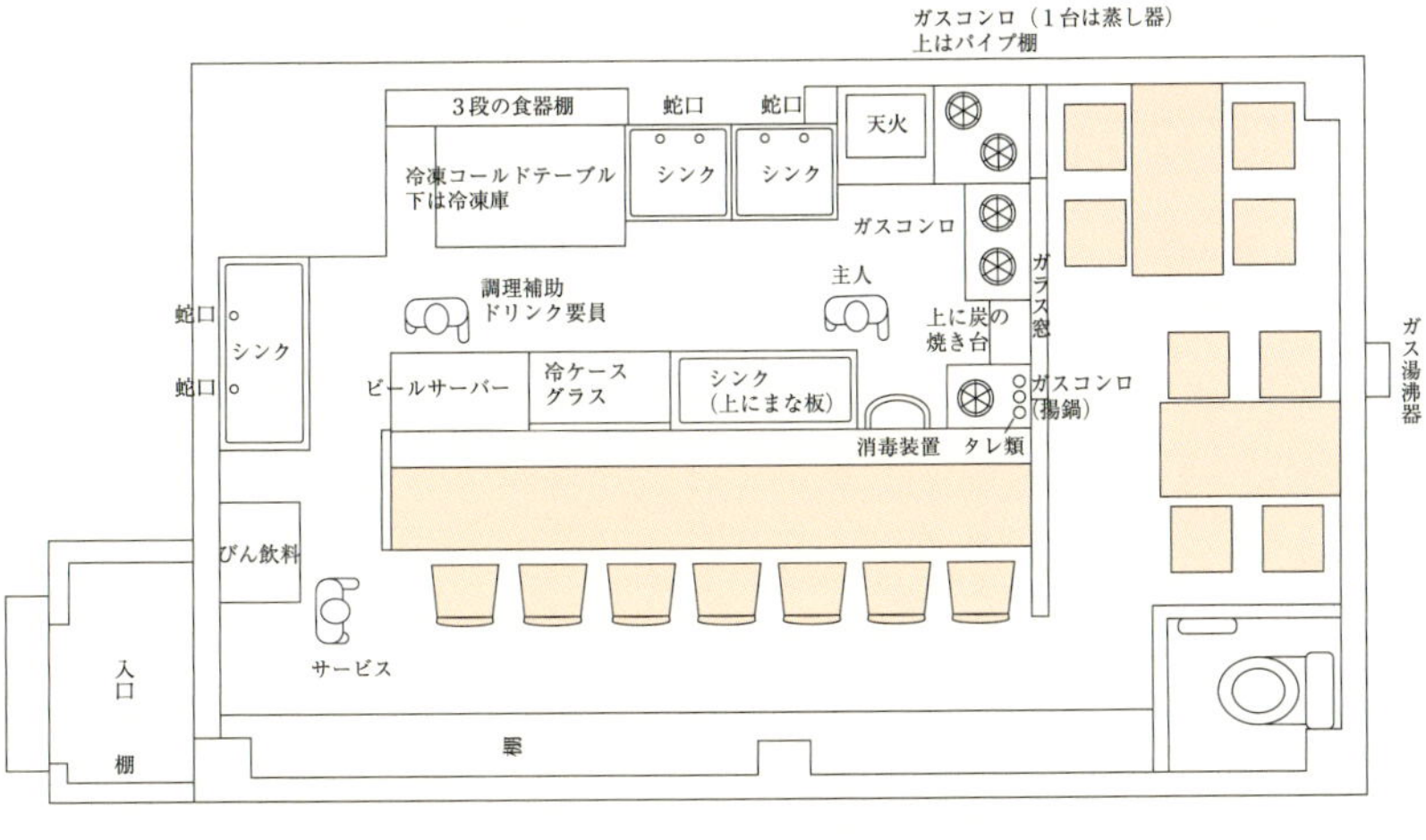

カウンター席の後ろに棚を設けて酒やテーブルセットなどを収納。
厨房には主人の堀内氏と調理補助の2名が入る。営業中、堀内氏は向かって右側で煮炊き物の仕上げ、焼物、揚物、カウンター側ではお造りと前菜などの仕上げを行なう。焼きダレなどのタレ類は一カ所にまとめて使いやすいレイアウトに。
左側のコールドテーブルではドリンク類の準備、デザートなどを仕上げる。
テーブル席は半個室的な用途で使うこともできる。1卓4席だが、ゆったり配置しているので2席ずつに離して使うこともできる。

旬菜 おぐら家
3月桜づくしのコース
5000円

一、先付
えんどう豆寄せ豆腐
料理解説239頁

二、前菜一品目
桜海老と春キャベツのコロッケ
柴漬けのタルタル
料理解説240頁

コースの種類は5000円、7000円、1万円の3種類。いずれのコースも品数は変わらないが、アワビを入れたりマツタケを入れたり、素材を変えて違いを出している。上のコースの料理を見て、次回に訪れるときにワンランク上を注文してくれることも多いという。

前菜は数種類を盛り合わせずに、量をやや多めにして1皿ずつに分けて提供し、皿数の多さで満足感を出すという。加熱調理は1人で担当しているので、熱い前菜をいい状態で同時に何品もそろえることができないという制約もある。

素材の善し悪しがものをいうお造りは徳島直送の魚介類の盛り合せ。お酒に合わせて、つけ醤油を変えるなど、その場の状況に応じてアレンジする。

最近では一品料理をお客さまが自由に組み合わせてコース仕立てに出すということも増えてきた。

三、前菜二品目
ホタル烏賊と生ワカメ　吉野仕立
京筍と飯蛸　木の芽焼き
料理解説240頁

四、造り

鳴門の桜鯛

料理解説241頁

三月の料理に合う酒

ANJOU　白ワイン（フランス・ロワール）

桜吹雪　うすにごり特別純米（広島）

刈穂 春kawasemi　純米吟醸（秋田）

五、焼物

鰆　ふきの唐醤油焼き

料理解説241頁

六、蒸物
桜鯛の道明寺蒸し
料理解説242頁

七、食事
ホタル烏賊とふきの唐の炊き込みご飯
料理解説242頁

八、甘味
桜シャーベット
もも色の甘酒
料理解説242頁

旬菜 おぐら家
10月のコース
5000円

一、先付
柿白和え
料理解説243頁

二、前菜
あん肝オレンジ煮
料理解説243頁

三、揚物

鳴門鱧と生麩のフライ

料理解説244頁

四、造り

あおり烏賊　紅葉鯛　かます　足赤海老

料理解説244頁

五、焼物

鳴門ぐじ炭火焼き

料理解説245頁

六、小鍋

海老しんじょうと天然きのこ鍋

料理解説245頁

七、食事
鳴門紅葉鯛飯
料理解説245頁

コースに合う酒
篠峯ろくまる　無濾過生原酒（奈良）
甲州　白ワイン・ルバイヤート
　甲州シュール・リー（山梨）
永寶屋　辛口純米秋あがり（福島）
獺祭　古酒（山口）
開春　純米生もと超辛口（島根）

八、甘味
丹波黒豆ときなこのアイスモナカ
料理解説246頁

一品料理

京都筍焼き
料理解説247頁

春野菜サラダ仕立て
酢立ジュレがけ
料理解説247頁

桜鯛押寿司
料理解説248頁

鳴門天然生若布
しゃぶしゃぶ
料理解説248頁

茄子と鰊昆布柔煮

料理解説246頁

秋の吹き寄せ揚げ

料理解説248頁

おぐら家コロッケ

料理解説249頁

鱧、松茸ラーメン

料理解説249頁

わらび団子　そら豆のすり流し

フードプロセッサーにかけたワラビを混ぜる場合もあるが、ここでは食感を出すために刻んで加えてみた。

◎わらび団子

ワラビ粉＊100g、昆布だし450cc、ワラビの茎（アク抜き）20g

＊ワラビ粉を水に溶いて粉が沈むまで待つ。上澄みの水を捨ててアクを抜く。

1　ワラビ粉と昆布だしを混ぜ合わせ、強火にかける。

2　少しダマができてくるが、火を少し弱めてそのまま木ベラで練る。徐々に重たくなってくる。

3　全体が透き通って重たくなるまで練り続ける。

4　刻んだワラビを混ぜて食感を出す。

5　5〜10分間かけて練り、粉臭さを抜く。

6　ラップフィルムの上に取り分け、茶巾に絞って輪ゴムで結わく。

7　氷水に浸けて冷やす。提供時はラップのまま蒸し器で温める。

◎**すり流し**

ソラマメ（むき）500g、昆布だし180cc、塩少量

1　昆布だしに淡路産の塩を加えて吸い地程度に味をつけて熱する。塩が多すぎると色がにごるので注意。

2　ゆでてフードプロセッサーにかけたソラマメを加える。一煮立ちしたら、器に温めたわらび団子を盛り、すり流しを流す。ソラマメとワラビを添える。

3月桜づくしのコース

一、先付

えんどう豆寄せ豆腐

桜に見立てた花びらユリネを散らした先付は、3月のコースの一品目。さわやかな緑色の寄せ豆腐とつけ合せの野菜によく映える。

◎**寄せ豆腐**

エンドウマメ（裏漉し）700g、日本酒180cc、だし1080cc、寒天1本、板ゼラチン20g

◎**あしらい**

スナップエンドウ1本、ソラマメ2粒、芽キャベツ1個、浸し地（だし17：日本酒1：淡口醤油1）

ユリネ、食紅、砂糖蜜

ウルイ

◎**餡**

吸い地（だし16：淡口醤油0・8：味醂0・5：日本酒0・5）、葛粉適量

紅芯大根

◎**寄せ豆腐**

1　裏漉ししたエンドウマメに日本酒、だしを加えて火にかけ、水でふやかしてちぎった寒天、水で戻した板ゼラチンを入れて溶かす。

2　流し缶に流し入れて、冷やし固める。

◎**あしらい**

1　スナップエンドウ、ソラマメ、芽キャベツは熱湯でゆでて、冷たい浸し地に浸ける。

2　ユリネを1枚ずつばらして花びらにむき、微量の食紅を加えた湯でさっとゆでて淡い色をつける。そののち砂糖蜜に入れて火にかけ、沸いたら火を止めてそのまま冷ます。

3　ウルイを半分に切って、水に放つ。

◎**餡**

1　だしを熱し、淡口醤油、味醂、日本酒で味をつけて、水溶きの葛粉を加えてとろみをつける。粗熱をとって冷やしておく。

◎**仕上げ**

1　紅芯大根を薄い輪切りにして器に敷き、寄せ豆腐を角に切り出して盛る。

2　スナップエンドウ、ソラマメ、芽キャベツを盛り合わせ、冷たい餡をかけて花びらユリネを散らす。ウルイを添える。

二、前菜一品目

桜海老と春キャベツのコロッケ

生のサクラエビが入荷する春ならではの、お好み焼き風コロッケ。前菜に熱い料理を何品か出す場合、同時にいい状態で仕上げられないので、皿を分けて提供している。

◎コロッケ

春キャベツ(みじん切り)１００g、太白胡麻油適量、生サクラエビ１００g、ナガイモ(すりおろし)1本分、卵2個
衣(小麦粉適量、溶き卵適量、柿の種２００g)
揚げ油

◎柴漬けのタルタル

柴漬け(みじん切り)50g、ゆで玉子(みじん切り)2個、マヨネーズ(サラダ油１００cc、卵2個、リンゴ酢10cc、コショウ少量)

◎コロッケ

1　春キャベツを太白胡麻油で炒め、ナガイモを入れてさらに炒める。火が通ったら生サクラエビを入れる。ここにつなぎの卵を割り落としてよく混ぜ、小判形にまとめる。
2　衣の柿の種を細かく砕いておく。

◎柴漬けのタルタル

1　卵にリンゴ酢を加えて泡立て器でよく混ぜる。少量ずつサラダ油を加えて攪拌し、マヨネーズをつくる。
2　マヨネーズに柴漬けとゆで玉子を混ぜ、コショウ少量を加える。

◎仕上げ

1　成形したコロッケに小麦粉をまぶし、溶き卵にくぐらせ、砕いた柿の種をまぶす。１７０℃に熱した揚げ油でからりと揚げる。
2　コロッケに柴漬けのタルタルを添える。

三、前菜二品目

ホタル烏賊と生ワカメ　吉野仕立て
京筍と飯蛸　木の芽焼き

2品目は小さな重箱に盛りつけた。一品は熱い焼物、もう一品は温かい葛仕立て。

◎ホタル烏賊と生ワカメ　吉野仕立て

ホタルイカ5杯、生ワカメ20g
餡(だし18：淡口醤油0・8：日本酒0・5、葛粉適量)
金時ニンジン、浸し地(だし17：日本酒1：淡口醤油1)

◎京筍と飯蛸　木の芽焼き

タケノコ、米の研ぎ汁
煮汁(だし、日本酒、淡口醤油)
イイダコ
煮汁(だし8：日本酒1：濃口醤油1、砂糖少量)
木ノ芽

◎ホタル烏賊と生ワカメ　吉野仕立て

1　ホタルイカは目と口を取り除く。生ワカメは食べやすく切る。ホタルイカとワカメを鍋に入れ、だし、淡口醤油、日本酒を加えて火にかける。
2　一煮立ちして生ワカメの色が変わったら、水溶きの葛粉を加えて薄いとろみをつける。
3　金時ニンジンを花びらにむいて、熱湯でゆでて氷水にとったのち、浸し地に浸けておく。
4　2を器に盛り、3の花びらニンジンを飾る。

◎京筍と飯蛸　木の芽焼き

1　タケノコは米の研ぎ汁で1時間ほど柔らかくゆがく。そのまま鍋ごと冷まして1日おく。
2　一度熱湯でゆでこぼして研ぎ汁臭さを抜く。
3　タケノコの根元は小口から輪切りにし、穂先はくし形に切る。煮汁を合わせてタケノコを30分間ほど炊き、そのまま冷まして味を含ませる。

４　イイダコは頭を裏返して内臓を取り除く（卵はそのまま残す）。霜降りして水に落とす。煮汁を合わせて一煮立ちさせ、イイダコを入れる。イイダコに火が入ったらすぐに鍋ごと氷水に浸けて冷ます。火が入りすぎるとかたくなる。

５　提供時にタケノコとイイダコに串を打ち、炭火であぶって器に盛り、木ノ芽を添える。

四、造り

鳴門の桜鯛

鳴門産サクラダイのへぎ造りに、塩抜きした桜花塩漬けと桜葉塩漬けを添えた春の造り。鳴門のうず潮に見立てて、巻き大根を添えた。

マダイ
桜花塩漬け、桜葉塩漬け
大根、花穂紫蘇、山葵
土佐醤油（→２４４頁造り）、藻塩

１　桜花塩漬けと桜葉塩漬けは水にさらして適度に塩抜きをする。大根は桂むきにして巻き戻し、小口から切って巻き大根をつくる。

２　マダイは三枚におろしてサク取りし、へぎ造りにして重ねて盛る。上にほぐした花穂紫蘇を散らし、手前に巻き大根を添える。

３　塩抜きした桜花と桜葉、山葵を添える。土佐醤油と藻塩を添えて供する。

五、焼物

鰆　ふきの唐醤油焼き

フキノトウを炒めて醤油を加えたタレを上からかけたサワラのかけ焼き。乾燥焼きにしたフキノトウを飾って。

◎サワラ
サワラ（切り身）　２切れ（80ｇ×２）

◎フキノトウ醤油
フキノトウ（みじん切り）１００ｇ、濃口醤油10cc、ピーナッツ油１００cc

素揚げのフキノトウ＊
＊１８０℃の油でからからになるまで揚げて、リードペーパーで油を吸い取る。

◎サワラ

１　サワラは三枚におろして皮をひき、80ｇの切り身にして串を打つ。

◎フキノトウ醤油

１　フキノトウは水にさらしてアクを抜く。フライパンにピーナッツ油を入れて火にかけ、水気を絞ったフキノトウを炒める。しんなりしたら濃口醤油を加える。

◎仕上げ

１　サワラに塩をふって炭火で焼き、表面が乾いたらフキノトウ醤油を3回ほどかけて焼き上げる。

２　サワラを器に盛り、フキノトウ醤油をかける。上に素揚げしたフキノトウを飾る。

六、蒸物

桜鯛の道明寺蒸し

ほんのりピンクに色づけた道明寺をサクラダイと桜葉で包んで蒸し上げた。

◎桜鯛道明寺蒸し
マダイ、塩、煮きり酒
道明寺粉180g、だし180cc、食紅少量
桜葉塩漬け、桜花塩漬け（いずれも塩抜き）

◎餡
だし16：淡口醤油0・8：日本酒0・5：味醂0・5、葛粉適量

◎桜鯛道明寺蒸し

1　マダイは三枚におろして薄いそぎ切りにする。切り身を広げて薄塩をふってしばらくおき、水気をふいて臭みをとる。

2　道明寺粉を食紅を溶いただしに浸して戻す。

3　マダイに煮切り酒をふって広げ、丸めた2を包む。バットに並べて強火の蒸し器で8分間蒸す。

◎餡

1　だしを熱し、淡口醤油、日本酒、味醂を加えて吸い地加減に味を調え、水溶きの葛粉を入れてとろみをつける。

◎仕上げ

1　道明寺蒸しを取り出して器に盛り、桜葉をかぶせて蒸し器に戻してさらに5分間蒸す。

2　熱い餡をかけ、桜花塩漬けを添える。

七、食事

ホタル烏賊とふきの唐の炊き込みご飯

炊き上がったら木杓子でホタルイカのミソをつぶして、よく混ぜる。素揚げのフキノトウを炊き込んでコクを加えた。

ホタルイカ20杯
フキノトウ100g、揚げ油、浸し地（だし15：淡口醤油1：味醂1）
油揚げ（あられ切り）　1枚
米*1・5合、炊き地（だし10：淡口醤油1：日本酒1）270cc
*やさしく研いで、30分間ほど水に浸けておく。

1　ホタルイカは目と口を取り除く。フキノトウは掃除して180℃に熱した揚げ油で揚げて油をきり、すぐに冷たい浸し地に浸けて苦みを抑える。

2　土鍋に米1・5合、フキノトウ、油揚げを入れて、270ccの炊き地を注いで炊き上げる。強火で5分間、沸いたら火を弱めて20分間炊く。蒸らしの直前にホタルイカを入れる。

3　ホタルイカをつぶしてミソを出してご飯とよく混ぜて茶碗によそう。

八、甘味

桜シャーベット
もも色の甘酒

最後のデザートも桜色。ピンク色の酒粕でつくった冷たい甘酒を添えて。

◎桜シャーベット（5人前）
桜花塩漬け100g、フルーツジュース300cc、桜リキュール30cc、ガムシロップ30cc、ブランデー少量

◎もも色の甘酒（3人前）
板粕45g、水500cc、砂糖35g、イチゴ果汁300cc

◎**桜シャーベット**

1 桜花塩漬けは水に浸けて塩抜きする。材料をすべて合わせて冷凍庫で凍らせる。

2 かたく凍ったらフードプロセッサーにかけてなめらかにし、再び凍らせる。

◎**もも色の甘酒**

1 板粕を蒸して柔らかく戻し、水、砂糖を合わせて沸かした中に入れて溶かす。溶けたらイチゴ果汁を加えて鍋ごと冷ます。粗熱がとれたら冷蔵庫で冷やす。

◎**仕上げ**

1 桜シャーベットをディッシャーでくり抜いて盛る。もも色の甘酒を小さなグラスに注いで、シャーベットと一緒に供する。

10月のコース

一、先付

柿白和え

コースの先付は2~3品、さっと手早く提供できるものを用意する。

柿、味醂
サヤインゲン、コンニャク、金時ニンジン
浸し地（だし15：淡口醤油1：味醂1）
白和え衣（木綿豆腐1：豆乳0・1：ゴマペースト0・1：砂糖1：淡口醤油1）
ぶぶあられ

1 柿をイチョウの抜き型で抜いて、薄切りにする。表面に味醂をぬって、しんなりするまでおく。

2 サヤインゲン、コンニャクを食べやすく切り、ゆでたのち、浸し地につけておく。金時ニンジンをモミジの抜き型で抜いて、薄切りにする。熱湯でさっとゆでて、浸し地に浸ける。

3 白和え衣をつくる。木綿豆腐をゆでて裏漉しし、豆乳、ゴマペースト、淡口醤油、砂糖を加えてフードプロセッサーにかける。

◎**仕上げ**

1 柿、サヤインゲン、コンニャクを白和え衣で和え、器に盛る。柿と金時ニンジンを飾り、ぶぶあられを散らす。

二、前菜

あん肝オレンジ煮

アンキモにはポン酢がつきものだが、ここではユズよりも甘みの強いオレンジでアンキモを煮た。思いがけない香りと風味が印象に残る一品。

アンキモ（1尾分）、塩
オレンジ（輪切り） 1個
煮汁（カツオだし6：赤酒1：濃口醤油1）
芽ネギ、花穂紫蘇

1 アンキモの血を抜き、べた塩をあてて1時間おいたのち、水に30分間さらして適度に塩分を抜く。塩をあてるのはアンキモの臭みと余分な水分を抜くため。

2 煮汁を合わせて火にかけ、沸いたらアンキモ、オレンジ（鍋のだしが隠れるくらい一面に）を入れて80℃を保って1時間煮る。鍋ごと氷水に浸けて冷ます。

3　オレンジを器に敷き、角切りにしたアンキモとオレンジを盛る。天に芽ネギと花穂紫蘇を盛る。

三、揚物

鳴門鱧と生麩のフライ

鳴門のハモは10月が一番旨い。ハモの持ち味をそこなわないようにパン粉は細かく挽いて用いる。もう一方の生麩は、柿の種を細かく砕いて衣にして食感に変化をつける。

ハモ、パン粉
生麩（京都産）、柿の種
カボチャ、クリ
揚げ油、塩、粉サンショウ

1　ハモはおろして骨切りし、一口大に落とす。パン粉をフードプロセッサーで細かく挽いて、ハモにまぶす。

2　生麩を適当に切り分ける。柿の種を細かく砕き、生麩にまぶす。

3　カボチャはイチョウの抜き型で抜いて、薄切りにする。クリは殻と渋皮をむく。

4　揚げ油を１８０℃に熱し、1のハモと2の生麩を揚げる。カボチャとクリを同じ油で素揚げする。ともに油をきって塩をふる。

5　南天の葉を飾り、半分に切った生麩、ハモ、カボチャ、半分に切ったクリを盛る。粉サンショウをふる。

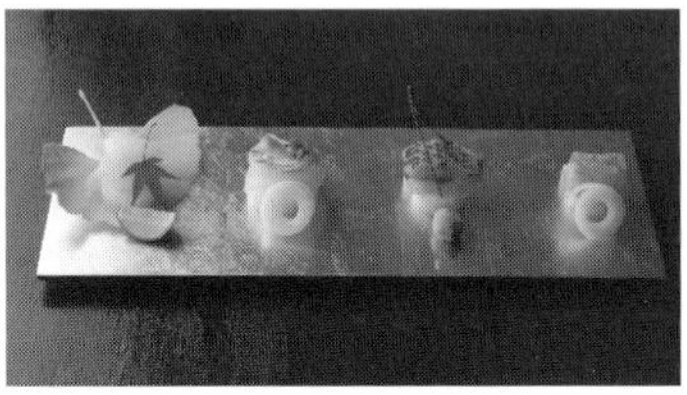

四、造り

あおり烏賊　紅葉鯛　かます　足赤海老

九月のタイは脂がのり、体色が赤くなるので「紅葉鯛」と呼ばれる。アシアカエビは秋に徳島で水揚げされ、クマエビともいわれる。国産はあまり市場に出回らないので比較的安価だが、クルマエビに匹敵する味として好まれている。

アオリイカ、マダイ、カマス、アカアシエビ
大根、花穂紫蘇、スダチ、山葵、紅葉おろし
土佐醤油（濃口醤油1リットル、日本酒１００cc、味醂１００cc、カツオ節２００g）

1　魚介類を水洗いしてサク取りする。

2　アオリイカは細かい包丁目を入れて食べやすく落とす。マダイは皮を引いてそぎ造りにする。

3　カマスは皮の近くの脂がおいしいので、皮つきのままカノコに包丁目を入れて炭火であぶり、氷の上にカマスをのせて冷やす。食べやすく一口大に落とす。バーナーだとガス臭がついてしまう。

4　アカアシエビは頭を落とし、殻をつけたまま湯引きをし、殻をむいてぶつ切りにする。

5　大根は桂むきにし、巻き戻し、5㎜厚さに切る。大根の芯を台にして、造りを重ねて盛って高さを出す。松葉、イチョウと紅葉の葉をあしらい、花穂紫蘇を散らし、スダチと山葵を添える。別に紅葉おろしと土佐醤油を添える。

五、焼物

鳴門ぐじ炭火焼き

身が柔らかいアマダイは、塩水で身を締めて軽く天日干しに。高温の油をかけて、ウロコを立たせ、炭火で焼いてパリッとした食感を生かす。

アマダイ、浸け地（水1800cc、昆布1枚、日本酒18cc、塩180g）、サラダ油
レンコン甘酢漬け＊、もって菊

＊花形にむいたレンコンを薄切りにして甘酢（酢、塩、砂糖）に浸けた。

◎アマダイ天日干し

1　アマダイはウロコをつけたまま三枚におろす。
2　おろしたアマダイを浸け地に30分間浸けたのち、盆ザルに広げて、1日天日干しする。

◎仕上げ

1　アマダイに串を打ち、180℃の油を皮側にかけてウロコを立てる。油をきって、炭火で焼く。
2　松葉を敷いて、もって菊を散らし、アマダイを盛る。レンコン甘酢漬けを添える。

六、小鍋

海老しんじょうと天然きのこ鍋

山梨と秋田から入荷した天然キノコを使う。香りを生かすためにシンプルな味つけにする。

エビしんじょう（才巻エビ300g、卵白3個分、淡口醤油・葛粉各少量）
天然キノコ（ギンダケ、イワタケ、ムラサキシメジ、ヒラタケ、ショウゲンジタケ）
鍋のだし（だし180cc、淡口醤油18cc、日本酒18cc）
三ツ葉（ざく切り）

1　エビしんじょうを仕込む。才巻エビを叩いてみじん切りにし、軽く泡立てた卵白と合わせる。淡口醤油、葛粉を加えてしんじょう地をつくる。
2　土鍋に鍋のだしを注ぎ、沸いたら掃除した天然キノコを入れ、エビしんじょうを丸くとって入れる。香りを生かすため煮すぎずにさっと炊く。
3　三ツ葉を散らしてすすめる。

七、食事

鳴門紅葉鯛飯

炭火で焼いた香ばしいタイのお頭をのせた土鍋ご飯。油で揚げた天然キノコを、タイのだしで炊き込んでコクを出した。

マダイの頭、油揚げ、ツチスギダケ、揚げ油
油揚げ
米1・5合、炊き地（タイのだし＊15：日本酒1：薄口醤油1）270cc
木ノ芽

＊マダイのアラ1尾分（150g程度）に塩をふって30分間おき、霜降りする。水1リットルに昆布、日本酒100ccを加えてアラを入れて1時間ほど煮てだしをとる。

1　マダイの頭に塩をふり、炭火でこうばしい焼き目をつけておく。油揚げは短冊に切る。ツチスギダケを熱した油で素揚げして油をきる。
2　米1・5合をもむようにして洗って土鍋に入れ、炊き地を270cc注ぐ。油揚げ、ツチスギダケを散らし、マダイの頭をのせて蓋をして火にかける。強火で5分間、沸いたら火を弱めて20分間炊く。蒸らさないほうが米本来の味が味わえる。

3　炊き上がった土鍋を客席で見せ、厨房に戻してマダイの頭の身をほぐして土鍋に戻し、叩き木の芽を散らす。ご飯をよそって提供する。

ハ、デザート

丹波黒豆ときなこのアイスモナカ

たっぷり黒豆が入ったアイスは、モナカの皮ではさんで食べやすく。

◎黒豆蜜煮
黒豆200g、重曹小さじ1、薄蜜（砂糖500g、水1・8リットル）、本蜜（砂糖1kg、水1・8リットル）

◎アイスクリーム（4人前）
豆乳200cc、生クリーム100cc、卵黄3個分、和三盆50cc、黒豆蜜煮200g、黒豆煮汁50cc、キナコ30g

モナカの皮

◎黒豆蜜煮

1　黒豆をたっぷりの水（重曹入り）に浸けて一晩おく。鍋に移し、1日火にかけてゆっくり煮戻す。

2　1を水にさらしたのち、新しい水（重曹入り）を注いで再度火にかける。沸騰寸前で火からおろし水にさらす。これを3回繰り返す。

3　薄蜜で2の黒豆を炊く。黒豆が浮いてきたら火から下ろし、そのまま冷ます。翌日、本蜜をつくり、この黒豆を炊く。最初から本蜜で炊くと、黒豆に味が入っていかない。

◎アイスクリーム

1　材料をすべて混ぜ合わせて、冷凍庫に入れて凍ったら混ぜ、再度冷凍庫に入れる。これを数回繰り返す。

◎仕上げ

1　アイスクリームをモナカの皮ではさみ、黒豆蜜煮を添える。

一品料理

茄子と鰊昆布柔煮

身欠きニシンを使う店が多いが、おぐら家では生ニシンでつくるので、長時間加熱してもふっくら煮上がる。そのままでもよし、炊合せやご飯との相性もよい。いろいろ活用できて重宝。

◎鰊昆布柔煮
ニシン、米の研ぎ汁、煮汁（水7・5リットル、日本酒900cc、濃口醤油1080cc、砂糖2kg、カツオ節100g、北海道産真昆布1枚）

◎茄子
ナス、揚げ油、煮汁（だし8：濃口醤油1：味醂1）

木ノ芽

◎鰊昆布柔煮

1　ニシンを三枚におろし、研ぎ汁に一晩浸ける。翌日ニシンと研ぎ汁を鍋に移して火にかけ、弱火で1時間煮て、水にさらす。

2　水に日本酒、濃口醤油、砂糖を加えておく。

3　鍋にカツオ節、昆布、1のニシンを入れ、2

を浸るくらい注いで、静かに踊るくらいの火加減で6時間炊く。

◎茄子

1　ナスは１８０℃の油で色よく揚げて取り出し、熱湯をかけて油抜きをする。煮汁を合わせてナスを10分間ほど炊く。

◎仕上げ

1　ニシンとナスを盛り合わせ、木ノ芽を添える。

京都筍焼き

掘りたてのタケノコはヌカを使わず米の研ぎ汁でゆでて香りを生かす。届いたらすぐにゆでる。

タケノコ、米の研ぎ汁
煮汁（だし２１６０cc、日本酒１８０cc、淡口醤油１８０cc、砂糖大さじ1、昆布、追いガツオ）
たまり醤油

1　タケノコは米の研ぎ汁で柔らかくなるまでゆがく。そのまま鍋ごと冷まして1日おく。

2　タケノコを掃除して大きめに切る。研ぎ汁のにおいを抜くために熱湯でゆでてザルに上げる。

3　鍋に日本酒と2のタケノコを入れて火にかける。日本酒が沸いたら、だし、砂糖、淡口醤油を加えて20分間ほど炊く。昆布を入れて追いガツオをし、火を止めて冷ます。

4　タケノコに串を打って炭火で焼く。最後にたまり醤油をぬって、風味をつけて器に盛る。

春野菜サラダ仕立て　酢立ジュレがけ

下味をつけた春の山菜や野菜に、スダチ果汁のジュレをドレッシングとしてかけてすすめる。

◎サラダ

フキ1／4本、ゴボウ1／4本、ソラマメ5粒、芽キャベツ3個、花びらユリネ3枚、花びらニンジン4枚、タケノコ（アク抜き）2切れ、スナップエンドウ2個、ワラビ（アク抜き）、浸し地（だし15：淡口醤油1：味醂1）、砂糖蜜（砂糖、水）
桜麩2枚、煮汁（だし8：味醂1：淡口醤油1）

◎酢立ジュレ

昆布だし１８０cc、淡口醤油3cc、塩2g、粉ゼラチン2g、スダチ果汁3cc

紅芯大根、木ノ芽、花穂紫蘇

◎サラダ

1　フキは塩をして板ずりして1時間おいて洗う。熱湯にくぐらせて氷水にとってスジをむき、一口大に切って浸し地に浸ける。ソラマメ、スナップエンドウもゆでて氷水にとり、浸し地に浸ける。

2　ユリネ、金時ニンジンは花びらにむく。ユリネは食紅を入れた湯（分量外）でゆでて砂糖蜜で煮る。金時ニンジンは熱湯でゆでて氷水にとって浸し地に浸ける。

3　タケノコは淡口醤油と砂糖を加えただし（分量外）で煮る。

4　芽キャベツ、ワラビはゆでて氷水にとって、浸し地に浸ける。ゴボウは酢水に落としてアクを抜き、酢を加えた湯でゆでて水にとる。浸し地に浸ける。

5　桜麩はゆでて戻し、煮汁を合わせて煮る。

◎酢立ジュレ

1　昆布だしを火にかけ、淡口醤油、塩を加えて一煮立ちさせて冷ます。常温になったら水で戻した粉ゼラチンを加えて火にかけて溶かす。

2　スダチの絞り汁を加えて容器に流し、冷やし固める。

◎仕上げ

1　器にいろどりよくサラダを盛り、くずした酢立ジュレをかけて紅芯大根、木ノ芽、花穂紫蘇を散らす。

桜鯛押寿司

酢締めのタイの押寿司。寿司飯に桜の花と葉の香りを移す。

マダイ、塩、酢
ご飯1合、寿司酢（酢75g、砂糖大さじ3、塩小さじ1／2）25cc
桜花塩漬け、桜葉塩漬け（ともに塩抜き）

1 マダイは三枚におろし、サク取りしてへぎ造りにする。多めの塩をふり、1時間ほどおく。
2 この間に寿司飯をつくる。寿司酢の調味料を合わせておく。炊きたてのご飯を飯台に移し、手早く寿司酢25ccを切り混ぜる。
3 タイは塩を洗って水気をふき、酢に5分間浸けて酢をふく。
4 タイ、桜花をのせて寿司飯を握り、桜葉で巻いて箱寿司用の型に並べて押し、1時間おく。
5 香りがご飯に移ったら器に盛って提供。

鳴門天然生若布しゃぶしゃぶ

熱いだしにくぐらせると、さっと色が変わる生ワカメ。味はもちろん演出効果も高い。天然ワカメは色が飛びやすいので黒い袋で保管する。

ハマグリ（砂抜き）6個、水２００cc、昆布適量、日本酒・淡口醤油各18cc
生ワカメ、木ノ芽

1 ハマグリを小鍋に入れ、水、昆布、日本酒を加えて火にかける。殻が開いたら淡口醤油をたらし、しゃぶしゃぶ用のだしをとる。
2 1の鍋とコンロ、ワカメと木ノ芽の盛り皿を提供し、各自だしにワカメをくぐらせて食べていただく。

秋の吹き寄せ揚げ

富田林のエビイモは、ほくほくした食感が特徴。丹波産のクリ、銀杏、１ヵ月熟成させた鹿児島産サツマイモ、カボチャなど、秋の味覚の吹き寄せ揚げ。

エビイモ、米の研ぎ汁
クリ、クチナシ
煮汁（だし12：日本酒1：淡口醤油1：味醂０・５）
サツマイモ（安納イモ）、カボチャ、銀杏
片栗粉、揚げ油、塩、スダチ

1 エビイモは一口大のいちょう切りにして米の研ぎ汁で下ゆでする。
2 クリは殻をむき、渋皮を包丁で形よくむく。クリを砕いたクチナシの実と一緒にゆでて黄色く色づける。エビイモとクリをたっぷりの煮汁で炊いて味を煮含めて、そのまま冷ます。
3 サツマイモは角に切って、低温の油でじっくり火を入れて水分を抜き、糖度を上げる。
4 カボチャをイチョウ形に抜いて、薄切りにする。銀杏の殻をはずす。
5 エビイモに片栗粉をまぶし、１８０℃の揚げ油で揚げて油をきる。カボチャと銀杏は素揚げにする。銀杏は、揚げ鍋の中でころがして、薄皮をむく。

6　2〜5に塩をふり、スダチを添える。

鱧、松茸ラーメン

麺を食べるというよりも、ハモでとった繊細な味わいのスープを味わう一品。少し目先が変わった遊び心のある一品料理は喜ばれる。

（2人前）
ハモ、マツタケ、日本酒、塩
中華麺
ハモだし（ハモのアラ、塩、水1リットル、日本酒100cc、昆布1枚）
麺スープ（ハモだし15：日本酒1：淡口醤油1）
ニンジン、スダチ（輪切り）

1　ハモだしをとる。ハモのアラに塩をふって、30分間おく。熱湯をかけて冷水にとり、汚れや血合いなどを洗う。鍋に水、日本酒を入れ、昆布をさし、ハモのアラを入れて1時間ほど表面が少し動くくらいの火加減で煮てだしをとる。

2　ハモはおろして骨切りをし、5〜6cm長さに切り落とす。串を打って塩をふり、炭火で焼く。

3　マツタケは日本酒を吹きつけ、塩をふって炭火で焼く。

4　麺スープをつくる。スープの材料を合わせて火にかけ、一煮立ちしたら2のハモと3のマツタケを入れてさっと煮る。

5　ゆでた中華麺の上からスープをかけ、ハモとマツタケを盛り、モミジ型で抜いたニンジンとスダチを添える。

おぐら家コロッケ

ナガイモでつくった自家製コロッケ。種のかたさがポイント。柔らかすぎてまとまらない場合は、片栗粉を加えて調節する。

種（すりおろしたナガイモ2本、鶏モモ挽き肉500g、みじん切りの玉ネギ2個、サラダ油、卵2個）
溶き卵、柿の種（砕く）、揚げ油
サラダ、ソース

1　種を仕込む。鶏モモ挽き肉、玉ネギはそれぞれ別にサラダ油で炒めておく。

2　ナガイモ、炒めた鶏挽き肉と玉ネギを鍋に入れて火にかける。卵を入れて均等に混ぜて練る。柔らかければ、片栗粉を加えて調整する。

3　適度なかたさになったら、鍋を水の中に浸けて冷ます。

4　冷めたら種を丸くまとめ、溶き卵にくぐらせ、砕いた柿の種をまぶして、180℃の油で揚げる。

5　器に盛り、サラダをつけ合せ、別にソースを添える。

「お料理 春草」

お料理 春草
今井良和

東京都世田谷区野沢2-5-1 DAYAWARDY 1階
電話03-6450-7818
営業時間／18:00～23:00(21:00L.O.) 定休日／水

開店／2011年5月
店舗規模／14・3坪、
　客席数18席(カウンター2席、テーブル席4席×4卓)
従業員／厨房1名、サービス1～2名
料理／コース4800円(5品)、6500円(7品)、
　8500円～(8品)
客単価／8500円
食材原価率／38・5%

駅から遠い住宅地に開店

「なぜこの場所を選んだのか?」

店主の今井良和氏は、会う人に必ずこう聞かれるという。

それも無理はない。店があるのは東急田園都市線の駒澤大学駅から徒歩15分、渋谷からバスで最寄のバス停まで20分近くかかる世田谷の住宅地。どうみてもアクセスが良いとはいえない立地だ。「当然、狙って選んだ場所ではありません。都内の一等地に店が出せれば理想ですが、個人ではとても無理な話」と語る今井氏だが、この物件でよかったのは外観ではないだろうか。

幹線道路の環七通りから住宅街に少し入った一角にある3つの建物。このうちの1棟に「お料理春草」は入居しているが、3棟は同じオーナーが所有しており、どれも外壁がパステルピンクの色調に統一されている。目を引くので店の場所を憶えてもらいや

カウンター席は２名まで座っていただく。

すいし、女性客から好印象をもたれることになったという。

物件の契約を交わしたのは２０１１年３月、東日本大震災の２日後というタイミングだった。開店は５月の連休明け。震災後の混乱のなかで開業準備を進めることになったが、以前は鰻料理店が入っていた物件で、設備をほぼそのまま使えたのは幸いだった。ただ、震災前の計画では８０００円のコース１本で勝負しようと思っていたところ、震災の影響を懸念し、急遽価格を下げて５５００円をコースの主力にすえてスタート。さらに〝お試し〟という位置づけの３８００円のコースも用意した。

華やかで実のある料理

今井氏は箱根の強羅花壇で日本料理の修業を積んできた。強羅花壇はすぐれた高級料理旅館として評価されており、懐石料理「花壇」の料理は女性客から圧倒的な人気がある。ここで今井氏は日本料理の基本と華のある料理をつくる術を身につけた。

世田谷のこのあたりは富裕層が多い住宅地なので、近隣のファミリーやシルバー層に来店してもらえるように、日本料理らしい華やかさをほどよく残し、日常的に使ってもらえるような実のある料理を出したいと考えた。

ターゲットを40代、50代の年齢層に絞ったのだが、うれしいことに若い方から80代の方まで幅広い年齢層のお客さまが来店してくれるようになった。「ちょっと夕ご飯を食べにきた」という近隣のお客さまも徐々に定着してきた。

春草名物の八寸

立地、価格、経営環境ともに苦しい条件での開業となったが、こうしたハードルの高さが結果的に現在の「春草」の営業を軌道にのせることになったといえるかもしれない。

高級食材に頼らず、手数と時間をかけた料理と演出でお客さまをもてなすことになったからだ。大変な状況だからこそ、自分にしかできない魅力のある料理を用意してお客さまをひきつけよう、と今井氏は考えた。

とくに力を入れたのが八寸だ。「少しずつ多品種をそろえた八寸のなかに自分の料理のすべてを出し切ってみよう」と決めた。

ちなみに今井氏はこの八寸を「コース内コース料理」と位置づけている。コース料理のように冷たいもの、温かいもの、野菜、魚介、珍味など、あらゆる調理法、さまざまな食材を使ったバラエティのある8～9種類の料理を用意している。

「日本料理のコースには決まった流れがありますが、この流れのなかでどのようにしたら飽きずに楽しんでいただけるかが大切だと考えています」と今井氏は語るが、その考えが八寸に凝縮されているのだ。

全仕込み時間の大半を八寸にかけるが、その甲斐があって「春草」の八寸はお客さまをひきつける一品となっている。八寸でお酒をおいしくゆっくり召し上がっていただくことで客単価アップにもつながっているという。

割烹ならではの「飽きさせない」工夫

飽きさせない工夫は八寸だけではない。たとえば焼物。1種類だと決まりきった単調なものになりがちだが、魚種をかえ、塩焼きと幽庵焼きといったように焼き方をかえて盛り合わせて2つの味を楽しんでいただく。

魚の脂ののりが少ない場合は、焼かずに揚げて盛り合わせるというように、状況に応じて臨機応変にアレンジするという。ときには肉を焼いて出すこともあるそうだ。

焼物に限らず、お造りなどの魚介類は仕入れの都合で同一魚種が人数分揃わないこともある。その場合、違う魚種が隣の席で出ることもあるが、トータルの満足感は同等レベルになるようにしているという。

魚も野菜も築地から

食材全般は修業時代からつきあいのある築地の仲卸から掛売りで仕入れている。現金取引よりもやや高くつくが、お客さまの支払いもクレジット決済が増えているので、資金繰りを考えてこの方法をとっている。

和食店で一番使いやすい大きさの魚介は高値がつくが、それより少しはずれたサイズになると安くなる。質には何の問題もないので、こういった魚介はお値打ちだ。

野菜は元は築地市場にあった仲卸から。現在は川崎に移転しているが、やはりこちらの求めているクラスのものがわかる店に頼んだほうが確実なので、仕入先は変えていない。

「野菜は大田市場よりもやはり築地のほうが使いやすいと思います。サイズや種類などの品揃えがまるで違います。たとえば築地ならばSSからLLまであらゆるサイズがそろうので選択の幅がまるで違うんです」

大きくとられた窓からの採光でテーブル席は明るいイメージ。

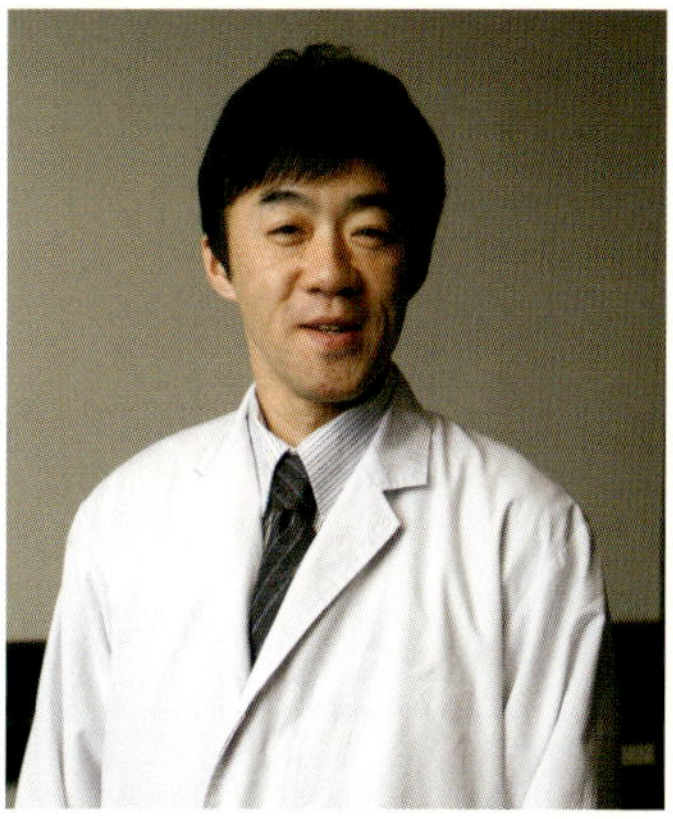

主人の今井良和氏。千葉県勝浦市出身。生家は鮮魚店を営んでいた。20年の料理修業を経て独立。

八寸は「春草」の顔。さまざまな食材を使った料理が盛り込まれている。

店名の「春草」は「春来草自生（はるきたらばくさおのずからしょうず）」という禅語からとった。開店に際して、お父さまが「春」、お母さまが「草」という文字を書いたくすのきの看板を贈ってくれた。

1人でも動きやすい厨房

開店以来、厨房は今井氏が1人で切り盛りしている。自分が倒れたときの不安は確かにあるが、従業員を雇うことで生じるストレスはゼロだ。

「最近は料理人の確保が困難なうえ、人を入れかえると一時的に料理のクオリティが下がるおそれがある。その上そこそこの技量が身につくと辞めてしまう。人の問題で頭を悩ませるくらいなら、むしろ1人でやったほうが気が楽だとつねづね思っていました」と今井氏。

かつてこの場所で営業していた鰻料理店の店主も、引退するまでずっと1人で切り盛りしていたので、1人で動きやすい厨房のつくりになっていることもある。固定費は極力低く抑えたかったので、今井氏は1人でやっていくことを選択した。

もっとも客席はテーブル席が主体のため、サービス人員は必要。現在は女性アルバイト2名を雇って、1名ずつ交代制で来てもらっている（週末は2名体制）。サービススタッフは、洗い場やドリンク類の用意なども受け持っている。

女性客の集客を期待して開店当初から2015年4月までランチコースを提供していたが、現在はディナー1本に絞って営業している。

最近ランチ営業による集客効果にかわって、SNS（ソーシャルネットワーキングサービス）の口コミ効果がかなり大きくなってきたのだ。食べ歩きの好きなお客さまはこうした場所にもかかわらずSNSの評判で足を運んでくれる。その影響か、ランチを休止したあとも売上げが落ちることはないという。

鰻料理店の居抜き物件。グリル、ガスコンロは1カ所に集中。もとは鰻料理店だけあって、大型のダクトが設置されて客席の天井づたいに外に排気される。
グリルからコールドテーブルまで1列に並んでおり、1人で調理をしやすい配置となっている。
店内奥のドアからビル内共用の化粧室に出られる。

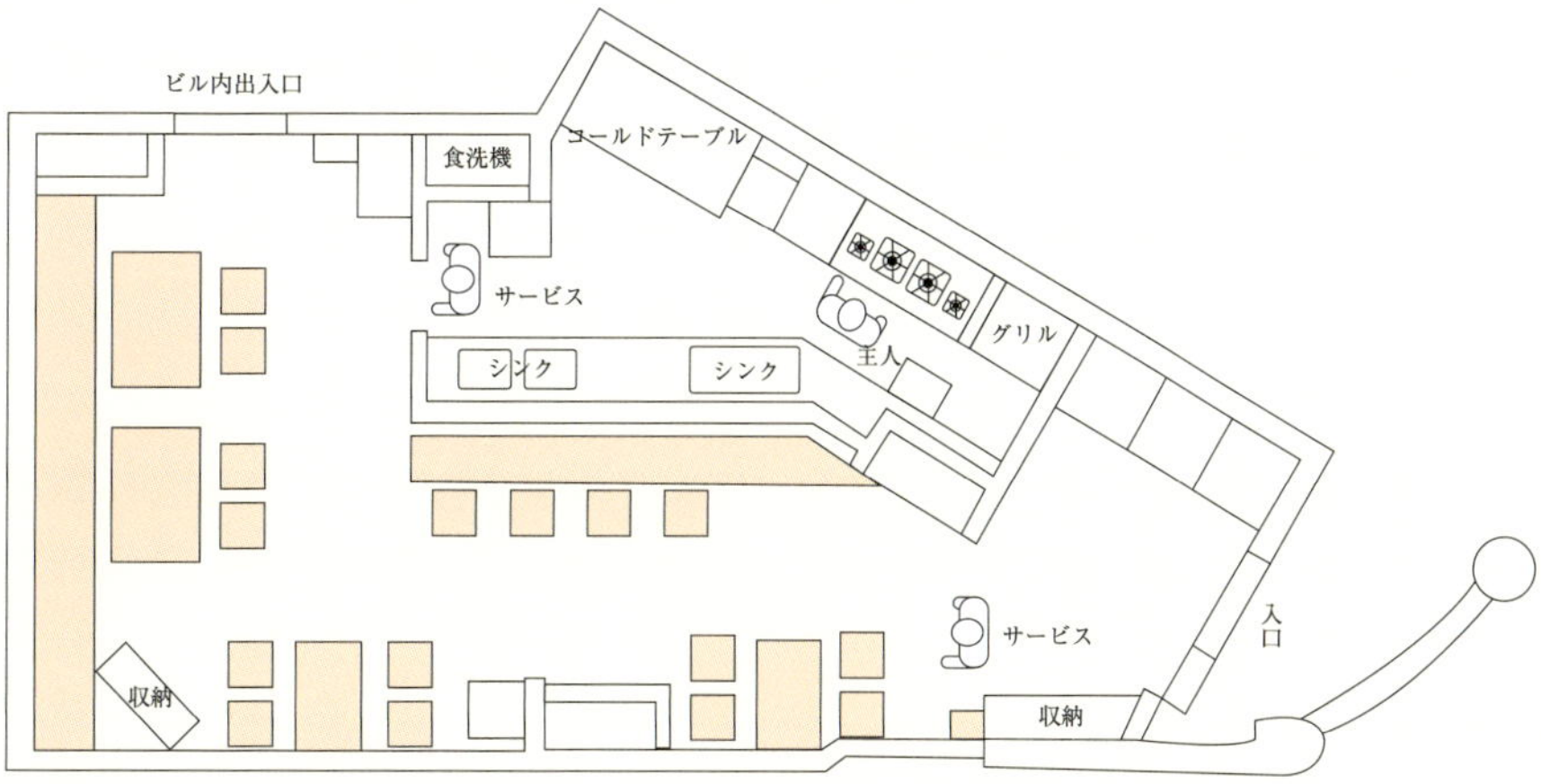

お料理 春草
2月早蕨のコース
6500円

二、八寸
鱈の白子の酒粕浸し
山東菜のお浸し
のれそれの生姜酢がけ
鮟鱇煮凝り
車海老
鶏レバーの松風
子持ち公魚の昆布巻き
空豆艶煮

料理解説262頁

一、先付

蕨の薹の白和え

料理解説262頁

三、造り

鯖棒寿司

平貝 平鱸 ほうぼう

料理解説263頁

「春草」の3種類のコースの中で一番人気のあるのがこの早蕨コース。わかりやすく品数を変えて値段設定をしている。一品料理はなしでコースのみ。

コースの顔である八寸は、コース内コース料理という位置づけとしており、野菜、魚介、和え物、煮物、冷たいもの、温かいもの、酒のあてなど、素材や調理法などにバラエティをもたせている。

飽きがこないように、常時12品程度を用意し、ランチとディナー（いずれもコース）で内容を変えて7～9品程度を小鉢で盛り合わせている。仕込みは2日に1度。毎回2品程度料理を変えて仕込んでいる。

四、焼物
桜鱒の西京焼き
牛肉サーロイン
菜の花浸し

料理解説264頁

五、炊合せ
筍しんじょう
筍 早蕨 海老芋 天王寺かぶ

料理解説265頁

六、食事

鯛の梅茶漬け

料理解説265頁

七、甘味

白苺ぜんざい

料理解説266頁

コースに合う酒

みむろ杉　無濾過生原酒（奈良）
悦凱陣　純米吟醸（香川）
白隠正宗　山廃純米酒（滋賀）
澤の井　立春朝搾り（東京）
甲子　立春朝搾り（千葉）

お料理 春草
9月早蕨のコース
6500円

一、前菜
ずんだ和え
石川小芋　車海老
あぶり鱧
焼茄子　枝豆
青柚子
料理解説266頁

二、八寸
クリームチーズ豆腐
鮎真子うるか
しめじと菊菜とほうれん草の浸し
浅蜊の酒盗煮
イベリコ豚の角煮
新秋刀魚のしぐれ煮
鴨ロース山椒味噌煮
蛸の柔らか煮
料理解説267頁

三、造り
もどり鰹叩き
鯛　平目
料理解説268頁

四、焼物
かますつけ焼き　金目の塩焼き
新蓮根甘酢漬け　酢橘

料理解説268頁

五、炊合せ
焼き穴子の飛龍頭
かぶら　南瓜　茗荷　万願寺唐辛子

料理解説269頁

コースに合う酒

七田　純米（佐賀）
七田　夏純米（佐賀）
玉川アイスブレーカー
　純米吟醸無濾過生原酒（京都）
獺祭　純米大吟醸５０（山口）
Sogga Nagano　大正生酛（長野）

六、食事

鰊素麺
青柚子

料理解説270頁

七、甘味

葡萄と梨のゼリー寄せ
カスタードクリーム

料理解説270頁

2月早蕨のコース

一、先付

蕗の薹の白和え

絹漉し豆腐を使ったなめらかな衣で和えた春の幸の白和え。フキノトウは揚げて苦みを和らげた。

フキノトウ、揚げ油
クルマエビ（↓263頁車海老）
トコブシ
A（水5：日本酒1：濃口醤油0・3：砂糖0・1：追いガツオだし0・5）、追いガツオ
ウニ（海水ウニ）
ユリネ、コゴミ、八方だし
白和え衣（絹漉し豆腐1丁、ゴマペースト大さじ2、濃口醤油15cc、砂糖5g）

1　フキノトウは１８０℃の油で揚げて、粗みじん切りにする。
2　トコブシは殻を洗って圧力鍋に入れて、Aを浸るまで注ぎ、9分間圧力をかけたのち、追いガツオをして味を調える。
3　ユリネは1枚ずつほぐして蒸し、八方だしに浸ける。コゴミは熱湯でゆでて八方だしに浸ける。
4　白和え衣をつくる。絹漉し豆腐は水きりして裏漉ししすり鉢でする。その他の材料を加えてすり混ぜ、味を調える。
5　提供時、白和え衣でフキノトウ、食べやすく切ったクルマエビとトコブシ、ユリネ、コゴミ、ウニを和えて盛りつける。

二、八寸

鱈の白子の酒粕浸し　山東菜のお浸し　のれそれの生姜酢がけ　鮟鱇煮凝り　車海老　鶏レバーの松風　子持ち公魚の昆布巻き　空豆艶煮

仕込んでおける酒肴8種の盛り合せ。魚、肉、野菜など各種素材を使った二月の八寸。

◎鱈の白子の酒粕浸し

白子（マダラ）、地（水5：日本酒1：だし1：淡口醤油0・3、昆布適量、塩少量）
浸し地（だし8：味醂1：淡口醤油1：酒粕*全量の1／3）

---

*酒粕は粘土状のタイプを使用した。

1　白子を掃除し、一口大に切り分ける。地の材料を合わせて沸かし、白子を入れる。一旦沸騰がおさまり、再び沸いたら火からおろし、ラップフィルムをかけて余熱で火を入れる。余熱で加熱すると白子の膜が柔らかく仕上がる。
2　浸し地の材料をすべて合わせてよく混ぜる。提供直前に白子を浸して盛りつける。

◎山東菜のお浸し

サントウサイ、金時ニンジン（拍子木切り）、大根（拍子木切り）
浸し地（だし8：淡口醤油1：味醂1）

1　サントウサイは熱湯でゆでて冷水にとる。
2　金時ニンジンと大根をゆでる。
3　浸し地の材料を合わせて一煮立ちさせてサントウサイ、金時ニンジン、大根を浸す。
4　提供時に地をきって盛り合わせる。

◎のれそれの生姜酢がけ

ノレソレ*
ショウガ酢（だし6：酢3：淡口醤油1：味醂1、おろしショウガ適量）

---

*アナゴの稚魚。

1　ショウガ酢のだし、酢、淡口醤油、味醂を一煮立ちさせて冷まし、おろしショウガを加える。
2　ノレソレを水洗いして器に盛り、ショウガ酢をかける。

◎**車海老**

クルマエビ
地（だし、濃口醤油、味醂、薄切りショウガ）

1　クルマエビは殻つきのまま、のし串を打つ。
2　地にエビを入れて火にかける。一煮立ちしたら、火からはずして余熱で火を入れて、このまま冷ます。エビは煮すぎるとパサつくので注意。大きさが不均一の場合は、それぞれに合わせて火入れを加減する。

◎**鮟鱇煮凝り**

アンコウ（身と皮）　500g
アンコウの骨、軟骨、エラなど
煮汁（だし、淡口醤油、塩、味醂）
長ネギ（白い部分・みじん切り）
板ゼラチン　10g
白玉味噌（白漉し味噌2kg、日本酒540cc、砂糖700g、卵黄50個分）

1　アンコウをおろし、骨、軟骨、エラなどを圧力鍋に入れて浸るくらいの水を注ぎ、圧力をかけて15分間ほど加熱する。冷めたら身と皮を加えてもう一度、15分間圧力をかける。
2　アンコウの身を取り出して鍋に移し、浸るくらいの薄味の煮汁を入れて火にかける。
3　途中で長ネギを加えて煮詰めたら、流し缶に流して冷やし固める。ゼラチン質が足りなければ、水で戻した板ゼラチンを加えて固める。
4　提供時に切り分けて、白玉味噌を添える。白玉味噌は材料をすべて鍋に合わせて、20分間ほど木ベラで練ってつくる。

◎**鶏レバーの松風**

鶏モモ挽き肉200g、濃口醤油、砂糖、日本酒
鶏レバー200g、有塩バター大さじ2、生クリーム50cc
ケシの実

1　鶏モモ挽き肉を鍋に入れて濃口醤油、砂糖、日本酒で下味をつけ、そぼろに炒る。
2　フードプロセッサーに1のそぼろと、同量の鶏レバーを入れて回す。バターと生クリームを加えてさらになめらかに回す。
3　2を流し缶に入れて低温のオーブンで1時間焼いて冷ます。冷蔵庫で5日間日持ちする。
4　提供時に角に切り出し、ケシの実をふる。

◎**子持ち公魚の昆布巻き**

ワカサギ、塩
青板昆布、カンピョウ
煮汁（だし、濃口醤油、たまり醤油、砂糖）

1　ワカサギは薄塩をあてて焼く。
2　青板昆布は水に浸けて戻す。カンピョウは水でさっと洗っておく。
3　1のワカサギを青板昆布で巻いて、両端をカンピョウで結わく。
4　鍋に並べ、水を注いで火にかける。柔らかくなったら、煮汁の材料を加えて味をつけ、約40分間煮る。鍋のまま一晩おいて味を含ませる。

◎**空豆艶煮**

ソラマメ、地（水2：砂糖1、塩少量）

1　ソラマメはサヤから取り出して、皮をむく。
2　ソラマメを鍋に入れ、地を浸るくらい加えて火にかける。ソラマメが柔らかくなったら、鍋ごと氷水にあてる。

三、造り、

鯖棒寿司
平貝　平鱸　ほうぼう

スズキは夏の魚とされているが、平スズキの旬は冬。身が締まって旨みがのる。ホウボウも同様に冬に脂がのってくる。鯖棒寿司はおしのぎとして。

◎**鯖棒寿司**
サバ、塩、酢、昆布
寿司飯（米1合、寿司酢＊18cc）
◎**平貝、平鱸、ほうぼう**
タイラガイ、平スズキ、ホウボウ
ニンジン、山葵
＊米酢１８０cc、砂糖１００g、塩55gを混ぜ合わせる。

◎**鯖棒寿司**
1　サバは三枚におろし、強めの塩をあてて45分間おく。水洗いして、昆布を差した酢に15分間、裏返してさらに15分間浸して酢〆にする。取り出してしばらく味をなじませる。
2　寿司飯をつくる。米はかために炊き、1合につき寿司酢18ccを切り混ぜる。
3　酢で締めたサバは皮をむき、中骨を抜いてサク取りする。巻簾を広げ、ラップフィルムを敷いて皮目を下に向けてサバと寿司飯をのせる。きつめに巻いて1時間ほどおいてなじませる。

◎**平貝、平鱸、ほうぼう**
1　タイラガイは殻をはずし、掃除する。平スズキとホウボウは水洗いしてサク取りする。

◎**仕上げ**
1　鯖棒寿司を切り出し、タイラガイを角に切り、平スズキはそぎ造り、ホウボウは平造りにして盛り合わせる。よりニンジン、山葵を添える。

四、焼物

桜鱒の西京焼き 牛肉サーロイン 菜の花浸し

サクラマスと牛肉サーロインの焼物盛り合せ。マスは西京焼きに、牛肉は焼きダレをからめてフライパンで焼いたのち、網焼きにして香ばしさを出した。

◎**桜鱒の西京焼き**
サクラマス（切り身）　1切れ（１５０g）
味噌床（白味噌２００g、味醂50cc）
◎**牛肉サーロイン**
牛サーロイン　１５０g
焼きダレ（濃口醤油1：味醂1.5、牛脂・牛スジ・長ネギ各適量）
◎**菜の花浸し**
菜ノ花、浸し地（だし8：淡口醤油1：味醂1）

◎**桜鱒の西京焼き**
1　味噌床の材料を合わせてよく混ぜ、サクラマスを2日間漬ける。

◎**牛肉サーロイン**
1　焼きダレをつくる。材料をすべて鍋に入れて火にかけ、10分間ほど煮詰める。

◎**菜の花浸し**
1　菜ノ花は熱湯でゆでて冷水にとり、水気をきって浸し地に浸ける。

◎**仕上げ**
1　サクラマスを味噌床から取り出して串を打って天火で焼く。
2　牛サーロインは熱したフライパンで3割程度まで両面を焼いて、焼きダレを注いでからめる。最後に網で焼き、8〜9割まで火を入れて香ばしさをつける。
3　サクラマスと牛肉を盛り、菜ノ花の浸しを添える。

五、炊合せ

筍しんじょう

筍　早蕨　海老芋　天王寺かぶ

タケノコは味つけ前に酒で炊いておくと、酒の効果で特有のエグミを抑えることができる。何種類かを合わせる場合、一番薄味の煮汁を炊合せに使うとそれぞれの味をそこなわない。

◎筍、聖護院大根、海老芋、早蕨

タケノコ、米ヌカ、煮汁（日本酒3：カツオだし7、淡口醤油・味醂各適量）

聖護院大根、米の研ぎ汁、八方だし

エビイモ、米の研ぎ汁、八方だし

ワラビ、灰、塩、八方だし

◎筍しんじょう

タケノコの根元300g、すり身500g、玉子の素大さじ1、ヤマトイモ（すりおろし）大さじ1、昆布だし（だし、昆布）少量

◎筍、聖護院大根、海老芋、早蕨

1　タケノコは米ヌカを入れた水でゆでる。柔らかくなったらゆでこぼしてヌカ臭さを抜く。穂先をくし形に切る。根元はしんじょうに使う。

2　鍋にタケノコと浸るくらいの日本酒を注いで火にかける。沸いたら火を弱めてカツオだしを加え、淡口醤油、味醂で味をつけて15分間煮る。そのまま冷まして味を含ませる。

3　聖護院大根を食べやすい大きさのくし形に切って、皮をむき、エグミを抜くために、米の研ぎ汁で下ゆでする。串が通る手前で湯をきる。

4　下ゆでした大根を鍋に入れ、八方だしで炊く。沸いたら弱火で15分間ほど煮る。柔らかくなったら火を止めてそのまま冷まし、味を含ませる。

5　エビイモは皮をむいて、米の研ぎ汁でかために下ゆでする。八方だしで15分間ほど煮てそのまま冷ます。

6　ワラビを適当に切り、灰と塩でもんで、熱湯をかけてラップで密封して一晩おく。翌日沸かした湯で柔らかくゆでる。

7　水にさらしたのち、八方だしでさっと煮る。

◎筍しんじょう

1　タケノコの根元はすり身とともにフードプロセッサーに入れて回す。玉子の素、ヤマトイモ、昆布だしの順に入れて回す。

2　タケノコを炊いた煮汁を沸かし、しんじょう地を丸めて落とす。浮いてきたら取り出す。

◎仕上げ

1　それぞれを蒸し器で温め、器に盛る。味の薄いエビイモと大根の煮汁を合わせて熱し、かける。

六、食事

鰯の梅茶漬け

イワシを骨ごと柔らかく煮た常備菜。梅干の酸味を効かせるのがコツ。イワシが大量に入荷したらまとめて仕込むと重宝する。10日間日持ち可。

◎鰯の梅煮

イワシ（大羽）　2kg

ショウガ、梅干（塩分10％）15個、濃口醤油、砂糖

ご飯、吸い地（だし、淡口醤油、塩）

大葉、ぶぶあられ

◎鰯の梅煮

1　イワシは頭と内臓を取り除いて、圧力釜に入れる。水を注ぎ、ショウガを加え、20分間圧力をかけて骨まで柔らかく煮る。

2　鍋にイワシを移し、梅干を入れて酸味が出るまで煮る。濃口醤油と砂糖で濃いめに味をつけ、そのまま冷ます。

◎仕上げ

1　炊きたての白いご飯を盛り、鰯の梅煮をのせる。熱した吸い地を注ぎ、刻んだ大葉とぶぶあられを散らす。

七、甘味

白苺ぜんざい

国内でも生産量が少ない希少な白小豆のぜんざいを用意。小豆の白にイチゴの赤や白砂糖の雪をかぶったヒイラギの緑がよく映える。

◎ぜんざい
白小豆500g、砂糖350〜400g

◎イチゴ
ヒイラギの葉、氷餅

◎ぜんざい

1　白小豆を一晩水に浸ける。翌日その水でゆでこぼす。さらに水をかえて3〜4回ゆでこぼして渋抜きをする。煮くずれないように火加減に注意。

2　鍋に小豆を移し、浸るくらいの水を加えて火にかけ、砂糖を3〜4回に分けて加えて煮る。途中適宜水を加えたり、砂糖を加えたりを繰り返す。煮上がりは汁が少し残る程度。煮上がったら冷やしておく。

◎仕上げ

1　ぜんざいを器に盛り、イチゴをあしらい、氷餅を粉にしてまぶしたヒイラギの葉を添える。

9月早蕨のコース

一、前菜

ずんだ和え　石川小芋　車海老　あぶり鱧　焼茄子　枝豆　青柚子

旬の石川小芋、ナス、ハモをずんだ衣で和えた冷たい前菜。和え衣は、豆の質感を残して仕上げている。焼きナスの香りは、強すぎるとそのほかの材料が生かせないので、だしに浸けて少し和らげる。

◎ずんだ衣
エダマメ、塩
吸い地（だし、淡口醤油、塩、日本酒）、葛粉

◎石川小芋、車海老、あぶり鱧
サトイモ（小芋）、クルマエビ（→263頁車海老）、ハモ

◎焼茄子
ナス、吸い地、味醂

青ユズ

◎ずんだ衣

1　塩ゆでしたエダマメの薄皮をむいて吸い地に入れて熱し、水溶き葛粉でゆるいとろみをつけて冷ます。

2　1をフードプロセッサーにかける。濃度を見つつ、粒の質感が残るように仕上げる。

◎石川小芋、あぶり鱧

1　石川小芋は皮をむき、蒸し器で蒸す。

2　ハモをおろして骨切りし、串を打つ。塩をふり、バーナーであぶって一口大に切り落とす。

◎焼茄子

1　ナスは皮ごと焼いて冷ます。

2　冷めたら皮をむき、味醂を加えた吸い地に浸けて香りを和らげる。提供時は吸い地をきる。

◎仕上げ

1　石川小芋、車海老、あぶり鱧、焼茄子をずんだ衣で和える。

2　器に盛り、青ユズをふる。

二、八寸

クリームチーズ豆腐　鮎真子うるか
しめじと菊菜とほうれん草の浸し
浅蜊の酒盗煮
イベリコ豚の角煮　新秋刀魚のしぐれ煮
鴨ロース山椒味噌煮　蛸の柔らか煮

酒肴の8種盛り合せ。素材、味つけ、温度など変化をつけて飽きさせない工夫をしている。夏の名残と秋を感じさせる料理をそろえた。

◎クリームチーズ豆腐

（40人前）
クリームチーズ１００g、牛乳３５０cc、生クリーム２００cc、砂糖25g、板ゼラチン10g、塩・淡口醤油各適量

1　クリームチーズ、牛乳、砂糖を合わせ、蒸し器で蒸すか、湯煎にかけてチーズと砂糖を溶かす。
2　溶けたら水で戻した板ゼラチンと生クリームを入れ、塩、淡口醤油で調味して、流し缶に漉し入れる。冷蔵庫で冷やし固める。提供時に角に切り出す。

◎鮎真子うるか（解説省略）

◎しめじと菊菜とほうれん草の浸し

シメジタケ、キクナ、ホウレンソウ
浸し地（だし7・5：味醂1：淡口醤油1、追いガツオ）

1　浸し地を用意する。だしに味醂、淡口醤油を加えて熱し、追いガツオをして漉し、冷ます。
2　シメジタケを切りそろえ、熱湯でゆがいて冷水にとって水気をきる。浸し地に浸ける。
3　キクナは酢（分量外）を加えた湯で、ホウレンソウは塩を加えた湯でゆでて、冷水にとる。それぞれ浸し地に浸けておく。浸け時間の目安は半日程度（朝仕込んで、夜使う）。
4　シメジタケ、キクナ、ホウレンソウを合わせて、器に盛る。

◎浅蜊の酒盗煮

アサリ
地（水8：だし1：日本酒0・2、塩・酒盗各少量）

1　地の材料を合わせて沸かし、アサリを入れる。地の量は貝の表面がかぶる程度が目安。沸いた地に入れるのは、アサリに火を通しすぎないため。
2　殻が開いたら火からおろして、そのまま冷ます。殻をはずして地に浸しておく。長くおくとアサリに苦みが出るので、朝仕込んで夜に使いきったほうがいい。

◎イベリコ豚の角煮

豚バラ肉（イベリコ種）、煮汁（トマト、玉ネギ、水、濃口醤油、味醂）

1　豚バラ肉を盛りつける器に入る大きさの角切りにする。フライパンで表面を焼いて、圧力釜に入れる。
2　水、玉ネギ（4等分）、トマト（2等分）を入れて15分間圧力をかけて煮る。濃口醤油適量と味醂少量を加えて和風の味つけにする。
3　提供時は再加熱する。

◎新秋刀魚のしぐれ煮

サンマ（1尾２００g）、煮汁（水、日本酒、薄切りのショウガ、だし、濃口醤油、砂糖）

1　サンマは6～7等分の筒切りにする。酢（分量外）を入れた湯で霜降りし、冷水にとって洗う。
2　圧力鍋にサンマを入れ、水、日本酒、ショウガを入れて20分間圧力をかけて柔らかく煮る。
3　蓋を開けて、だし、濃口醤油、砂糖を加えて煮つける。味がなじんだらこのまま冷ます。
4　提供時は再加熱する。

◎鴨ロース山椒味噌煮

鴨胸肉、煮汁（水100cc、日本酒・味醂各100cc、桜味噌150g、砂糖180g、実サンショウ適量）

1　鴨胸肉の皮目をフライパンでじっくり焼いて余分な脂を抜く。さらに熱湯をかけて脂を抜く。
2　鍋に焼いた鴨肉を入れ、煮汁を浸るくらい注ぐ。鍋のまま蒸し器に入れて、弱火で5分間、裏を返して5分間火を入れる。
3　鴨に串を刺して吊るし、血が抜けて肉汁が透明になったら、煮汁を冷まして鴨を戻す。
4　提供時に切り出して盛りつける。

◎蛸の柔らか煮

活タコ（1・3kg前後）、A（水10：日本酒1、重曹微量）、煮汁（だし、濃口醤油、たまり醤油、砂糖）

1　タコを水洗いし、脚と頭を分ける。脚をすりこぎで叩き、霜降りをして汚れを洗う。
2　圧力鍋にタコを入れ、Aを加えて、13分間圧力をかけて煮る。この段階は少しかためでよい。
3　蓋を開け、煮汁をかぶるくらい注いで10分間ほど煮て、そのまま冷ます。2〜3の工程はタコの味が抜けないように短時間で調理する。表面を調味料でコーティングして、中はタコの味をそのまま残すイメージ。
4　提供時は食べやすい大きさに切って、煮汁とともに盛りつける。

三、造り

もどり鰹叩き　鯛　平目

カツオはあぶったこうばしさを生かすために、水にとらずにそのまま冷ますので、火を通しすぎないように注意する。

カツオ、塩
マダイ、ヒラメ
大葉、山葵、刺身醤油

1　魚はすべて水洗いしてサク取りする。
2　カツオは塩をふって皮目を直火であぶる。水っぽくなるのでそのまま冷まし、平造りにする。
3　タイは平造り、ヒラメはそぎ造りにする。
4　大葉を敷いて3種を盛りつけ、山葵と刺身醤油を添える。

四、焼物

かますつけ焼き
金目の塩焼き
新蓮根甘酢漬け　酢橘

2種類の魚を2通りの味で焼いて盛り合わせた。飽きさせずに食べていただく工夫。

◎かますつけ焼き

カマス、塩、浸けダレ（濃口醤油1：味醂1：日本酒1）

◎金目の塩焼き

キンメダイ、塩

◎新蓮根甘酢漬け

新レンコン、甘酢（酢2：だし1：砂糖1）
スダチ

◎かますつけ焼き

1　カマスを三枚におろし、塩をあてる。身が締まったら骨を抜いておく。
2　浸けダレを合わせ、カマスを15分間浸ける。
3　両褄串を打って焼く。途中で3回ほど浸けダレをかけながら焼き上げる。

◎金目の塩焼き

1　キンメダイを三枚におろし、薄塩（細粒）をあて、2〜3時間おいて身を締めて骨を抜く。

2　切り身にして串を打ち、塩（粗粒）をふって焼く。

◎新蓮根甘酢漬け

1　新レンコンを酢（分量外）を入れた湯でゆでたのち、甘酢に半日ほど浸ける。

◎仕上げ

1　カマスとキンメダイを盛り、新蓮根甘酢漬けとスダチを添える。

五、炊合せ

焼き穴子の飛龍頭
かぶら　南瓜　茗荷　万願寺唐辛子

刻んだアナゴを混ぜ込んだ飛龍頭。中はふっくらと柔らかく、表面はかりっと揚げているので、煮すぎないように。

◎焼き穴子の飛龍頭

アナゴ、濃口醤油

飛龍頭の生地（すり身５００ｇ、絹漉し豆腐３２０ｇ、玉子の素大さじ２、だし１００cc、おろしたヤマトイモ大さじ３）

揚げ油、煮汁（だし20：淡口醤油１：味醂１）

◎かぶら、南瓜、茗荷、万願寺唐辛子

カブ、煮汁（だし、淡口醤油、塩、味醂）

カボチャ、煮汁（だし、淡口醤油、濃口醤油、日本酒、砂糖）

ミョウガ、吸い地（だし、淡口醤油、塩、日本酒）

万願寺唐辛子、揚げ油、吸い地（だし、淡口醤油、塩、日本酒）

◎焼き穴子の飛龍頭

1　アナゴを裂き、濃口醤油をぬって表面をあぶってこうばしさをつける。

2　すり身と水きりした絹漉し豆腐をフードプロセッサーにかける。混ざったら玉子の素、だし、ヤマトイモを加えて生地をつくる。

3　生地に小さく切った1のアナゴを混ぜ、丸くとる。中温の油で中まで火を通し、表面はキツネ色に揚げる。

4　煮汁を合わせて火にかけ、沸いたら3を入れる。一煮立ちしたら火を止める。

◎かぶら、南瓜、茗荷、万願寺唐辛子

1　カブは皮を六方にむき、鍋に煮汁を注いで直煮してそのまま冷ます。

2　カボチャは皮をむき、煮汁を注いで弱火で煮る。柔らかくなったら最後に味をみて、必要なら調える。カボチャはほっくりしたタイプを選ぶ。

3　ミョウガを半分に切り、吸い地でさっと煮て、そのまま冷まして味を含ませる。

4　万願寺唐辛子は天地を切って中の種を抜き、高温の揚げ油にさっとくぐらせて色を出す。

5　取り出して網焼きして油をきり、吸い地に浸けておく。

◎仕上げ

1　飛龍頭と温めた野菜を盛る。熱い飛龍頭の煮汁をはる。

六、ご飯

鰊素麺
青柚子

夏に喜ばれる冷たいつゆをかけた素麺。上に柔らかく炊いたニシンをのせた。ニシンもかけ汁も仕込みおきができるので、提供時は素麺をゆでる手間だけ。

◎鰊
身欠ニシン（ソフト）、A（水、薄切りのショウガ、赤唐辛子、日本酒）、煮汁（だし、濃口醤油、砂糖）

◎素麺
素麺、かけ汁（だし8：淡口醤油1：味醂1）
青ユズ

◎鰊

1　ニシンは食べやすい大きさに切り、熱湯をかけて霜降りして圧力鍋に入れる。ここにAを浸るくらい入れて10分間圧力をかけて煮る。

2　蓋を開けて、味をおぎなうために煮汁を加えてさっと煮る。

◎素麺、仕上げ

1　かけ汁をつくる。材料を合わせて一煮立ちさせて冷やしておく。

2　素麺をゆでて冷水でしめ、器に盛る。冷たいかけ汁を注ぎ、ニシンをのせる。吸い口におろした青ユズをふる。

七、甘味

葡萄と梨のゼリー寄せ
カスタードクリーム

果物を変えると別の季節にも使える重宝なゼリー寄せ。このほかの夏の甘味にはモモを寄せたり、エスプレッソの水羊羹なども好評。

◎ゼリー寄せ
水300cc、白ワイン100cc、砂糖適量、ブドウとナシ（むいたもの）850g、板ゼラチン17〜18g

◎カスタードクリーム
牛乳300cc、卵黄2個分、小麦粉大さじ1、砂糖大さじ2・5

◎ゼリー寄せ

1　水、白ワイン、砂糖を合わせて沸かす。

2　火を止めて水で戻した板ゼラチンを溶かす。

3　むいたブドウとナシを混ぜて、流し缶に流して冷やし固める。

◎カスタードクリーム

1　材料をすべて合わせて湯煎にかけ、木杓子で混ぜる。

2　火が通って濃度がついたら、ダマを除くために裏漉しする。

3　バットに移して、表面が乾かないようにラップをぴったりとかけて冷やす。

◎仕上げ

1　ゼリー寄せを切り出し、手前にカスタードクリームを添える。

店も助かり、お客さまもよろこぶ形を——メニュー構成

飲食店のメニューは、店とお客さまが「Win-Win（ウィン・ウィン）の関係になる」ことが理想だ。Win-Win の関係とは、双方にメリットがあることをいう。

店側にとってもっともメリットのあるメニュー構成は、おまかせコース1本という形だろう。原価率の高いものと低いものを組み合わせることで、全体の原価率を一定の水準に収めるコントロールがしやすくなる。また、コース料理以外の食材を仕入れる必要がないから、予約のお客さまだけであれば理論的に食材ロスはゼロになる。

原価率の安定という、経営上の最重要課題をクリアするために、コース1本というのは理想的なメニュー構成なのである。

しかし、お客さまの側からみた場合はどうだろうか。コース1本とは、お客さまに選択の自由はないということだ。店に行くのは、メニューの内容はどうあれ、そこで食事をしたいという強い来店動機がある場合に限られる。逆にいえば、それだけ強い動機を掴めるだけの料理のクオリティが必要ということだが、お客さまが店を訪れる頻度はどうしても低くなる。

お客さまにとってメリットが多いのは、選択の幅が広いメニュー構成だ。コースが価格と品数別にいくつかあって、一品料理も揃っているという形。これならしっかり食事をしたいお客さまも、お酒を中心に食事は一品料理でほどほどにというお客さまも楽しめる。来店動機の幅が広がるわけだ。

しかしこうした〝自由度の高い〟メニューは店側にとって負担が大きい。メニュー幅が広がれば、仕入れる食材は多岐にわたる。仕入れはメニューの出数予測に基づいて行なうわけだが、メニューの絶対数が多いと予測もしづらい。結果として食材ロスが多くなり、原価率も上がってしまうのだ。

このように、店側のメリットとお客さまのメリットはむしろ相反する関係にある。それを乗り越えて、いかに Win-Win に近づけていくかがメニュー構成のポイントだ。

コース以外に一品料理をおく場合、一品料理の数が問題になる。店の負担を考えれば絞りたいところだが、あまり少ないとお客さまが満足できない。そこで、コースと一品料理で共通する料理があるといいだろう。一品料理として提供している料理を、量を減らしてコースに組み込むといった形だ。これなら食材数を増やさなくてすむし、同じ料理をコースに入れて食事中心、一品料理にしてお酒中心と、2つの利用動機に応えられることになる。

それともう一つ重要なことは、コースの一品にしても一品料理にしても、定番と呼べるメニューを持つことだ。お客さまが必ず注文する＝仕入れた食材は確実にさばける＝食材ロスはゼロ、というメニューがいくつかあれば、それだけで原価率の安定に大きく貢献する。

「いまゐ」

お値打ちお魚ランチの功罪

２０１１年5月、東京・新宿御苑前に開店した割烹「いまゐ」。平日のお値打ちランチで一躍有名になった。「サラリーマンの方たちに、適正な価格できちんとした昼食を食べていただきたい」という料理人としての使命感から、店主の今井 仁氏は開店当初から８５０～９５０円で魚を使った5種類のお魚ランチを提供してきた。メインの魚料理に小鉢が2品、ご飯とお味噌汁、香の物がつくという内容で、たちまち近隣のサラ

いまゐ
今井 仁
東京都新宿区新宿1-6-5
シガラキビル地下1階
電話03-3354-9308
営業時間／17:00～22:30
定休日／日

開店／２０１１年5月（13年に移転）
店舗規模／18坪（厨房は4・5坪）、
席数20席（カウンター12席、小上がり4席×2卓）
従業員数／厨房2名、サービス1名
料理／コース６５００円（9品）、一品料理
客単価／８５００円
食材原価率／38％

リーマンの間で評判になり、ランチの始まる11時30分ごろから店の前に長蛇の列ができるほどだった。

当時の席数は18席だったが、1日平均50食が出たという。このランチ効果で「いまゐ」の認知度が高まって、徐々に夜のお客さまも定着した。

朝からランチの仕込み、ランチ営業が終わるとすぐに夜の仕込みが始まる。深夜まで働いて帰宅。わずかな睡眠をとって翌朝店に出る。そんな生活を3年続けた。しかし、次第に身体が悲鳴を上げ始め、この生活サイクルを続けることができなくなってしまった。13年に現在の場所に移転後、しばらくして人気のランチ営業を断念することになった。

従業員を増員して対応するという方法もあったが、「おかげさまで繁盛はしていたものの、ランチではほとんど利益は出なかったため、人件費を増やすことはできませんでした。ランチを楽しみに来てくださるお客さまには、ほんとうに申し訳なかったのですが。店前の行列が周囲の店の迷惑にもなっていましたし」と今井氏。

もっとも、ランチでがっちり固定客をつかんでいたことが、移転後もいち早く店の存在が知れ渡り、営業を軌道に乗せることにつながったのはいうまでもない。

100mの移転

2011年の開店当初は、平日夜限定の3500円のコースと一品料理というメニュー構成でスタートしたが、途中で4500円、5000円の2種類のコースに変更した。

順調な滑り出しだったが、思うような利益が出ず、

もう少し家賃を抑えたかったので、２年後の最初の契約更新時に店の移転を決めた。

現在入っている物件は、以前の店から１００ｍほどのところで、1階の路面店から地下1階へと、立地条件は悪くなったものの、移転前よりも坪あたりの家賃が１／３と大幅に下がった。この固定費の減少は魅力だった。この距離なので、引越し業者を頼まず、自力で引越しをしたという。

移転前の席数はカウンター6席、テーブル２席×2卓、座敷6席で合計16席だったが、移転後はカウンター12席、掘りごたつ式の座敷4席×２卓で合計20席に増やした。

また、地階でも新規のお客さまが店を認知しやすいように、1階の入口付近を和風のイメージにして、門柱灯に店名を入れた。

長いカウンターの問題点

移転に伴って客席だけでなく厨房も広くなった。しかし移転して一番ネックとなっているのは厨房だという。料理は今井氏が1人で担当し、調理補助が1名つき、サービスは奥さまが担当している。

「厨房は広ければいいっていうものじゃないんですね」と今井氏。広すぎるとムダに動かなければならないため、効率的ではないのだという。

確かに「いまゐ」の厨房はかなり細長い。ゆったりと席を配したカウンター席が12席。この後ろのカウンター内が厨房となっている。

「焼き台と揚げ鍋が太い柱で隔てられているため、同時に両方を見ることができないんです。このため並行して調理ができなくなります。物件の構造上の制約があって、この２つの位置を移動させることもできないのです」

焼き台と揚げ鍋の間を行き来するのに３歩ほど歩かなければならないという。たかが３歩と思うのだが、加熱調理においてはこの３歩が大きいのだという。

また「私の立ち位置の前に座っているお客さまとはコミュニケーションがとれますが、入口付近のお客さまは遠すぎてムリなんです」と今井氏。厨房が細長いことで料理が滞ってしまうことはないものの、サービスがゆきとどかないという問題があるのだ。

店が大きくなり、カウンターもテーブルも広くなったので、この広さに合う食器を少しずつ買い揃えている。しかし、ここでまた問題が出てきた。以前より食器を大きくしているが、従来の料理の分量では器の大きさとのバランスがとれないのだ。やや小さめの器にぎっしりと盛ったほうが、料理のボリューム感が出せる。このあたりもクリアしていかなければならない課題だという。

自由度の高い６５００円のコース

移転後は４５００円、５５００円、７０００円に価格を上げたが、コースと一品料理という構成は変えなかった。

「一品料理は料理単価は低いのですが、お酒を組み合わせて注文していただけるので、客単価は確保できます。ただ食材のロスは出るため、品数をかなり絞っていますが」

サービススタッフがスタンバイする位置から、小上がりの状況が見えるように、丸窓を空けてある。小上がりから見ると、インテリアデザインのように見える。

小上がりは掘りごたつ式。４席×２卓だが間にはめ込んでいる板を移動すると、座席を移動できる。照明も可動式。

主人の今井 仁氏。

入口左手にはつぼ庭が（上）。
カウンターには月がわりで季節のしつらえを飾っている。カウンターは白木。本来 12 席だが、ゆったり座っていただくため通常は 10 席までとしている（左）。

一品料理は20品目前後。一部コース内の料理と共通のものもあるが、ほとんどが別メニューだ。

２０１４年４月に消費税が８％に上がったタイミングでロスが多かった７０００円のコースをやめて５５００円(税込)のコースと一品料理に絞った。その後２０１５年２月より食材を少しグレードアップして、６５００円のコース１本と一品料理に絞っている。

「２万円、３万円のコースではお客さまも高級素材を求めるし、素材のよさを生かすためにどうしてもシンプルな料理が中心になります。その点このコース価格だと、料理の自由度が高まるんです。いろいろな食材が使えるし、アレンジも自由。面白い料理ができるし、ちょっとした冒険もできるのが、この価格の魅力です」と今井氏。

もう一つ「いまゐ」の隠れた人気商品がある。それは今井氏の祖母の故郷、群馬県沼田産のトマトとトマトジュースだ。とくにトマトジュースは食前、食中のドリンクとして人気が高い。ＪＡに依頼し、地元産のトマトをつぶしてビンヅメにしたものを送ってもらっているのだが、新鮮で旨くて安い。一品料理の定番メニュー「トマトの揚げ出し」も沼田産のトマトを使用している。

開店以来数年の間に、店の移転、ランチの休業、コース価格の変更などかなり紆余曲折があったが、現在は今井氏の思いが込められた６５００円のコース一本に落ち着いた。

品数も多く、ボリュームも充分、遊び心のあるこのコースは、これまでの常連客はもちろん、新規のお客さまの心もしっかりつかんでいる。

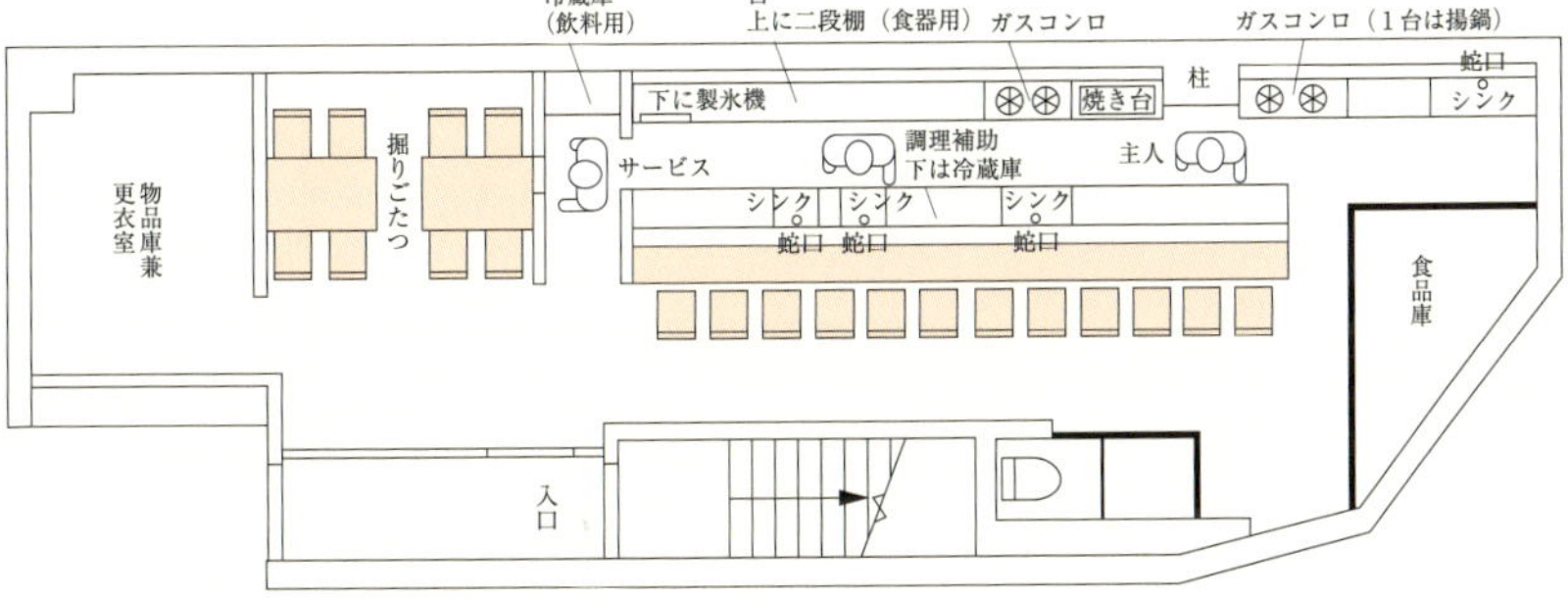

カウンター席の後ろが厨房になっている。ガスコンロと焼き台は向かって右手に集中。この位置に主人が立つと、カウンターが長いので入口近くの席に目が行かなくなる。
細長い厨房なので、カウンターの両側から客席に出入りできるように２カ所開けている。収納は店内左奥の更衣室兼収納室に。食品などは向かって右側の食品庫で保管。サービスを担当する奥さまは、カウンターと小上がりの様子（小窓から）が見える飲料用冷蔵庫の前にスタンバイしている。

いまゐ
1月のコース
5500円

撮影時コース価格は5500円。現在は値上げして6500円1本に絞っている。先付から水菓子まで9品で構成する。料理の流れはだいたい同じ。寒い季節には温かい蒸し物を入れ、温かくなってきたらさっぱりと酢の物に変えるといった入れかえをしている。

先付も季節に合わせて、寒い季節には味の濃いもの、春になったら浸し物にするなど、季節に合った料理を出している。

前菜は6～10品程度を盛り込んだもの。ゆっくりお酒を楽しんでいただけるように、品数を多く用意している。

最後のデザートは原価はかかるが、食事のあとなのでみずみずしいフルーツでさっぱりと。

一、先付
鰊うま煮の網焼き
春菊浸し
料理解説286頁

二、前菜
柚子くず湯
ナマコ酢　瓢箪大根
マイクロトマト
鯖の握り　醤油がけ
子持ち昆布
公魚唐揚げ
慈姑煎餅
鱈子のあぶり
庄内浅葱　酢味噌掛け
料理解説286頁

五、焼物

鰆塩焼き

下仁田葱田楽　金柑白ワイン煮　酢蓮根

料理解説288頁

六、蒸物

鱈ちり　くもこ

紅葉おろし　貝割菜

割ポン酢

料理解説289頁

七、揚物
海老しんじょう
海老芋　安納芋
酢橘　若芽塩
料理解説290頁

八、食事
牡蠣ご飯
針生姜　粉山椒
味噌汁　香の物
料理解説290頁

九、甘味
晩白柚
花豆蜜煮
料理解説291頁

一、先付

山菜のゼリーお浸し

うるい　蕨　菜の花

こごみ　カラスミ

料理解説291頁

いまゐ

4月のコース

５５００円

二、前菜

稚鮎唐揚げ

竹の子木の芽田楽

飯蛸

焼き蝦蛄　真鯛飯蒸し

鯛白子ポン酢

桜花長芋　桜花紅芯大根

料理解説291頁

三、椀物
あいなめ沢煮
独活　牛蒡　人参　三つ葉　春キャベツ
豚脂身
粉山椒
料理解説292頁

四、造り
鰹づけ　針魚　赤貝
新玉葱　かいわれ菜
山葵　紅たで
料理解説293頁

五、焼物
本鱒塩焼き
野蒜田楽味噌　行者にんにく浸し　独活きんぴら
料理解説293頁

六、揚物

竹の子海老しんじょう

空豆　塩

料理解説294頁

七、酢の物

二色アスパラガスの

黄味酢がけ

煮汁のスープ

料理解説294頁

八、食事
ホタルイカの炊き込みご飯
揚げ木の芽
料理解説295頁

九、甘味
アイベリー 牛乳寒天
ミント
料理解説295頁

コースに合う酒
会津娘　花さくら 純米吟醸（福島）
鍋島　大吟醸（佐賀）
中島屋　純米しぼりたて（山口）

一品料理

鶏レバーのパテ
たたみ鰯　マイクロトマト

料理解説296頁

蟹朴葉味噌焼き
芽葱

料理解説296頁

トマトの揚げだし
とろろ昆布

料理解説296頁

4月のコース

二、前菜七種盛り合せより

◎飯蛸

イイダコ1kg、煮汁（水3：だし2：日本酒1：味醂1・5：濃口醤油1）、大根（輪切り）、昆布

1　イイダコは水で洗い流しながら、卵を中に残して内臓だけを取り除く。

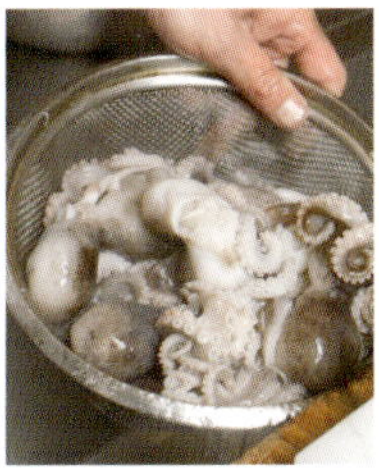

2　湯を沸かし、1のイイダコを入れて霜降りする。さっと色が変わったらすぐに取り出す。

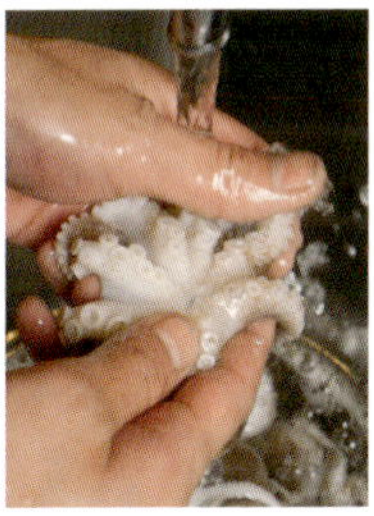

3　水洗いして汚れなどをていねいに落とす。

4　頭を落とし、クチバシを切り落とす。

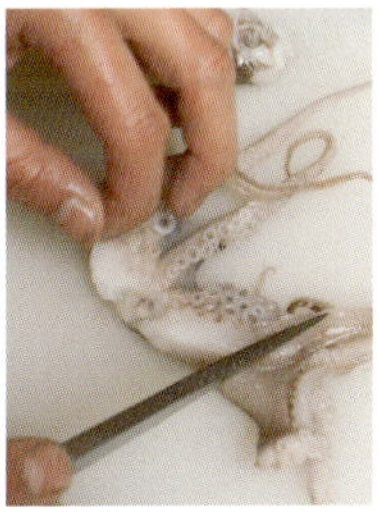

5　脚を包丁で切り開いて目を取る。

6　煮汁を合わせて、大根の切れはしと昆布を入れて沸かす。

7　沸いたらイイダコを入れて強火にする。再沸騰したら火を弱めて5分間煮る。

8　ザルに上げて冷ます。

9　煮汁も冷ましておく。

10　タコを密封容器に移し、煮汁をはって最低3時間ほどおいて使う。卵は半生状態でよい。火入れは頭に合わせると上手くいく。

1月のコース

一、先付

鰊うま煮の網焼き
春菊浸し

柔らかく煮た身欠ニシンは、提供時に網焼きにしてこうばしさを加える。

◎鰊うま煮
身欠ニシン（ソフト）、米の研ぎ汁
水、日本酒（水の1割）、昆布
砂糖、濃口醤油、味醂

◎春菊浸し
シュンギク
浸し地（だし10：淡口醤油1：味醂０・５）
有馬山椒

◎鰊うま煮

1 身欠ニシンは米の研ぎ汁に一晩浸けてエグミを抜く。翌日ウロコと骨を取り除き、皮を焼いて臭みを抜く。

2 鍋にたっぷりの水と、水の1割の日本酒と昆布を合わせ、1のニシンを弱火で3時間煮戻す。

3 ここに砂糖と濃口醤油、味醂を加えて、甘辛く味をつけて2時間ほど煮る。

◎春菊浸し

1 シュンギクは熱湯でゆでて水にさらして苦みを抜き、浸し地（材料を合わせて一煮立ちさせて冷ます）に浸けておく。

◎仕上げ

1 ニシンを取り出し網焼きにする。

2 シュンギクとニシンを器に盛り、叩いた有馬山椒を散らす。

二、前菜

柚子くず湯
ナマコ酢 瓢箪大根 マイクロトマト
鯖の握り醤油がけ 子持昆布
公魚唐揚げ 慈姑煎餅
鱈子のあぶり 庄内浅葱酢味噌掛け

温かい前菜と冷たい前菜の8種盛り合せ。体が温まる葛湯と酒肴7品を用意した。

◎柚子くず湯
くず湯（ユズ果汁１２０cc、水５４０cc、グラニュー糖１００g、葛粉30g）
ユズ皮の蜜煮（ユズ皮、水1：上白糖1）

---

1 ユズ皮を小角に切って、ゆでこぼし、皮を水に一晩さらす。さらにゆでこぼして水と上白糖で蜜煮にする。

2 蜜煮をつくるさいにくり抜いた中身をフキンで包み、果汁を絞る。

3 2のユズ果汁に水とグラニュー糖を合わせておく。提供時に水で溶いた葛粉を加えて、濃いめにとろみをつけ蜜煮を浮かべる。酸が強いので分離するため、提供直前に行なうこと。最終的にユズの果汁適量を加えて濃度を調節する。

◎ナマコ酢 瓢箪大根 マイクロトマト
ナマコ、ナマコ酢＊（だし4合、味醂1合、淡口醤油1合、酢4合）
大根、甘酢＊＊（水５合、酢５合、味醂1合、塩15g、砂糖２５０g、昆布、赤唐辛子）
マイクロトマト

＊合わせて一煮立ちさせて冷ます。
＊＊水と材料の調味料を合わせて一煮立ちさせ、冷めたら昆布と赤唐辛子を加える。

---

1 ナマコの腹を縦に割ってスジを取り除き、霜降りをして氷水にとる。小さく刻み、ナマコ酢に1時間浸ける。

2　大根を瓢箪型にくり抜いて、甘酢に浸ける。
3　猪口にナマコと大根、マイクロトマトを盛る。

◎鯖の握り 醤油がけ

〆サバ（サバ、塩、米酢）
米2合、寿司酢（酢5合、三温糖450g、天然塩200g、昆布適量）60cc、生姜甘酢漬け、大葉
山葵、濃口醤油

1　〆サバをつくる。サバを三枚におろし、ベタ塩をして1時間おく。水で洗い、米酢に30分間浸けたのち、取り出して冷蔵庫で保管する。
2　寿司酢の材料をすべて合わせておく。
3　米をかために炊き、寿司酢、みじん切りの生姜甘酢漬けと大葉を切り混ぜる。
4　1のサバをそぎ切りにし、握り寿司の要領で山葵をつけて握り、刷毛で濃口醤油をぬる。

◎子持ち昆布

子持ち昆布、浸け地（濃いめのだし6：濃口醤油1：日本酒1：味醂1・5）、昆布

1　子持ち昆布を一口大の角に切り、薄い塩水に一晩浸けて塩抜きをする。
2　浸け地を合わせて一煮立ちさせて冷ます。浸け地に昆布を差し、塩抜きした子持ち昆布を浸けて1・5日間おく。地をきって盛りつける。

◎公魚唐揚げ

ワカサギ（子持ち）、片栗粉、揚げ油、ユカリ

1　ワカサギはエラ、内臓、ウロコを掃除する。
2　水気をふいて、片栗粉をまぶし、180℃に熱した揚げ油で揚げる。骨まで食べられるようにしっかり揚げること。油をきってユカリをふる。

◎慈姑煎餅

クワイ、揚げ油、塩、黒コショウ

1　クワイの皮を六方にむいて薄切りにし、160℃に熱した揚げ油で揚げる。
2　油をきって塩と黒コショウをふる。

◎鱈子のあぶり

タラコ（塩蔵）

1　タラコをさっとあぶって、一口大に切る。

◎庄内浅葱 酢味噌掛け

庄内アサツキ
酢味噌（玉味噌*、米酢、溶き芥子）
*日本酒1合、味醂1合、砂糖150gを沸かして半分程度まで煮詰め、西京味噌1kgと卵黄4個分を混ぜ合わせる。

1　庄内アサツキは掃除して熱湯でさっとゆがき、ザルに上げてそのまま冷ます（おか上げ）。
2　酢味噌をつくる。玉味噌を適量の米酢でのばして、溶き芥子を加えてよく混ぜる。
3　アサツキを切りそろえ、酢味噌をかける。

三、椀物

帆立貝とカリフラワーの揚げだし 天かぶみぞれ煮 ずわい蟹 かもじ葱

天カブが甘みを増すこの季節ならではの椀物。ズワイガニでご馳走感を出した。

◎帆立貝とカリフラワーの揚げだし
ホタテ貝柱、塩、片栗粉、揚げ油
カリフラワー、浸し地（だし10：味醂0・5：淡口醤油1）

◎天かぶみぞれ煮
天カブ、煮汁（昆布だし、白醤油）

◎吸い地
だし、淡口醤油、塩
天カブ（すりおろし）、ズワイガニ（ほぐし身）
青ネギ

◎帆立貝とカリフラワーの揚げだし

1 ホタテの貝柱を薄切りにし、薄塩をあてて片栗粉をまぶし、180℃の油で揚げて油をきる。

2 カリフラワーは掃除して房に分け、かためにゆでてザルに上げ、冷めたら浸し地に浸けておく。

◎天かぶみぞれ煮

1 天カブは皮をむいて下ゆでする。クセを抜くために一度強火で煮立て、沸いたら水で洗う。

2 昆布だしに白醤油を少量たらしてカブを煮る。さっと炊いて火を止めてこのまま冷まして味を含ませる。別にすりおろした天かぶを用意する。

◎仕上げ

1 吸い地を沸かし、おろした天カブ、ほぐしたズワイガニを入れて温める。

5 揚げたてのホタテ貝柱、温めたカリフラワーと天カブを椀に盛り、1をかける。天にかもじネギ（青ネギを細く切ったもの）を盛る。

四、造り

あおりいか 金目鯛 三陸若芽 浜防風 紅たで 山葵

食感、種類の違った2種の造りの盛り合せ。旬を迎えたキンメダイは、より鮮やかに赤が映えるよう皮霜に。

アオリイカ、キンメダイ
生ワカメ、浜防風、紅タデ、山葵

1 アオリイカはおろして皮をむき、皮目に飾り包丁を細かく入れて一口大に切る。

2 キンメダイは三枚におろしてサク取りする。皮目にフキンをかぶせて上から湯をかけて皮霜にしてそぎ造りにする。

3 アオリイカとキンメダイを2切れずつ盛り、切りそろえた生ワカメを添える。いかり防風を飾り、紅タデと山葵を添える。

五、焼物

鰆塩焼き 下仁田葱田楽 金柑白ワイン煮 酢蓮根

サワラに正月らしく金柑や酢蓮根を合わせて、季節感を表現。田楽味噌は鴨や鶏の挽き肉を加えるとコクが出て、アレンジの幅が広がる。

◎鰆塩焼き
サワラ(切り身)、塩

◎下仁田葱田楽
下仁田ネギ、ゴマ油
田楽味噌(桜味噌1kg、卵黄4個分、日本酒1合、味醂0・5合、上白糖450g)、煎りゴマ

◎金柑白ワイン煮、酢蓮根
キンカン、白ワイン、水、グラニュー糖
レンコン、甘酢(↓286頁ナマコ酢)

◎鰆塩焼き
1　サワラは皮目に包丁を入れて串を打ち、塩をふって焼く。

◎下仁田葱田楽
1　下仁田ネギはぶつ切りにしてゴマ油をぬって焼き、田楽味噌をのせて煎りゴマをふる。

◎金柑白ワイン煮、酢蓮根
1　キンカンはくし形に切ってゆでこぼし、種を抜いて水に一晩さらす。キンカンに白ワインと同量の水を合わせて、グラニュー糖を入れて一煮立ちさせる。そのまま1日おいて使う。
2　レンコンは皮をむいて酢(分量外)を入れた湯でゆでる。これを薄切りにして甘酢に浸ける。

◎仕上げ
1　サワラを盛り、下仁田ネギ、キンカン、レンコンを添える。

六、蒸物

鱈ちり　くもこ
紅葉おろし　貝割菜
割ポン酢

冬の鍋の鱈ちりを蒸し物としてコースの一品に。マダラのウロコなどが残らないように、霜降りしてていねいに掃除する。

◎鱈ちり、くもこ
マダラ*(切り身)　1切れ(40g)
クモコ(マダラの白子)、塩、日本酒

◎ポン酢
濃口醤油1升、味醂1合、日本酒0・4合、たまり醤油0・4合、カツオ節200g、昆布40g、ダイダイ果汁1升、スダチ果汁1合
カイワレ菜、紅葉おろし

*三枚におろし、霜降りしてウロコなどを洗い落とす。

◎ポン酢
1　濃口醤油、味醂、日本酒、たまり醤油を合わせて沸かす。沸いたらカツオ節と昆布を入れて火を止め、3〜4日間おいたのち、ダイダイとスダチの果汁を加えて冷暗所に保存する。

◎鱈ちり、くもこ
1　マダラに薄塩をあてる。
2　湯に塩と日本酒を入れて沸かし、一口大に切ったクモコを温める。

◎仕上げ
1　マダラを蒸し器で10分間蒸す。マダラと温めたクモコを器に盛り、紅葉おろしとカイワレ菜を添える。だし(分量外)で割ったポン酢を温めてかける。

七、揚物

海老しんじょう　海老芋　安納芋
酢橘　若芽塩

しんじょうのエビは粗く叩いて質感を残す。炊いたエビイモとトロリと甘い安納イモを揚げて盛り合わせた。

◎海老しんじょう
エビ（ブラックタイガー）1kg、塩少量、玉ネギ（みじん切り）50g、玉子の素（卵黄1個分、サラダ油90cc）

◎海老芋、安納芋
エビイモ、煮汁（濃いめのだし14：白醤油1：昆布、砂糖少量）
安納イモ、天ぷら衣（卵水、小麦粉）
片栗粉、揚げ油、スダチ、ワカメ塩＊
＊乾燥ワカメをすり鉢ですり、天然塩を混ぜる。

◎海老しんじょう
1　エビをむいて水気をふき、食感を残して包丁の背で叩く。塩を少量加えてよく混ぜ、粘りが出たら玉ネギ（水にさらさない）を絞って混ぜる。
2　1のしんじょう地を５００g取り分け、30gの玉子の素を混ぜる。

◎海老芋、安納芋
1　小ぶりのエビイモの皮をむいて、水から強火でゆでる。沸いたら流水にさらして水洗いし、もう一度水から柔らかくゆでる。
2　濃いめにとっただしに昆布と砂糖を入れて、1のエビイモを炊く。砂糖が溶けたら白醤油を加えて30分間炊き、火を止めて味を含ませる。
3　安納イモは皮をむいて蒸しておく。

◎仕上げ
1　しんじょう地を丸めて片栗粉をまぶし、１８０℃の油で揚げる。エビイモにも片栗粉をまぶして、１６０℃の油で揚げる。
2　安納イモは、天ぷら衣をくぐらせて１６０℃の油で揚げる。
3　それぞれを盛り合わせて、スダチとワカメ塩を添える。

八、食事

牡蠣ご飯
針生姜　粉山椒
味噌汁　香の物（解説省略）

一組ずつ土鍋で炊き上げる〆のご飯。米は研いでから冷蔵庫で保管しておくと、提供の時間差があっても、うまく対応できる。

カキ（むき身）
A（水4合、日本酒2合、味醂1合、濃口醤油0・5合、オイスターソース0・5合）
米（研いでおく）　1・5合
炊き地（カキの煮汁90cc、だし1合）
ショウガ、粉サンショウ

1　カキは霜降りなどをして汚れなどを洗い落とす。
2　Aを合わせて火にかけ、沸いたらカキを入れて3分間ほど煮る。火を止めてそのまま冷ます。
3　米1・5合を土鍋に入れて、炊き地を注ぐ。
4　強火で8分間、沸いたらごく弱火で8分間炊いて火を止め、食べやすく切った1のカキを入れて8分間蒸らす。
5　最後に針ショウガを散らしてよく混ぜ、茶碗によそったら粉サンショウをふる。

九、甘味

晩白柚
花豆蜜煮

コースの最後は季節のフルーツでさっぱりと。添えた花豆蜜煮は春巻の皮で巻いたり、天ぷら衣をつけて揚げれば一味違った甘味に。

◎花豆蜜煮
ハナマメ３００ｇ、砂糖蜜（水１：砂糖１）

バンペイユ

◎花豆蜜煮

1 ハナマメは一晩水に浸けて戻し、そのまま火にかけてゆでる。沸騰したら渋きりのために半分水を捨て、新しい水を加えて加熱する。

2 砂糖蜜を3回くらいに分けて加え、ゆっくり味を煮含める。

◎仕上げ

1 バンペイユの皮をむいて器に盛り、花豆蜜煮を添える。

4月のコース

一、先付

山菜のゼリーお浸し
うるい 蕨 菜の花
こごみ カラスミ

浸し地をゼリーにして山菜を寄せた。上にふったカラスミは、ゆで卵黄の裏漉しに味醂と塩で味をつけて代用してもいいだろう。

ワラビ（アク抜き）、ウルイ、菜ノ花、コゴミ
浸し地（だし10：淡口醤油1：味醂1）
ゼリー地（浸し地5合、粉ゼラチン20g）
カラスミ（すりおろし）

1 浸し地を一旦沸かして冷まし、アク抜きしたワラビを2時間ほど浸す。

2 ウルイ、菜ノ花、コゴミは塩（分量外）を入れた熱湯でゆでて水にとる。それぞれ冷たい浸し地に2〜3時間浸す。

3 ゼリー地をつくる。浸し地を温め、水で戻した粉ゼラチンを加えて溶かす。

4 粗熱をとり、ワラビ、ウルイ、菜ノ花をゼリー地にくぐらせて流し缶に並べる。上からゼリー地を流して冷やし固める。

◎仕上げ

1 ゼリー寄せを切り出して器に盛り、上にコゴミの穂先を添える。

2 カラスミをすりおろして乾かしたものを上からふる。

二、前菜

稚鮎唐揚げ 竹の子木の芽田楽
飯蛸 焼き蝦蛄
真鯛飯蒸し 鯛白子ポン酢
桜花長芋 桜花紅芯大根

前菜の盛り合せ。4月はまた肌寒い日があるので、温かい料理も入れて7品を用意した。

◎稚鮎唐揚げ

チアユ、片栗粉、揚げ油、ユカリ

1 チアユは水洗いしてヌメリをとる。

2 水気をふいて片栗粉をまぶし、１８０℃の油で揚げる。ユカリをふる。

◎**竹の子木の芽田楽**

タケノコ（アク抜き）、吸い地（だし、塩、淡口醤油）
木の芽味噌（玉味噌＊、青寄せ＊＊、粉サンショウ）

＊↓２８７頁庄内浅葱酢味噌掛け
＊＊ホウレンソウをすりつぶし、ザル漉しする。濃しとった汁を鍋に移して火にかけて浮いてきた色素をすくう。これを青寄せという。

１　タケノコはアク抜きし、水洗いして食べやすく切る。昆布をきかせた吸い地で1時間ほど炊いて火を止め、２〜３時間おいて味を含ませる。
２　木の芽味噌をつくる。玉味噌に青寄せを加えて色づけし、粉サンショウを加えて香りをつける。
３　提供時にタケノコをあぶり、木の芽味噌をかける。

◎**飯蛸**（↓２８５頁）

◎**焼き蝦蛄**

子持ちシャコ（むき）、煮ツメ（水９００cc、日本酒２００cc、濃口醤油１３０cc、味醂１４０cc、砂糖70g、たまり醤油50cc、アナゴや魚のアラ適量）

１　煮ツメを仕込む。アナゴや魚のアラをしっかり焼いて臭みを取る。その他の材料と合わせて鍋に入れ、火にかけて１／４になるまで煮詰める。
２　提供時にシャコをあぶり、煮ツメをぬる。

◎**真鯛飯蒸し**

タイ、塩
もち米、立塩
桜葉塩漬け、桜花塩漬け（ともに塩抜き）

１　もち米を割らないように軽く研いで1時間以上水に浸ける。ザルに上げて水気をきり、サラシを敷いた蒸し器に広げて10分間蒸す。立塩を全体にふって混ぜ、さらに10分間蒸す。味をみて足りなければもう一度立塩をふって冷ます。
２　タイは三枚におろして薄くそぎ切りにし、薄塩をあてて水分を抜く。
３　一口大に丸めたもち米にタイをのせ、ラップで絞って丸める。
４　提供時に5分間蒸し、ラップをはずして桜葉で包み、桜花を添える。

◎**鯛白子ポン酢**

白子（タイ）、日本酒、塩
ポン酢（↓２８９頁鱈ちり）、紅葉おろし、生海苔

１　白子はスジをとって血抜きし、一口大に切る。
２　提供時、沸騰した湯に日本酒と塩を少量ずつ加えて、白子を入れて温める。白子を入れたら沸騰させないこと。
３　温かいうちに器に盛り、ポン酢をかけ、紅葉おろしと生海苔を添える。

◎**桜花長芋　桜花紅芯大根**

ナガイモ、紅芯大根
甘酢（↓２８６頁ナマコ酢）

１　ナガイモと紅芯大根を小さな桜花型で抜く。
２　ナガイモと紅芯大根を別々に甘酢に浸ける。

三、お椀

あいなめ沢煮

アイナメは切り目を細かく入れると、加熱したときに花が開いたようにふっくらと身が開く。繊に切った野菜は歯応えが残るように加熱する。

◎**あいなめ**

アイナメ、塩、片栗粉、揚げ油

◎**沢煮**

ウド、ゴボウ、ニンジン、三ツ葉、春キャベツ
豚バラ肉
吸い地（だし、淡口醤油、塩）
粉サンショウ

◎**あいなめ**

1　アイナメは三枚におろし、骨を抜く。皮目にサラシをあてて熱湯をまんべんなくかけて霜降りする。

2　アイナメに細かく切り目を入れて（骨切り）1人分に切り落とす。薄塩をあてて下味をつける。

◎**沢煮**

1　ウドはやや太め、ゴボウとニンジンと春キャベツは細いせん切りにする。ニンジンだけ熱湯でさっとゆでこぼしておく。

2　豚バラ肉を炒めて、このときに出た脂と肉汁をとっておく。

◎**仕上げ**

1　アイナメに刷毛で片栗粉をまぶし、180℃の油でからりと揚げる。

2　吸い地を火にかけ、沸いたら沢煮の野菜と豚脂を入れる。野菜にさっと火が通って味が出たら1のアイナメを入れる。

3　椀にアイナメを盛り、沢煮の吸い地を注ぎ、野菜を添える。粉サンショウをふる。

四、造り

鰹づけ　針魚　赤貝
新玉葱　かいわれ菜
山葵　紅たで

赤身と白身と貝類の3種類を盛り合わせた造り。サヨリは酢洗いして、臭みを抑える。

カツオ、濃口醤油、おろしショウガ
サヨリ、塩、酢
アカガイ
新玉ネギ（薄切り）、カイワレナ
山葵、紅タデ

1　魚介類は水洗いしてサク取りしておく。カツオは平造りにし、濃口醤油にショウガを混ぜた中に30秒程度浸ける。

2　サヨリは特有の臭みがあるので薄塩をあててしばらくおき、米酢で洗う。皮を引いて食べやすく切る。

3　アカガイは包丁目を入れる。

4　カツオ、サヨリ、アカガイを盛り、新玉ネギとカイワレナをあしらう。紅タデと山葵を添える。

五、焼物

本鱒塩焼き
野蒜　田楽味噌
行者にんにく浸し　独活きんぴら

3月から5月ごろのホンマスは桜の季節にちなんでサクラマスと呼ばれる。あしらいにノビル、行者ニンニク、ウドなどの山菜を使って春らしく。

◎**本鱒塩焼き**
ホンマス（切り身）　1切れ（60g）
塩

◎**野蒜の味噌田楽**
ノビル、サラダ油
田楽味噌（→288頁下仁田葱田楽）

◎**行者にんにく浸し**
行者ニンニク、浸し地（だし5：濃口醤油1：味醂1：酢1、ゴマ油少量）

◎**独活きんぴら**
ウドの皮（せん切り）、サラダ油、濃口醤油、味醂、砂糖
白ゴマ、黒ゴマ

◎**野蒜の味噌田楽**

1　ノビルは掃除をして砂などを洗い、サラダ油をぬって焼く。田楽味噌を添える。

◎**行者にんにく**

1　行者ニンニクを掃除し、塩水（分量外）を沸かしてさっと湯通しする。

2　浸し地を合わせて一煮立ちさせて冷まし、行者ニンニクを入れて1時間半浸す。

◎**独活きんぴら**

1　ウドの皮をサラダ油で炒める。水分が飛んだら、濃口醤油、味醂、砂糖を加えて甘辛く味をつける。

2　冷めたら白ゴマと黒ゴマを混ぜる。

◎**仕上げ**

1　器にホンマスを盛り、手前に行者ニンニク、野蒜の味噌田楽、独活きんぴらを添える。

六、揚物

竹の子海老しんじょう　空豆　塩

粗めに叩いた海老しんじょうを2枚のタケノコではさんで揚げた。

◎**竹の子海老しんじょうと空豆**

タケノコ（アク抜き）、片栗粉
海老しんじょう（↓290頁）
ソラマメ
小麦粉、天ぷら薄衣（小麦粉、水、卵黄）、揚げ油
塩

◎**竹の子海老しんじょうと空豆**

1　タケノコは径の大きい根元の部分を使う。これを薄い輪切りにし、片栗粉をふる。

2　タケノコの上に海老しんじょうを適量のせて、もう1枚のタケノコではさむ。

3　ソラマメはサヤと皮をむく。

◎**仕上げ**

1　タケノコに小麦粉をまぶし、天ぷら薄衣をつけて、180℃の油で揚げる。

2　ソラマメも同様に小麦粉をまぶし、天ぷら薄衣をつけて、180℃の油で揚げる。

3　1を盛り、ソラマメを散らす。手前に塩を添える。

七、酢の物

アスパラガス黄味酢がけ　煮汁のスープ

アスパラガスを吸い地でゆでて、その吸い地にアスパラガスの香りを移し、スープのように仕立てた。

◎**アスパラガスと煮汁のスープ**

アスパラガス（緑、白）
吸い地（だし、塩、淡口醤油）
玉ネギ（薄切り）

◎**黄身酢**

卵黄（M）10個分、土佐酢＊90cc、砂糖30g

＊だし900cc、米酢900cc、淡口醤油180cc、味醂180cc、砂糖100g、塩15gを合わせて火にかけ、一煮立ちしたら追いガツオをして火を止める。カツオが沈んだら漉す。

◎**アスパラガスと煮汁のスープ**

1　アスパラガス（緑、白）は皮をむき、玉ネギを入れた吸い地で炊く。

2　グリーンアスパラガスはさくさくとした食感が残るくらい、ホワイトアスパラガスはとろけるように柔らかくなるまで火を入れる。

◎**黄味酢**

1　黄味酢の材料をボウルに入れて湯煎にかける。木ベラでよく混ぜながら、とろりとするまでじっくり火を入れる。

2　半熟状になったら氷水にあてて冷ます。

◎**仕上げ**

1　器に黄味酢を流し、上に温かいアスパラガスを盛る。

2　味を調えたアスパラガスの煮汁を別に添えて提供する。

八、食事

ホタルイカの炊き込みご飯
揚げ木の芽

旬のホタルイカの炊き込みご飯。上に散らした木の芽は素揚げにすると香りがやわらぎ、同時に油分を補えるのでご飯がつややかに仕上がる。

ホタルイカ
米（研いでおく）　１・５合
炊き地（イイダコの煮汁（→２８５頁飯蛸）90cc、だし１８０cc）
木ノ芽、揚げ油

1　土鍋に分量の米を入れ、炊き地を入れて火にかける。沸いたら強火で8分間、弱火にして8分間炊き、火を止めてさらに8分間蒸らす。

2　木ノ芽（下のほうのややかたくなった部分でよい）を低温の油で揚げて油をきる。

3　炊き上がったご飯の上に揚げた木ノ芽を散らす。よく混ぜて茶碗によそう。

九、甘味

アイベリー　牛乳寒天
ミント

アイベリーは大粒のイチゴ。細かく蛇腹のように両側から包丁を入れておくと、食べたときに果汁が口に広がりやすくなる。

アイベリー
牛乳寒天（水２００cc、粉寒天4g、牛乳３００cc、砂糖50g、コンデンスミルク１００g）
ミント

1　アイベリーは細かく蛇腹状に包丁を入れる。

2　牛乳寒天をつくる。水と粉寒天を合わせて火にかけて煮溶かす。牛乳、砂糖、コンデンスミルクを合わせて温め、先の寒天液と合わせる。

3　粗熱がとれたら流し缶に漉し入れ、冷やし固める。

4　アイベリーと角に切り出した牛乳寒天を盛り合わせ、ミントの葉を添える。

鶏レバーのパテ たたみ鰯 マイクロトマト

味噌を加えた和風パテ。手でつまめるように、タタミイワシの上にのせてすすめる。

◎鶏レバーのパテ
鶏レバー125g、フォアグラ125g、無塩バター80g、八丁味噌20g、仙台味噌20g、生クリーム30g、白コショウ1g、ハチミツ5g
タタミイワシ、マイクロトマト

◎鶏レバーのパテ

1 鶏レバーとフォアグラは掃除をする。容器に入れて蒸し、完全に火を通したら氷水にあてて冷ます。

2 1をミキサーにかける。

3 常温に戻したバター、味噌、生クリーム、白コショウ、ハチミツを順に入れながら回す。

4 3を四角いバットに入れて冷やし固める。

5 あぶったタタミイワシを角に切って、4のパテを切り出してのせる。マイクロトマトを添える。

蟹朴葉味噌焼き 芽葱

コクのある濃厚なカニ味噌は、なめらかに仕上げるのがポイント。朴葉にのせて飛騨コンロで提供し、客席で火をつけると演出効果が高まる。

ズワイガニ(ほぐし身)
カニ味噌(西京味噌50g、カニミソ缶40g、卵黄2個分、サラダ油50cc)
朴葉(乾燥)*
芽ネギ

*朴葉は水に浸けて戻しておく。

---

1 カニ味噌をつくる。西京味噌(漉し)、カニミソ缶、卵黄をよく混ぜ、サラダ油を少しずつ加えてなめらかに混ぜる。

2 朴葉の上にカニ味噌を適量ぬって、ズワイガニをのせる。朴葉を火にかけて、ふつふつと沸いてきたら芽ネギを散らす。

トマトの揚げだし とろろ昆布

「いまゐ」の人気メニュー。トマトの皮はバーナーであぶってむくと水っぽくならない。トマトとおぼろ昆布を合わせると相乗効果で旨みが増す。

トマト、片栗粉、揚げ油
揚げだし(だし14：淡口醤油0・5：白醤油0・5：味醂0・3)
おぼろ昆布

---

1 トマトはバーナーであぶって皮をむく。4等分のくし形に切り、種を抜く。

2 トマトの水気をふいて片栗粉をまぶし、180℃以上の高温の油でさっと揚げる。

3 揚げだしの材料を合わせて火にかける。沸いたら揚げたてのトマトにかけて、おぼろ昆布をのせる。

利益確保のための生命線──食材ロス管理

仕入れの目的は、できるだけ品質の高いものを、より安い価格で入手することにある。

この本で紹介したお店でも、そのためにさまざまな努力や工夫をしている。そういう臨機応変な機動的な仕入れができることは、個人店ならではのメリットだ。大手の外食企業などが追求しているスケールメリット（一品を大量に仕入れることで交渉を有利に進め、仕入価格を安くすること）とは違った形で、料理のお値打ち度を高めることにつながる。

一方で、個人店にとって重要なことは、できるだけ食材ロスを出さないことだ。先のコラムでは、ロスを出さないメニュー構成が重要であると指摘したが、もう一つ「メニューづくり」を通じてロスを抑えていく必要がある。

要するに、仕入れた食材はすべて使いきるということだ。これも、個人店ならではの小回りのきく対応をもってすれば、不可能なことではないだろう。

刺身用に仕入れた魚介で、時間がたってしまって刺身としては出せなくなったものでも、加熱調理すれば充分に提供できるというものがある。刺身をひいて出た端材も、ちょっと手を加えれば立派な一品になるだろう。野菜の端材や、根菜の葉の部分などもそう。使えるものは何でも使うという、ある意味で貪欲な姿勢が不可欠だ。

都内に何店かある某繁盛居酒屋に、ユニークなメニューがある。ウニの殻の中に、細切れにしたマグロや白身、貝類の刺身が入っているのだが、正規のメニューブックには載っていない。営業中に頃合をみて、従業員がトレイに載せて店内を売って回るのだ。見るからにおいしそうで、価格も400円程度と安いのでたちまち完売してしまうのだが、実はこれ、すべて刺身の端材を使ったメニューなのである。

このメニューがあるため、刺身についてはきわめてロスが少ない。これが店の看板である刺身をお値打ち価格で提供し、お客さまの人気を得る大きな要因になっているのだ。

食材ロスが出ると、それはストレートに原価率の上昇に結びつく。実際に使った食材の総仕入費用を売上高で割ったものが原価率だが、月によって1～2％の違いが出るのはよくあることだ。食材の使用量を間違えたというケースもあるが、理由として大きいのはロスの発生である。ちょっと管理をルーズにすると、いいときと比べて5％近く原価率が上がってしまうこともめずらしくない。この分は当然、店の利益を削ることになる。飲食店において、手元に残る利益は売上げの10％に満たないケースが多いことを考えれば、これがいかに大きい数字かがわかるだろう。ロスを抑えることは、まさに経営の生命線なのである。

コラム7

「いまここ」

店のファサード。木の扉の左側に、丸い4つの窓が開いているが、そこに店名の「い」「ま」「こ」「こ」という4文字がバックライトで浮かび上がっている。

いまここ
大角公彦

東京都渋谷区円山町25-8 1階　電話03-6277-5213
営業時間／昼12:00～14:30　夜18:00～24:00(23:00L.O.)
コース料理は22:30L.O.　定休日／月、第2日

開店／2013年6月
店舗規模／16.29坪、席数27席
(カウンター4席、テーブル席4席×4卓、半個室7席)
従業員数／厨房3名、サービス2名
料理／昼・1500円(メイン、小鉢、味噌汁、ご飯)、
夜・いまからセット1800円(小鉢2品＋刺身＋ビール)、
いまここコース7700円(8～9品)、他一品料理30品以上
客単価／10000円
食材原価率／36%
＊'15年7月現在ランチ休業中。

日本料理の敷居を取っ払う

東京・渋谷の円山町は渋谷駅からも徒歩圏内だが、最寄駅は東急東横線の神泉駅。このあたりは江戸時代から花街として栄え、昭和に入ってからは三業地に指定された。このため、神泉は隠れ家的立地として人気があり、居酒屋やバルなどが多い場所だ。

「いまここ」は主人の大角公彦氏が32歳で独立開業した店である。神泉駅から徒歩2～3分、視認性の高い角地の1階という飲食店としては抜群の物件だ。窓の外には格子戸をイメージしたモダンな和風の目隠しの木枠がはめ込まれてい

る。店名もあえて目立たないようにしている。

店名には「今この瞬間にしか食べられない料理を、ここで提供したい」という大角氏の思いを込めた。料理はあくまで、しっかりした日本料理がベース。一方で店の雰囲気はカジュアルにする。格式ばった日本料理の敷居を取っ払って、自分たちくらいの若い世代にも日本料理のよさを伝えたいという考えからだ。好きな料理を自由に選べるように、一品料理を充実させて、居酒屋的に利用できる店にしようとコンセプトを決めた。

そんな大角氏の狙い通り、「いまここ」は若い客層が中心。店内は連日、にぎやかで活気にあふれている。

ボリビア日本大使館で働く

大角氏の最初の修業先は「なだ万」だった。当時の「なだ万」の親方、根笹卓也氏（現グランドハイアット東京副総料理長）のもとで、4年間日本料理の基本を仕込まれた。その後、表参道の創作和食店「レトォ」（閉店）を経て、「グランドハイアット東京」に移り、根笹氏の下でさらに4年間の修業を積んだ。その後２０１０年から約2年間、南米のボリビア日本大使館の公邸料理人として働いた経験をもつ。

「アメリカやヨーロッパのように日本の食材が手に入りやすい国ではないので、そこにある素材でやりくりしました。野菜などは似て非なるものしかありません。そこで大使館の敷地内に畑を耕し、種をまき、収穫しました」と大角氏。

ボリビアでの2年間は料理経験だけでなく、大角氏の人生を豊かなものにしてくれた。店内に飾ってある写真は、大角氏が撮影したボリビアの風景だ。

「この2年の間に、ブラジルなど近隣の国に出かけて、さまざまなものを見て、聞いて、食べました」と南米での生活をふり返る。一般的な観光旅行では体験できないような貴重な旅だったという。

2012年秋に日本に帰国し、半年の準備期間を経て2013年5月に「いまここ」を開店した。

店づくりと必要人員

物件はスケルトンの状態だったので、客席と厨房のレイアウトから設計までデザイン会社に委託した。設計図ではわかりにくい内装まで、かなり正確にコンピューターグラフィクスで再現してくれたのでイメージしやすかったという。

客席はカウンター4席にテーブル23席と、完全にテーブル席がメイン。カウンター席は設けたかったが、大角氏自身にカウンターでの仕事の経験があまりなく、大人数に対応するのはむずかしいと考えてカウンターの席数を絞った。

このことは、大角氏がめざすカジュアルな雰囲気づくりにはプラスとなったが、一方で人手が多くかかるという問題も出てきたと大角氏は言う。

「奥に半個室をつくったこともあって、サービススタッフは1名多く必要になりました」

またカウンター奥の厨房と洗い場が少々狭いため、常に洗い物をする人員も必要。厨房は大角氏を入れて3名（内1名は洗い場）、サービススタッフは2名の体制だ。サービススタッフはサービス専従ではなく、調理補助的作業も担っている。

輪島産直の魚介をアピール

開店当初のメニュー構成は、5500円のコースと一品料理。若い人たちの日本食離れを食い止めたいという思いから、コースは質・量ともに思いきった内容にしたため、原価的にはギリギリの状態だった。それに加えて、好立地であるため家賃はかなり高く、従業員も4～5名必要になったことから固定費が重くのしかかった。

テーブル席の奥に壁に仕切られた半個室がある。壁側はベンチシートで7名まで着席可（右）。窓には格子の木枠が目隠しにはめ込まれている（上）。

結局、開店から6ヵ月後にはコースを7000円に値上げするという決断をせざるを得なかった。それに合わせて品数は6品から8～9品に。価格を上げても満足してもらえるよう、内容のグレードアップを図っていったが、そこで強みになったのが鮮魚の仕入れルートだった。

店で使う魚は開店以来、大角氏の故郷である輪島から取り寄せる。送料はかかるが、北陸の新鮮な魚介を安価に入手できるのは産直の強みだ。現在、輪島からの仕入れは1日おきのペース。シケで魚が入荷しなかったり、輪島で揚がらない魚が必要な場合もあるため築地からの仕入れルートも確保しているが、献立を彩る北陸の希少な魚類は「いまここ」ならではの魅力。大角氏も「店が軌道にのるまでの間、輪島の方々にはほんとうに助けていただきました」と言う。

コースの山場となる鍋料理

そしてもう一つ、メニューの魅力となっているのがコースの終盤に出す鍋料理だ。季節を問わず通年で、魚介類の「しゃぶしゃぶ」を提供する。氷見の寒ブリやキンメダイなど、旬のご馳走素材を使って印象づけており、食卓も華やぐ。

鍋料理を食事の前に汁物替り的に組み込んでいるのもポイントだ。ある程度お腹ができているので、おいしいものを少しだけ用意すれば充分満足してもらえる。それでいて、提供時には「えっ、まだお鍋も出るの！」と歓声も上がり、コース全体の価値を高めることにもつながっている。

しゃぶしゃぶは食べ方がわかりやすいので、お客さまに各自のペースで調理して食べてもらえる。仕込みの手間もさほどかからないので、店の運営面でもメリットの多いメニューだ。

「コースは最初から最後まで、同じ調子ではなく、料理や器などトータルに2山くらい盛り上がりをつくりたいと思っています。一つ目はその時々で変わりますが、二つ目の山場はしゃぶしゃぶに決めています」

鍋で食卓が盛り上がり、ますますお酒もすすむ。日本酒を20種、焼酎6種、ワインをそろえているが、一番売れるのは日本酒だ。大角氏が100本以上テイスティングして銘柄を決めたもので、あまり広く知られていない、食事に合う銘柄を中心に選んでいる。

酒蔵のバックボーンなどを紹介してすすめると、お客さまも興味をもって選んでくれるという。お酒も含めて、日本食のよさを伝えたいという大角氏の姿勢は、着実に顧客の輪を広げている。

主人の大角公彦氏。なだ万で修業を積んだ本格的な日本料理を大角流にアレンジし、気軽な雰囲気で提供する。

半個室のテーブルの下には風鈴をかけている。用事があるときはこの風鈴を鳴らすというしくみ。

入口付近には羽釜が設置されている。ランチではこの釜で炊いたご飯と味噌汁がお替り自由となっている。

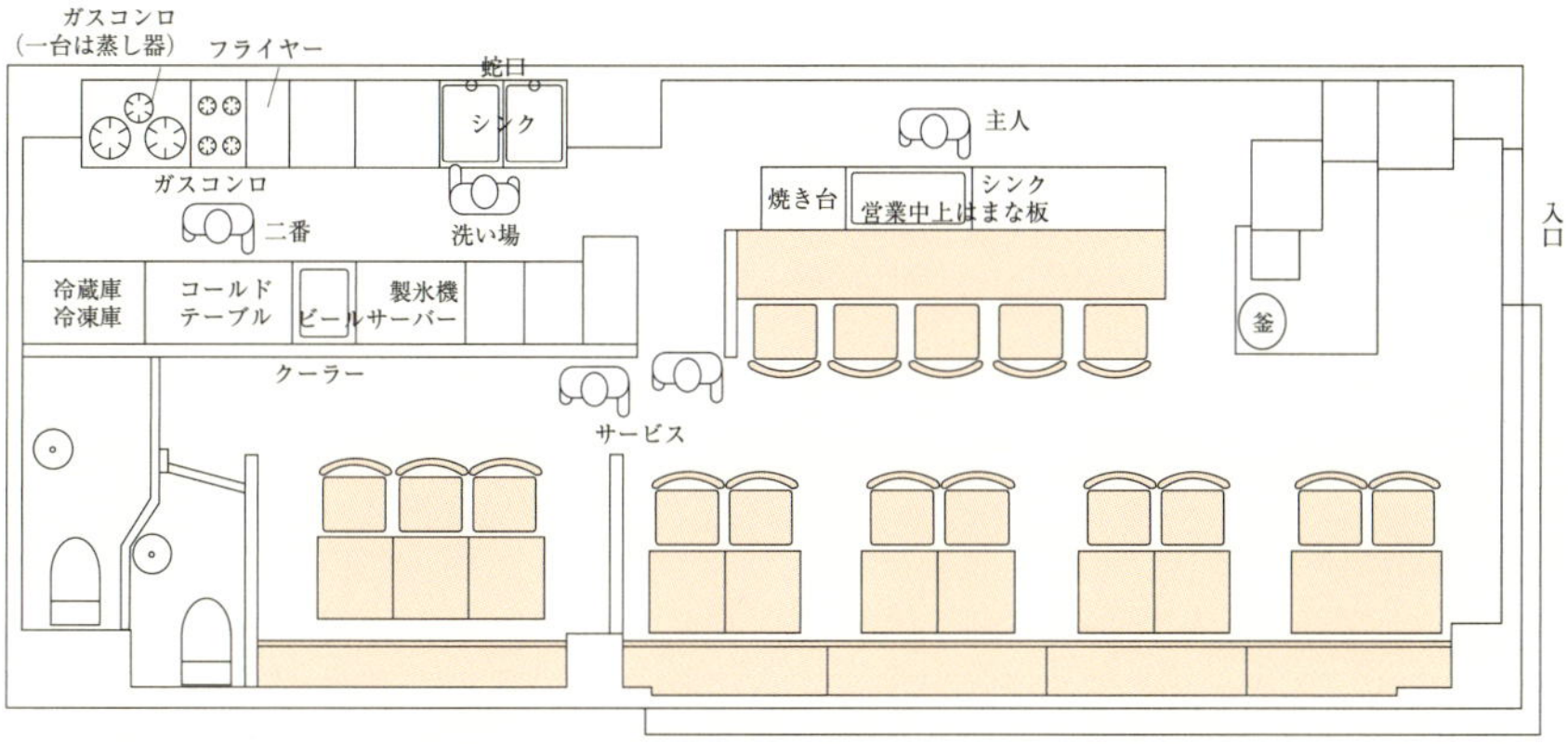

客席はカウンター4席とテーブル席16席、半個室テーブル席7席。壁側の席はすべてベンチシートとした。

カウンター内には主人の大角氏が立ち、造りや焼物などを担当する。奥の厨房では炊き物、揚物などを担当する。手前のシンクには洗い物担当が1名。調理補助および一部ドリンクも担当する。サービススタッフは2名。ドリンクの準備などもサービススタッフが担当する。

いまここ
2月のコース
7000円

一、前菜
うるいのお浸し
飯蛸の旨煮　菜花　空豆
こっぺの煮凝り
湯葉と豆乳　べっこう餡かけ
能登のもずく酢
料理解説313頁

二、椀物
白魚のしんじょう
そら豆のすり流し
料理解説314頁

三、造り

赤貝　鮪　しめ鯖　紋甲烏賊　鰤

料理解説315頁

輪島産の新鮮な魚介類を使ったコースは8品構成。前菜は5種を盛り合わせているが、能登のもずく酢と湯葉と豆乳の2品は「いまここ」の定番。

このコースでは5種の造りで最初の山場をつくり、終盤のしゃぶしゃぶと釜炊きご飯が最後の山場としてコース料理全体の印象を強める。

その他の料理も魚介類が中心で、コース内で同一魚種が重なることがないようにしている。

30品以上をそろえる一品料理とコースの料理は一部共通するものもある。

撮影時コース価格は7000円。現在は肉料理を加えるなどグレードアップして7700円に値上げした。

四、揚物

こっぺと春野菜

料理解説315頁

五、焼物

桜鱒の木の芽焼き

料理解説315頁

六、鍋物

金目鯛と蛤のしゃぶしゃぶ（2人前）

料理解説316頁

七、食事

蛍烏賊と筍の炊き込みご飯

味噌汁　香の物

料理解説316頁

八、甘味

黒糖わらび餅

安納芋のアイス

＊好みを選択

料理解説316頁

コースに合う酒

白隠正宗　純米吟醸（静岡）

巌　純米酒（群馬）

鳳凰美田　純米吟醸生原酒碧判（栃木）

寶剣　新酒しぼりたて純米酒（広島）

いまここ
10月のコース
７０００円

一、前菜
能登のもずく酢
湯葉と豆乳　べっこう餡かけ
あんきも　刻みわかめ
くるみ豆腐
明日葉と小松菜の浸し
料理解説317頁

二、椀物
鱧と松茸
料理解説318頁

三、造り
あら薄造り　〆鯖あぶり
紋甲烏賊と雲丹
真鯛　鰤　鮪
料理解説318頁

四、煮物
秋野菜の彩り炊合せ
京蕪　京茄子　にんじん　鰊
銀杏丸十　きぬさや
料理解説312頁

五、焼物
秋鮭素焼き
万願寺唐辛子素揚げ
衣かつぎ
料理解説319頁

六、揚物
天然きのこの天ぷら
料理解説319頁

九、甘味
柿のソルベと梨
料理解説320頁

七、鍋物

鰤しゃぶ（1人前）

料理解説319頁

八、食事

秋刀魚の釜炊きご飯（2人前）

赤だし 香の物

料理解説320頁

筍のグラタン

料理解説320頁

筍のすき煮

料理解説321頁

丸大根と鰤の照り焼き

料理解説321頁

蛍烏賊とわけぎの酢味噌かけ

料理解説322頁

百合根と春菊のかき揚げ

料理解説322頁

丸ごと柚子蕪

料理解説322頁

タラ白子のみぞれ鍋

料理解説323頁

海老芋土釜ご飯

料理解説323頁

四、煮物

秋野菜の彩り炊合せ
京蕪 京茄子 にんじん 鰊
銀杏丸十 きぬさや

10月後半から5月に京都全域で収穫される京都のブランド野菜「京かぶら」と、小ぶりの「京茄子」を中心にニンジン、ニシンを盛り合わせた。

◎京蕪

京カブラ（京都産）、煮汁（だし20：淡口醤油1：日本酒1：味醂1、あぶった鶏皮適量）

1 京カブラは大きめの角に切って面取りをする。煮汁のだしにあぶった鶏皮を入れて熱し、調味料で薄味をつけてカブを煮る。カブに火が通ったらそのまま冷ます。

◎京茄子

小ナス（京都産）、揚げ油、浸し地（だし20：濃口醤油1：味醂1：たまり醤油1、赤唐辛子適量）

1 小ナスはヘタを切りそろえ、縦に4本切り目を入れ、180℃の油で素揚げする。熱湯をかけて油抜きし、色がよくなるように銅製の鍋に移してだしで洗う。浸し地は濃いめの味に調え、小ナスを1日浸けて味を含ませる。

◎にんじん

ニンジン、煮汁（だし20：淡口醤油1：味醂1）

1 ニンジンは乱切りにする。だしに淡口醤油、味醂で薄めの味をつけて、ニンジンを炊く。

◎銀杏丸十 きぬさや

サツマイモ、キヌサヤ、溶き芥子

1 サツマイモはイチョウ型で抜き、薄切りにして蒸す。キヌサヤは、ごく細いせん切りにして、熱湯にさっとくぐらせる。

◎鰊

身欠ニシン（ソフト）、米の研ぎ汁、小豆1つかみ、合せ調味料（だし1332cc、濃口醤油126cc、たまり醤油126cc、砂糖90g、黒糖90g）、昆布27g、葛粉適量

1 身欠ニシン、米の研ぎ汁、小豆（色づけ用）をバットに入れて一晩おく。写真は一晩おいた状態。ニシンの腹骨を取り、ウロコをきれいに掃除する。

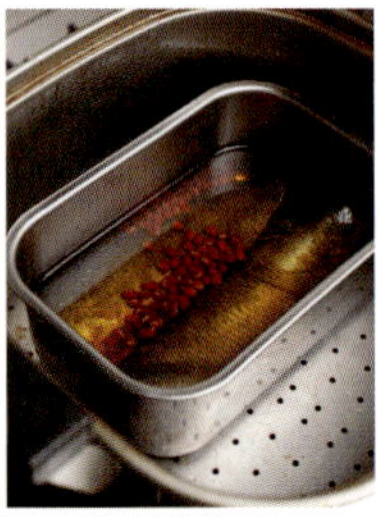

2 1を蒸し器で40分間蒸す。ここの段階でニシンを柔らかく戻しておくと、味が入りやすくなる。

3 鍋に移し、合せ調味料をかぶるくらい注ぎ、昆布を入れる。

4 落とし蓋をしてことこと20～30分間煮る。

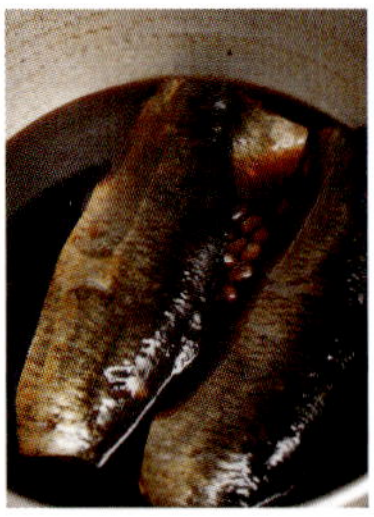

5 煮上がったニシン。1日このままおく。提供時に蒸し器で温めて薄葛をひく。

◎仕上げ

1 それぞれを地で温めて盛り合わせる。ニシンに溶き芥子を添える。

2月のコース

一、前菜

うるいのお浸し
飯蛸の旨煮　菜花　空豆　こっぺの煮凝り
湯葉と豆乳　べっこう餡かけ
能登のもずく酢

前菜5品のうち、湯葉ともずく酢は通年提供する定番。他の3品は旬の食材を使って季節感を出す。

◎うるいのお浸し

ウルイ
浸し地（だし20：淡口醤油1：味醂1、塩少量）
糸がきカツオ

1　ウルイは熱湯でゆでて冷水にとる。水気をきって、浸し地に一晩仮漬けする。
2　ウルイを取り出し、新しい浸し地につけて味を含ませる（本漬け）。
3　食べやすく切って器に盛り、糸がきカツオを盛る。

◎飯蛸の旨煮　菜花　空豆

イイダコ、煮汁（だし10：濃口醤油1）、水溶き葛粉
菜ノ花、浸し地（だし20：淡口醤油1：味醂1、塩少量）
ソラマメ、塩、砂糖蜜（砂糖1：水2、塩少量）
溶き芥子

1　イイダコは軟骨を抜き、塩（分量外）でもんでヌメリを取る。吸盤の中もきれいに洗う。熱湯にくぐらせて、おか上げする。
2　イイダコを鍋に入れ、煮汁を注いで弱火でさっと煮る。味を調えたら水溶き葛粉を加える。
3　菜ノ花は熱湯でゆで、浸し地に浸けて一晩仮漬けしたのち、新しい浸し地で本漬けして味を含ませる。
4　ソラマメはサヤと皮をむいて塩をふる。このまま10～15分間おく。マメから水分が出て汗をかいてきたら砂糖蜜で煮る。マメがふっくらしてきたら、鍋ごと氷水にあてて冷ます（鍋ごと冷ますとマメが水っぽくならない）。
5　イイダコと菜ノ花のお浸し、ソラマメの蜜煮を盛り合わせる。イイダコに溶き芥子を添える。

◎こっぺの煮凝り

コッペ（赤エイのヒレ）、ショウガ（せん切り）、長ネギ（小口切り）、煮汁（だし8：濃口醤油1：味醂1）

1　コッペを細かく刻んで霜降りをし、臭みをとる。
2　鍋にコッペを入れて、ショウガと長ネギを加え、煮汁を入れて火にかける。沸いたら弱火にして10～15分間煮て、ゼラチン質を溶かし出す。
3　流し缶に流し、冷やし固める。提供時に切り出して盛る。コッペのゼラチン質が足りない場合は、再度温めて水で戻した板ゼラチンを溶かして補うとよい。

◎湯葉と豆乳　べっこう餡かけ

くみ上げ湯葉、豆乳
べっこう餡（だし10：濃口醤油1：味醂1、たまり醤油・葛粉各適量）
山葵

1　べっこう餡をつくる。だしを熱し、調味料を加えて一煮立ちさせ、水溶き葛粉でとろみをつけて冷ましておく。
2　器にくみ上げ湯葉を盛り、冷たい豆乳を注ぎ、冷たいべっこう餡をかける。山葵を添える。

◎能登のもずく酢

——モズク、モズク酢（だし、酢、淡口醤油、味醂）
——おろしショウガ

1　モズクは、海の香りが残るように熱湯にさっとくぐらせて色だしをする。水気をきって冷ます。
2　モズク酢をつくる。飲めるように酢をだしで割り、淡口醤油と味醂で薄味をつけて一旦沸かして冷やしておく。
3　モズクを2に浸けておく。提供時には一旦酢をきって、新しいモズク酢に浸けかえる。

二、椀物

白魚のしんじょう　そら豆のすり流し

椀種は白魚を混ぜ込んだタラのしんじょう。しんじょう地は昆布だしで調整して柔らかく仕上げ、濃口醤油で香りをつける。

◎しんじょう地
マダラ、昆布だし、濃口醤油、玉子の素（卵黄1個分、サラダ油90cc）、シラウオ、昆布だし

◎車海老、花びら百合根、しめじ茸
クルマエビ、片栗粉
ユリネ、食紅
シメジタケ、煮汁（だし16：濃口醤油1：味醂1）

◎そら豆のすり流し
ソラマメ、吸い地（だし、日本酒、塩、淡口醤油）、葛粉
ユズ

◎しんじょう地
1　マダラをフードプロセッサーですり身にする。
2　すり身500gに対して、右記の分量の玉子の素を加えてフードプロセッサーにかける。水分が足りない場合は、昆布だしを足す。香りづけに濃口醤油を少量加える。
3　2のしんじょう地4に対して、生のシラウオを1の割で混ぜる。昆布だしを沸かし、スプーンで丸くとったしんじょう地を落としてゆでる。半分くらい浮いてきたら取り出しておく。

◎車海老、花びら百合根、しめじ茸
1　クルマエビは頭を落とし、殻をむいて背開きにして背ワタを抜く。片栗粉をまぶし、熱湯でさっとゆでる。
2　ユリネはばらして花びらの形に切り、食紅で淡い色をつけて蒸す。シメジタケは適宜にほぐし、薄味の煮汁でさっと煮て味を含ませる。

◎すり流し
1　ソラマメはサヤをはずして熱湯でゆでて皮をむき、なめらかに裏漉ししておく。

◎仕上げ
1　すり流しの吸い地を熱し、ソラマメの裏漉しを加える。ソラマメにはクセがあるので、だしの香りを消さないように、色と香りをみながら適量を加えていく。水溶き葛粉でゆるくとろみをつける。
2　しんじょうを温め直し、椀に盛り、1のすり流しを流し、温めたクルマエビとユリネ、シメジタケを盛る。松葉ユズを添える。

三、造り

赤貝 鮪 しめ鯖 紋甲烏賊 鰤

輪島より直送された5~7種の魚介の盛り合せ。色、食感、味などに変化をもたせる。

サバ、塩、酢
アカガイ、マグロ、モンゴウイカ、ブリ
大根、大葉、ワカメ、紅タデ、山葵

1 サバは三枚におろし、ベタ塩を2・5時間あてたのち水で洗い、骨を抜く。酢に10分間浸けて取り出しておく。

2 アカガイは殻から取り出してワタを抜き、表面に切り目を入れて、まな板に叩きつけて身を縮ませる。ちなみにこの時期に限り(2~3月上旬)、アカガイのワタは霜降りすると旨い。

3 マグロは角造り、ブリとしめ鯖は平造り。モンゴウイカは皮目に包丁目を細かく入れて食べやすく切る。

4 大根けんと大葉とワカメを敷き、5種の魚介を盛る。紅タデと山葵を添える。刺身醤油は別皿で添える。

四、揚物

こっぺと春野菜

コッペは赤エイのヒレ。新鮮なものを仕入れたい。春野菜はその日の仕入れで種類が変わるが、この時期は山菜を中心にそろえている。

コッペ(切り身) 1枚(35~40g)
フキノトウ、タラノメ、行者ニンニク
小麦粉、天ぷら薄衣(卵黄、水、小麦粉)、揚げ油
天つゆ(だし12:淡口醤油0・5:濃口醤油0・5:味醂1)

1 コッペに小麦粉をまぶし、180℃の揚げ油で揚げる。

2 フキノトウ、タラノメ、行者ニンニクは掃除をしておく。小麦粉をまぶし、薄めの天ぷら衣をつけて、180℃の揚げ油でからりと揚げる。

3 油をきって盛りつける。天つゆを添える。天つゆは材料をすべて合わせて一煮立ちさせておいたもの。提供時は温めて別皿で。

五、焼物

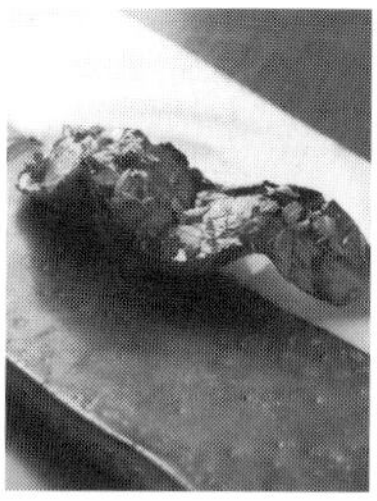

桜鱒の木の芽焼き

桜が咲く季節になると出回るマスで、その身の色が桜色だからこの名がついたといわれている。春らしく木ノ芽の香りをまとわせる。

サクラマス(切り身) 1枚(50g)
魚ダレ(濃口醤油1:味醂1:たまり醤油1:日本酒1)
木ノ芽

1 魚ダレの調味料を合わせ、サクラマスの切り身を10分間浸ける。

2 サクラマスを取り出し、串を打って焼く。途中で2~3回魚ダレをかけながら焼き上げる。

3 串を抜き、叩き木ノ芽を散らす。

六、鍋物

金目鯛と蛤のしゃぶしゃぶ

2月から3月にかけて一番脂がのるキンメダイをしゃぶしゃぶに。卓上の調理をお客さまにおまかせできるような、わかりやすい鍋を提供する。

（2人前）
キンメダイ（そぎ切り） 8切れ（50g）
ハマグリ 2個
割下（だし20：日本酒1：淡口醤油1、塩適量）
セリ（ざく切り）、ワカメ、紅葉おろし

1 キンメダイは三枚におろしてサク取りし、皮目を湯引きして薄くそぎ切りにする。
2 キンメダイとセリ、ワカメを盛り合わせ、紅葉おろしを添える。
3 吸い地よりも薄めに味をつけた割下を用意し、ハマグリを入れて火にかける。殻が開いたら、2の盛り皿とともに提供する。ハマグリの塩分によって割下の割は調節する。

七、食事

蛍烏賊と筍と菜の花の炊き込みご飯　味噌汁　香の物（解説省略）

ホタルイカ、タケノコ、菜ノ花を炊き込んだ春のご飯。ショウガをたっぷり入れるのが決め手。

（2人前）
ホタルイカ（ボイル）12杯、タケノコ（薄切り）50g
菜ノ花、浸し地（だし20：淡口醤油1：味醂1、塩少量）
米 2合
炊き地（だし10：濃口醤油0・5：淡口醤油0・5：味醂1：日本酒1）288cc
ショウガ（せん切り） 適量（多めに）

1 米は研いで、水に20分間浸けたのち、水気をきって冷蔵庫で保管しておく。
2 菜ノ花をゆでてお浸しにする（→313頁飯蛸の旨煮）。
3 土鍋に1の米2合、タケノコ、ショウガを入れて炊き地288cc（1合6斥）を注ぎ、蓋をして強火にかける。沸いたら弱火で8分間炊き、強火にして1分間加熱して火を止める。ホタルイカと菜ノ花をのせて20分間蒸らす。

八、デザート

黒糖わらび餅　安納芋のアイス

2種のデザート（わらび餅と安納芋のアイス）を用意し、好きなほうを選んでいただく。

◎黒糖わらび餅

ワラビ粉1：水2
黒蜜、キナコ

1 ワラビ粉と水を鍋に入れて、火にかけて木ベラで練る。粘りが出てぺたぺたと鍋肌から離れてきて、少しゆるんだら、ボウルに取り出す。
2 一口大にちぎって氷水に落として冷まし、水気をきる。
3 皿に黒蜜を流し、わらび餅にキナコをまぶして盛る。

◎安納芋のアイス

サツマイモ（安納イモ）700g、クチナシの実
生クリーム（7分立て）100g、砂糖300g、牛乳720cc、板ゼラチン15g、卵黄2個分

1 安納イモを輪切りにし、クチナシの実を入れてゆでる。

2　牛乳180ccを温めて、水で戻した板ゼラチンを溶かしておく。

3　イモが柔らかくなったら、皮をむいて裏漉しする。2と残りの牛乳とともにフードプロセッサーに入れて回す。

4　なめらかになったら、卵黄と砂糖を入れて回し、さらに7分立ての生クリームを加える。

5　容器に移して冷凍庫に入れる。途中3回ほどヘラで混ぜながら冷やし固める。

6　提供時、ディッシャーで丸くくり抜いて盛る。

10月のコース

一、前菜

能登のもずく酢
湯葉と豆乳　べっこう餡かけ
あんきも　刻みわかめ
くるみ豆腐　明日葉と小松菜の浸し

前菜は通常4～5種を用意している。海のものと山のものの組み合せ。基本的に仕込んでおける冷たい料理が中心となる。

◎能登のもずく酢（→314頁）

◎湯葉と豆乳　べっこう餡かけ（→313頁）

◎あんきも　刻みわかめ

アンキモ
ワカメ
ポン酢、紅葉おろし、万能ネギ

1　アンキモは血管や薄膜を取り除く。2％濃度の塩水で洗う。太さをそろえて切り分け、ラップフィルムで棒状に巻き、蒸し器で15分間ほど蒸して冷ましておく。

2　ワカメは熱湯をかけて色だしし、細かく刻む。

3　器にワカメを敷き、アンキモを切り出して盛り、ポン酢をかける。紅葉おろし、小口切りの万能ネギを散らす。

◎くるみ豆腐

くるみ豆腐（クルミペースト100g、水720cc、葛粉60g、濃口醤油・砂糖各適量）
吸い地（だし12：淡口醤油1：味醂1、塩適量）
むきクルミ（煎る）

1　くるみ豆腐の材料を合わせて火にかける。木ベラで練り、ゴマ豆腐と同じくらいの濃度がついたら火からおろし、流し缶に流して冷やし固める。

2　1のくるみ豆腐を切り出し、冷たい吸い地を注ぎ、煎ったクルミを添える。

◎明日葉と小松菜の浸し

アシタバ、小松菜
菊花（黄菊、もって菊）
浸し地（だし20：淡口醤油0・5：濃口醤油0・5：味醂1、追いガツオ）

1　浸し地をつくる。だしに淡口醤油、濃口醤油、味醂を加えて、飲めるくらいの味加減にする。これを沸かし、追いガツオをして漉して冷ます。

2　アシタバと小松菜を熱湯でゆでて冷まし、だしで洗い、1の浸し地に浸けて仮漬けしておく。

3　菊花は花びらをむしって、酢（分量外）を入れた熱湯でさっとゆでて冷水にとる。水気を絞り、1の浸し地に浸けておく。

4　提供前に、2と3を取り出し、それぞれ新しい浸し地に浸け直す（本漬け）。

5　アシタバと小松菜を食べやすく切り分けて器に盛る。上に菊花を散らし、浸し地を少量注ぐ。

二、椀物

鱧と松茸

名残のハモと旬のマツタケを合わせた秋定番の椀物。輪島産のハモは皮が厚めなので、骨切りのさいは、皮の8割まで包丁を入れる。

（10人前）

◎鱧、松茸

ハモ（輪島産）　1本（600g）、葛粉

マツタケ、だし

◎吸い地

一番だし（水1升、昆布150g、カツオ節・血合抜き1つかみ）、淡口醤油、日本酒、塩

ミズナ（ゆでたもの）

梅肉、ユズ

◎鱧、松茸

1　ハモを骨切りし、1切れ23gほどで切り落とす。刷毛で葛粉をまぶし、熱湯で火を通す。くずさないように火加減に気をつける。

2　マツタケは食べやすく切り、だしでさっと沸かしておく。

◎吸い地

1　まず一番だしをとる。前日に水に昆布を浸けておく。翌日火にかけてアクをひき、1合（180cc）の水を足して、カツオ節を加える。火を止めて、カツオ節が沈んだら上澄みを漉して使う。カツオ節は2～3分間で沈むのがベスト。ものによって早く沈んでしまうこともあるが、そのときはカツオ節を追加する。沈み具合でカツオ節の分量を調節している。

2　一番だしを取り分けて熱し、淡口醤油、日本酒、塩で吸い物加減に味を調えて吸い地をつくる。

◎仕上げ

1　ハモとマツタケをだしで温め、椀に盛る。切りそろえたミズナを添え、熱した吸い地を注ぐ。ハモに少量の梅肉をのせ、松葉ユズをあしらう。

三、造り

あら薄造り　〆鯖あぶり
紋甲烏賊と雲丹　真鯛　鰤　鮪

2日に一度、輪島の鮮魚店から店に届く魚のお造りは鮮度が抜群。マグロ（大分産）とウニ（北海道産）以外はすべて能登半島産。

アラ、マダイ、ブリ、マグロ

〆サバ（サバ、塩、酢）

モンゴウイカ、ウニ

大葉、ワカメ、紅タデ、大根、山葵

1　魚はすべて水洗いしてサク取りする。アラは薄造りに、マダイ、ブリ、マグロは平造りにする。

2　〆サバをつくる。サバは三枚におろし、ベタ塩をあてて2時間おく。そののち酢で塩を洗い、酢に15分間浸けて取り出し、冷蔵庫で保管する。皮をむいて平造りにし、バーナーで皮側をあぶる。

3　モンゴウイカは、食べやすいように表面に鹿の子に包丁目を入れる。

4　それぞれを盛り合わせる。つま、薬味は大葉、ワカメ、紅タデ、大根けん、山葵。

五、焼物

秋鮭の素焼き
万願寺唐辛子素揚げ　衣かつぎ

サケの脂が少し抜けてきたら、玉子の素でコクをおぎなって焼き上げる。焼きダレは使用する魚種に合うように調味料を加減する。

◎秋鮭の素焼き
生サケ（切り身）　1切れ（60g）、塩
焼きダレ（濃口醤油2・7リットル、味醂5・4リットル、日本酒900cc、たまり醤油900cc、砂糖1kg、白身魚の中骨適量）
玉子の素＊（卵黄2個分、サラダ油180cc）

◎万願寺唐辛子、衣かつぎ
万願寺唐辛子（緑・赤）、糸がきカツオ
石川小芋

＊卵黄を泡立て器で溶きほぐし、少しずつサラダ油をたらしながら攪拌してマヨネーズ状にする。

◎秋鮭のかけ焼き

1　生サケは1切れ60gの切り身にする。串を打って塩をふり、直火で焼く。

2　焼きダレの材料を合わせておく。生サケの表面の色が変わったら、4回くらいかけながら照りを出す。脂がのっている時期は、葛粉を加えて薄いとろみをつけるとよい。

3　焼き終えたら玉子の素をかけて、バーナーであぶる。

◎万願寺唐辛子、衣かつぎ

1　2色の万願寺唐辛子は素揚げにして切りそろえ、糸がきカツオを添える。

2　小芋は天地を切り、側面に浅い包丁目を1周入れて蒸す。蒸し上がったら包丁目から下半分の皮をむいておく。

◎仕上げ

1　サケを盛り、万願寺唐辛子、衣かつぎを添える。

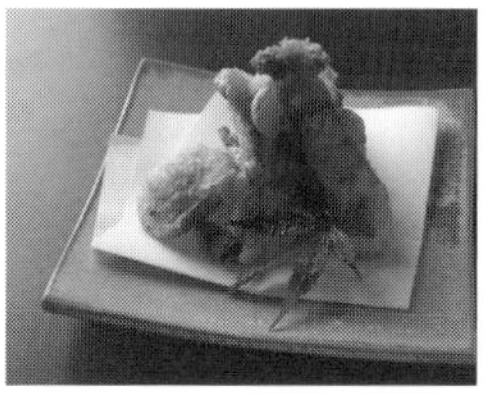

六、揚物

天然きのこの天ぷら

揚物はその季節に合った野菜の天ぷらを用意する。この季節はキノコ。キノコは高温の油でさっと揚げて、余熱で火を入れる。からりと揚げるコツは衣に加えたビール。

ヤマブシタケ、オウゴンタケ、ハナイグチタケ、マイタケ（天然）
小麦粉、天ぷら衣（小麦粉、水、卵黄、ビール）、
揚げ油、塩

1　それぞれのキノコは掃除をして、食べやすいように切り分けておく。

2　キノコに小麦粉をまぶし、天ぷら衣にくぐらせて、180℃の揚げ油でさっと揚げる。

3　油から上げて、余熱で火を入れる。

4　器に盛り、別に塩を添える。

七、鍋物

鰤しゃぶ

そのときどきに入荷する魚を薄く切ってしゃぶしゃぶに仕立てる。ブリのほかには、ハモやタイなど、白身の魚が中心。

ブリ（薄造り）　4切れ
割下（だし、淡口醤油、塩）
ミズナ
紅葉おろし、ポン酢

1　ブリを三枚におろし、サク取りして薄く切る。ミズナを切りそろえる。ブリ、ミズナ、紅葉おろしを盛り合わせる。別にポン酢を用意する。

2　割下の材料を合わせて薄味に加減して、土鍋に注ぐ。

3　盛り皿と土鍋をコンロとともに食卓に運び、火をつけてすすめる。

八、食事

秋刀魚の釜炊きご飯
赤だし 香の物（解説省略）

6種類のなかから好みのご飯を1種類選んで炊き上げる。ちなみに本日は、「鱧松茸（料金プラス設定）」「しゃけいくら」「蛸帆立」「茸と地鶏」「秋刀魚」「鯛の頭」。なかでも人気は、しゃけいくら、秋刀魚、鯛の頭

（2人前）
サンマ1尾、塩
大根（短冊切り）50g、ショウガ（せん切り）1かけ
米　2合
炊き地（だし10：濃口醤油0・5：淡口醤油0・5：味醂1：日本酒1）288cc

1　サンマに塩をふってこうばしく焼く。

2　米は研いで、水に20分間浸けたのち、水気をきって冷蔵庫で保管する。

3　土鍋に米2合、炊き地288cc（1合6斥）、大根、ショウガを入れて蓋をし、強火にかける。沸いたら弱火にして10分間炊く。強火にして5〜10秒間加熱し、火を止める。焼いたサンマを入れて余熱で20分間蒸らす。

九、甘味

柿のソルベと梨

甘味は、季節の果物＋1品の構成。本日は梨に柿のソルベを添えた。

柿、薄蜜
ナシ

1　柿は皮ごとゆでて皮をむく。これを裏漉しして、どろりとした液体状にし、薄蜜とボイルして刻んだ柿を混ぜる。

2　バットに流し、冷凍庫に入れる。1時間ごとに混ぜて砕き、ソルベをつくる。

3　ナシをむき、柿のソルベを添える。

一品料理

筍のグラタン

ベシャメルソースに、フキノトウを加えた和風のグラタン。タケノコの中にはサクラマスやシイタケ、ツボミナなどの春の素材が盛りだくさん。

◎具材
タケノコ（アク抜き）、サクラマス（切り身）、塩
赤パプリカ、ツボミナ、シイタケ、揚げ油

◎和風ベシャメルソース
小麦粉、バター、牛乳、フキノトウ、塩、コショウ、日本酒

◎具材

1　タケノコを縦半分に切り、中をくり抜く。サクラマスは塩をあてておく。くり抜いたタケノコとサクラマスを大きめの角切りにする。

2　赤パプリカ、ツボミナ、シイタケは大きめの一口大に切り、180℃の油で素揚げする。

◎和風ベシャメルソース

1　鍋に小麦粉を入れて炒め、粉臭さを飛ばす。同量のバターを加えて炒め、ぼろぼろになったら牛乳を加えて適当な濃度にのばす。ゆでたフキノトウを刻んで加え、塩、コショウ、日本酒で味を調える。

◎仕上げ

1　和風ベシャメルソースを適量取り分け、タケノコとサクラマスを和えて、くり抜いたタケノコの中に詰める。

2　２００℃に熱したオーブンに1を入れて中まで熱くなって焼き色がついたら取り出し、上にツボミナ、赤パプリカ、シイタケを盛り、バーナーで焼いて提供。

筍のすき煮

タケノコを牛肉とともにすき焼き風に仕上げた一品。

タケノコ（アク抜きしたもの）1／2本、牛肉80g、焼き豆腐、車麩、長ネギ、セリ、シメジタケ、ラード

割下（濃口醤油３００cc、たまり醤油少量、砂糖２００g、ザラメ糖１００g）

さらしネギ、卵

◎具材

1　フライパンを熱してラードを溶かし、焼き豆腐、戻した車麩、長ネギを焼いて焼き色をつける。ここに割下を流し入れる。

2　さらに薄切りにしたタケノコ、牛肉、セリ、シメジタケを入れてフライパンに蓋をする。

3　それぞれに火が通って味がなじんだら、熱した土鍋に盛る。上にさらしネギをたっぷりと盛り、別に卵を添える。

丸大根と鰤の照り焼き

分厚く切って直炊きした聖護院大根の上に、ブリの照り焼きをのせた、煮物と焼物を同時に味わう一皿。

◎鰤の照り焼き

ブリ（切り身）1切れ（80g）

塩、小麦粉、サラダ油

照り焼きのタレ（濃口醤油2：味醂1：たまり醤油少量）

◎丸大根

聖護院大根、煮汁（だし、淡口醤油、塩、味醂）

白髪ネギ、金時ニンジンの葉の素揚げ

◎丸大根

1　聖護院大根を2～3cm厚さのいちょう切りにし、煮くずれないように面取りをする。

2　煮汁の材料を合わせて薄味に調え、大根を入れて強火で20分間ほど直炊きする。そのまま冷まして、翌日使う。

◎鰤の照り焼き

1　ブリに薄塩をあて、小麦粉をまぶす。フライパンにサラダ油を多めに入れて熱し、ブリを焼く。

2　火が通ったら、照り焼きのタレを入れてからめる。

◎仕上げ

1　大根を温めて器に盛り、煮汁をはる。上に照り焼きのブリをのせる。白髪ネギと金時ニンジンの葉の素揚げを天に盛る。

蛍烏賊とわけぎの酢味噌かけ

富山から届いたホタルイカとワケギを酢味噌ですすめる春の一品料理。

ホタルイカ、ワケギ
土佐酢＊（だし7：濃口醤油1：味醂1：酢1、追いガツオ）
酢味噌（白味噌４００g、砂糖１００g、日本酒１００cc、味醂20cc、卵黄４個分、酢72cc）＊＊
紅タデ

＊だし、濃口醤油、味醂を合わせて火にかけ、一煮立ちさせる。沸いたらすぐに火を止め、追いガツオをする。しばらくおいて漉し、最後に酢を加える。
＊＊卵黄以外の材料を合わせて弱火にかける。木ベラで1時間ほど練り、最後に火を止めて卵黄を入れて余熱で火を入れる。

1　ホタルイカは霜降りをする。ワケギは熱湯でゆでて冷水にとる。水気を絞り、ラップフィルムにはさんで叩き、内側のヌメリをしごき取る。
2　ホタルイカと３cm長さに切ったワケギを盛り合わせて土佐酢をかける。
3　上から酢味噌をかけ、紅タデをあしらう。

百合根と春菊のかき揚げ

晩秋に収穫して保存しておくと甘みが増すユリネ。正月が高値のピークだが、これをすぎると手頃な価格になって使いやすくなる。

ユリネ、シュンギク
小麦粉、天ぷら衣（小麦粉、卵、水）、揚げ油

1　ユリネは1枚ずつにばらして掃除する。シュンギクは適当な長さのざく切りにする。
2　小さなボウルにユリネとシュンギクを合わせ、小麦粉をまぶし、薄く溶いた天ぷら衣を入れて混ぜる。
3　１８０℃の油の中に2をすくって入れる。一斉に散らばるので、箸で寄せながら形を整える。
4　中まで火が通ったら取り出して油をきる。塩を添えてすすめる。

丸ごと柚子蕪

大きな京かぶらでつくった柚子の風呂吹き。カブの自然な甘さを生かすために、水で柔らかくゆで、柚子の香りの味噌で食べていただく。

カブ
柚子味噌（白玉味噌＊、ユズ皮すりおろし）
＊白味噌（吉野）4kg、味醂1合、日本酒4合、砂糖２００gを合わせて火にかけて練る。最後に卵黄30個分を加える。火を入れすぎないよう注意。

1　カブの頭を落として、たっぷりの水で柔らかくなるまでゆでる。
2　柚子味噌をつくる。白玉味噌にユズの皮のすりおろしを加えてよく混ぜる。

◎仕上げ
1　提供時にカブを温め、中をくり抜く。
2　柚子味噌をカブをくり抜いたときに出た汁でのばし、カブに詰める。カブの頭の部分を飾りに添える。

タラ白子のみぞれ鍋

レモンの輪切りを入れるのがポイント。苦みが出る前に取り出して食べていただく。多すぎると苦みが強すぎてしまうので、3枚が適量。

マダラ（切り身）　2切れ（40ｇ×2）
白子　6かん（20ｇ×6）
合せ地（だし14：淡口醤油1：味醂1）
大根おろし200cc、レモン（輪切り）3枚、セリ（ざく切り）

1　マダラに薄塩（分量外）をあてる。霜降りをして水にとり、ウロコなどを取り除く。
2　白子は塩水（分量外）で洗い、ヌメリや血を流す。霜降りして氷水にとる。
3　土鍋に合せ地の調味料を入れ、火にかける。マダラを入れ、火が通ったら白子、大根おろしを入れる。レモンとセリを入れる。
4　コンロで熱しながら食べていただく。

海老芋土釜ご飯

揚げたエビイモでコクをつけた炊き込みご飯。1杯目はそのまま、2杯目は湯葉餡をかけて食べる。

◎海老芋ご飯
エビイモ（カツオ節、昆布、砂糖、淡口醤油、塩）、小麦粉、揚げ油
セリ（ざく切り）
米　2合
炊き地（だし16：淡口醤油0・8：日本酒1、針ショウガ適量）288cc

◎湯葉餡
くみ上げ湯葉、地（だし16：濃口醤油1：味醂1）、葛粉

◎海老芋ご飯
1　エビイモを炊く。エビイモは大きめの角切りにして面取りをする。鍋にカツオ節と昆布をはさんだリードペーパーでイモをはさんで、かぶるくらいの水を注いで火にかける。
2　沸いたら砂糖を入れてしばらく煮たのち、ごく少量の淡口醤油と塩を加えて薄味をつけ、煮含める。柔らかくなったら、リードペーパーをはずし、煮汁の中で冷ます。翌日から使う。
3　水気をきって、小麦粉をまぶし、180℃の油でさっと揚げて油をきる。
4　ご飯を炊く。米を研いで土鍋に入れ、炊き地を注いで火にかける。沸いたら弱火にして7分間、最後に強火で10秒間加熱して火を止め、3のイモとセリを入れて15〜20分間蒸らす。

◎湯葉餡
1　だし、濃口醤油、味醂を合わせて火にかけ、水溶き葛粉でとろみをつける。

◎仕上げ
1　湯葉餡を再加熱し、くみ上げ湯葉を適量加える。ご飯とともに汲み上げ湯葉を添える。

料理別さくいん

◎椀物・すり流し

◎造り・向付

◎焼物

かじゅある割烹

日本料理のお値打ちコースと一品料理

初版発行　2015年9月20日
4版発行　2019年9月20日

著者©　柴田書店編

発行者　丸山兼一

発行所　株式会社柴田書店
〒113-8477
東京都文京区湯島3-26-9イヤサカビル
電話　営業部　03-5816-8282（注文・問合せ）
書籍編集部　03-5816-8260
http://www.shibatashoten.co.jp

印刷・製本　凸版印刷株式会社

ISBN 978-4-388-06215-7
Printed in Japan